どんな場合にいくら払う⁉

立退料の決め方

弁護士 横山正夫［著］
弁護士 小野寺昭夫［著］

自由国民社

はしがき

かつて、地主・家主が借地人・借家人に対して支払う立退料は、引っ越しにかかる費用（移転費）程度の金額が大半でした。しかし、借地法・借家法（のちに借地借家法）によって借地人・借家人の居住権が権利として強く保護され、地主・家主が契約を終了させて立退きを求めるために正当事由が必要になってからは、立退料の金額が引越費用だけではすまなくなりました。

高度成長期からの都市化傾向は、首都圏だけでなく地方の大都市圏にまで及び、土地利用の高度化の必要性が高まり、これに伴う地価の高騰は、借地借家関係に大きな影響を与えました。土地所有者は高層ビルやマンションを建てて土地の有効利用を図り、そのために借地人・借家人に立退きを求める事案が多くなりました。以前は、地主・家主自身が、貸してある土地建物を自分で住居・店舗などに使用するために立退きを求める場合が大半でしたが、時代が変わってきたのです。

八〇年代後半から九〇年代初頭にかけての異常なまでの地価高騰は、数千万円、数億円という高額な立退料を生じさせました。その後、不動産バブルの崩壊によって物件価格は反転下落しましたが、二〇〇〇年代に入って都市部で再び不動産投資が活発化し、しばらくは鎮静化していた立退きをめぐる紛争も増加の傾向をみせました。一方では、法改正によって借地、借家とも、更新の生じない（従って立退料支払いの必要もない）契約を結べることとなり、立退料の支払いをめぐっては、貸主・借

はしがき

主ともに、ますます正確な法律知識と事例の研究が必要とされるようになっています。

本書は、立退料とは何か、どのような場合に支払われるのか、また、立退料として相当な金額はいくらくらいかなどについて、借地・借家関係における立退料を中心に、過去の裁判例を参考にしながら、設問に対する回答の形式でわかりやすく解説したものです。立退きをめぐる紛争は、その解決に長い時間と多額の費用のかかることが少なくありませんが、利害の対立する関係者が早期に、かつ円満に立退き紛争を解決することができるために、本書が活用されれば望外の喜びです。

本書は、初版の刊行からすでに二〇年余を経過しました。第六版においては、令和三年に改正された民法中、本書に関係する部分のコメント及び巻末の判例を九件追加しました。

令和六年一〇月

著者　横山正夫
小野寺昭夫

目次

★はしがき　2

巻頭グラフ
借家・借地の立退きの流れと手続き
▼借家の立退きと立退料　10
▼借地の立退きと立退料　12

巻頭特集
▼令和三年の民法等の改正について　14

第1章
借家の立退料の出し方

❶借家契約と立退料の考え方　18

目次

・なぜ・立退料が支払われるのか　18
・借家と立退料（正当事由との関係）　20
・立退料が不要なケースもある　36

❷ 立退料の法律上の意味　44

・立退料とは・どんなものか　44
・立退料が授受されるのはどのような場合か　46
・立退料の内容はどのようなものか　47

❸ 立退料を算定する方法　51

・立退料の具体的な計算式はあるのか　51
・立退料の算定ではどんな事情が考慮されるか　53
・立退料の支払いには三つの内容の補償をすべて含むのか　55
・不動産鑑定による借家権価格の評価とはどのようなものか　56
・借家権の立退料の算定基準になる土地価格とは　58

④ 立退きを求めるための要件 60
・借家の立退きについての解決までの流れ 60
・立退きを求める手続的要件 62
・借家の立退きと手続きチャート 66
・内容証明郵便の文例 70

第2章

借家の立退料の算定実例

① 将来結婚する弟の新居として使用したいが 78
② 六年後に立ち退くとの約束で貸した場合 82
③ アメリカから帰るまでの約束で貸した場合 86
④ 地方転勤のため一時使用の目的で貸したのだが 90
⑤ 海外に転勤中だけ、自宅マンションを貸したいが 94
⑥ 木造家屋を出てもらい店舗兼住居を作りたいが 98
⑦ 老朽化した長屋式住居の立退き請求は 102
⑧ 効率の悪い老朽貸家を賃貸マンションに建て替えたい 106

目次

⑨ 短期間の約束で貸した別荘兼住居の立退き 110
⑩ 営業用建物の立退料はどのようにして出すか 114
⑪ 店舗賃貸借契約を立退き猶予の意味で更新したが 118
⑫ 移転先を用意した営業用建物の立退きの場合 122
⑬ 住居兼営業用建物として貸している場合の立退き 126
⑭ 立退料によっても補完できない営業用店舗の場合 130
⑮ ビル建築のため店舗兼住居を立ち退いてもらいたい 134
⑯ 自社ビルを新築するための営業用店舗の立退き 138
⑰ 自己使用のため倉庫用の建物の立退きを請求したい 142
⑱ 有効利用をするための倉庫の立退きの場合 146
⑲ 借家を高く売るために立退きを求める場合 150
⑳ 借家を買った新家主からの立退き請求は 154
㉑ 借家人の存在を知って買った新賃貸人からの立退き請求 159
㉒ 借りている建物のある区画が地上げにあった 163
㉓ 競落した建物の場合にも借家人に立退料を払うのか 168
㉔ 借家人が何度も賃料を滞納した場合の立退き（和解の事案） 173

㉕借家人の側に使用方法違反がある場合の立退き　177
㉖再開発計画による高層ビル建設のため立退きを請求された　181
㉗賃貸マンションの賃借人が破産手続開始決定をうけた場合　185

第3章 借地の立退料の出し方

❶ 借地と借家の立退料の出し方の違い　190
・借地の場合の立退料とは　190
・立退料が必要な場合　192
・立退料の算定と借地権価格　196
・借地権価格に関する問題　197
・裁判における立退料の主張はいつまでにすればよいか　198
・借地の立退きチャート　200
❷ 借地の立退料算定の実例　202

目次

①アパート経営をしたいので立退きを請求したい　202
②老朽建物の跡地に中高層ビルを建築したいが　206
③地主も借地人も営業のため使用を望んでいる場合　211
④倉庫を立ち退いてもらい駐車場にしたい　216
⑤地代滞納・不払いの借地人を立ち退かせたい　220
⑥立退料の心配のない短期間の土地賃貸借がないか　225
⑦一定期間後に立退料なしに借地を立ち退かせるには　229
⑧隣接地として併せて土地の有効利用をしたいが　233
⑨不動産業者とタイアップして大規模開発をしたい　237
⑩バブル崩壊後の立退料の算定基準　239

●巻末付録　立退きをめぐる主要判例・一らん　242

●本文イラスト・深野正士

〔凡例〕　法律名と判例誌の名称は本文中で次のように使われる場合があります。
・借地法⇩旧借地法または旧法　　・判例時報⇩判時
・借家法⇩旧借家法または旧法　　・判例タイムズ⇩判タ
・借地借家法＝新借地借家法または新法

借家の立退きと立退料

★家主は借家人に立退きをさせられるか
★借家人に立退料の支払いは必要か

借家の立退きの流れと手続き

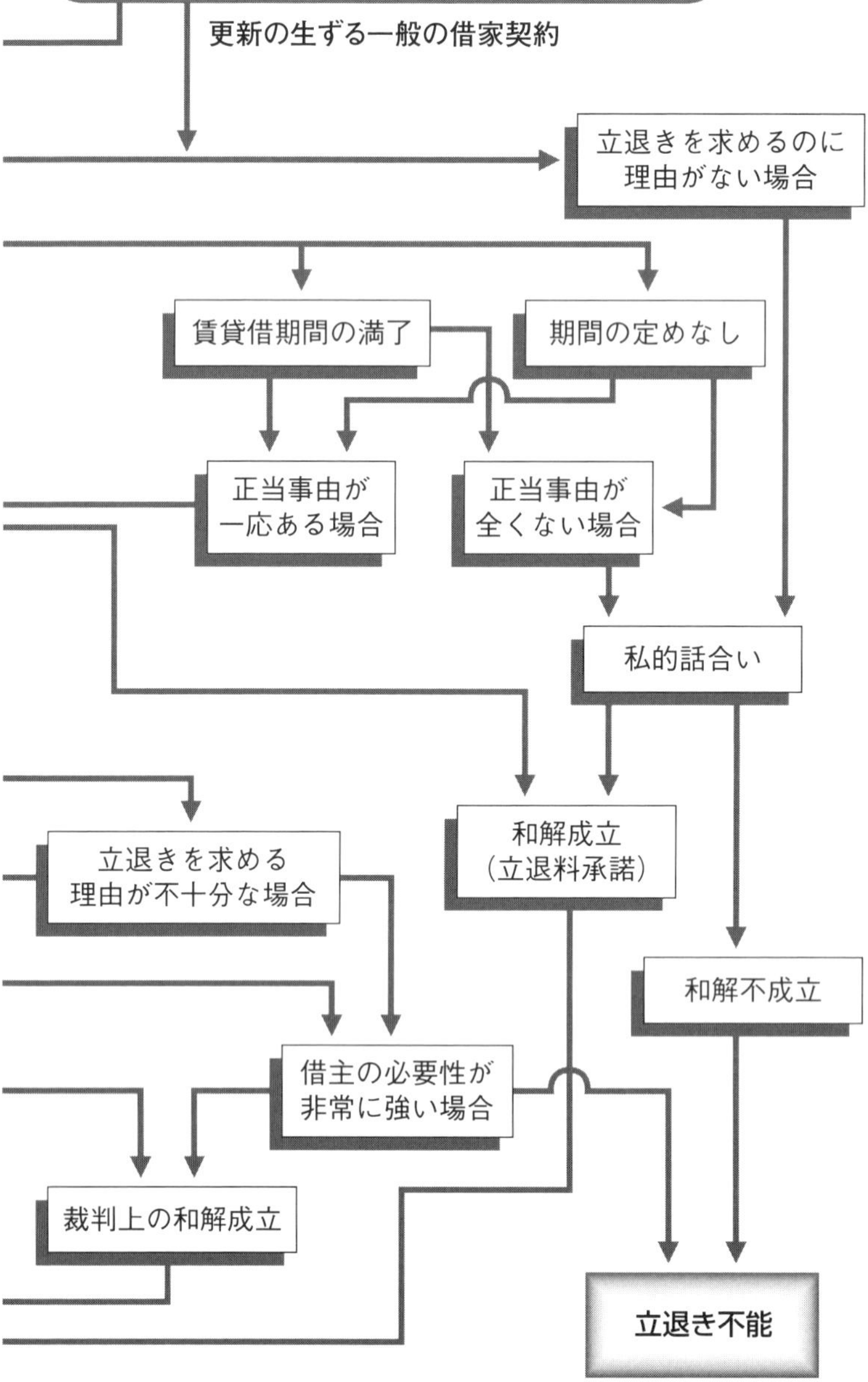

巻頭グラフ 借家の立退きと立退料

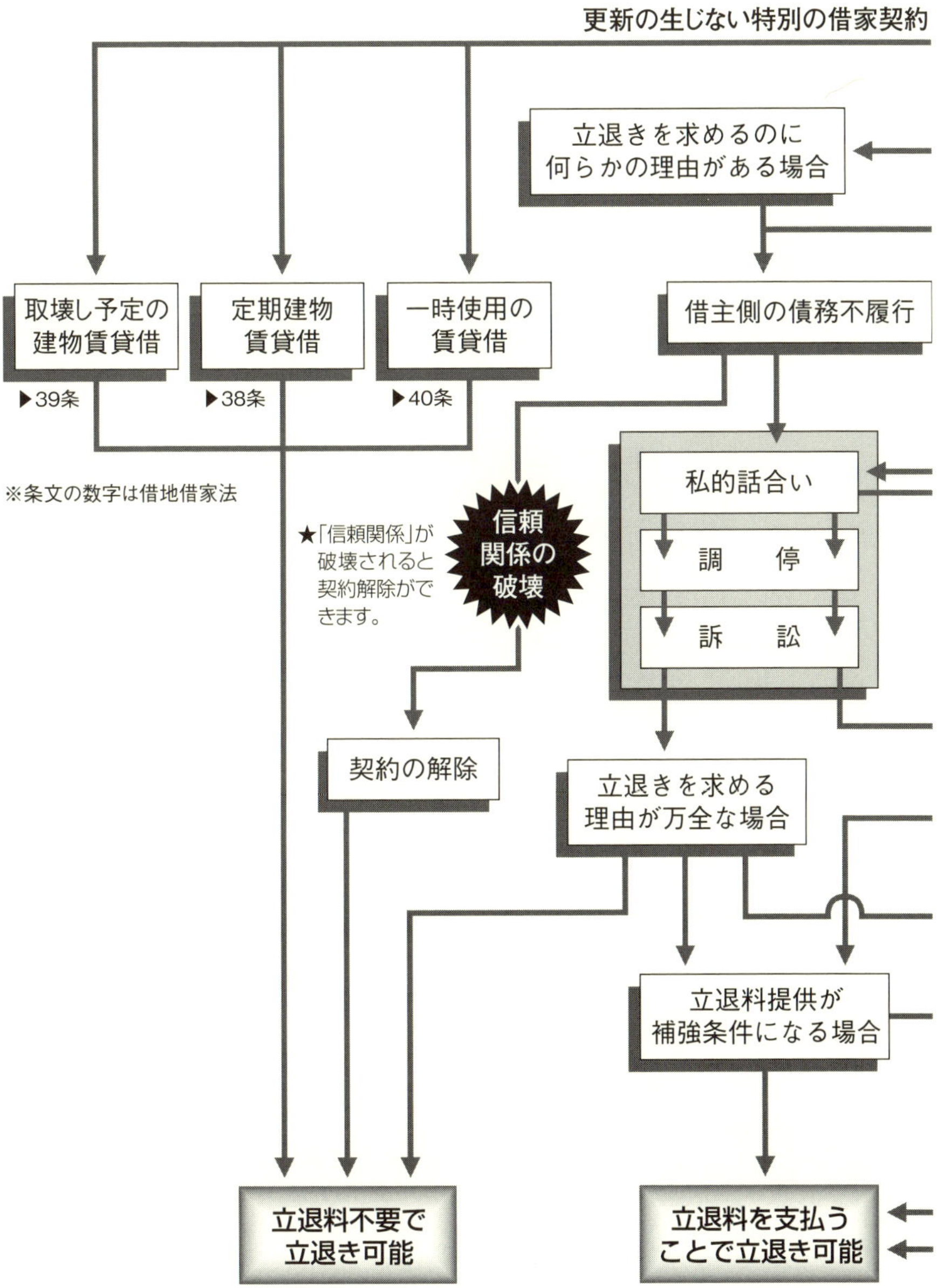
更新の生じない特別の借家契約
立退きを求めるのに何らかの理由がある場合
取壊し予定の建物賃貸借
▶39条
定期建物賃貸借
▶38条
一時使用の賃貸借
▶40条
借主側の債務不履行
※条文の数字は借地借家法
★「信頼関係」が破壊されると契約解除ができます。
信頼関係の破壊
私的話合い
調　停
訴　訟
契約の解除
立退きを求める理由が万全な場合
立退料提供が補強条件になる場合
立退料不要で立退き可能
立退料を支払うことで立退き可能

借地の立退きの流れと手続き

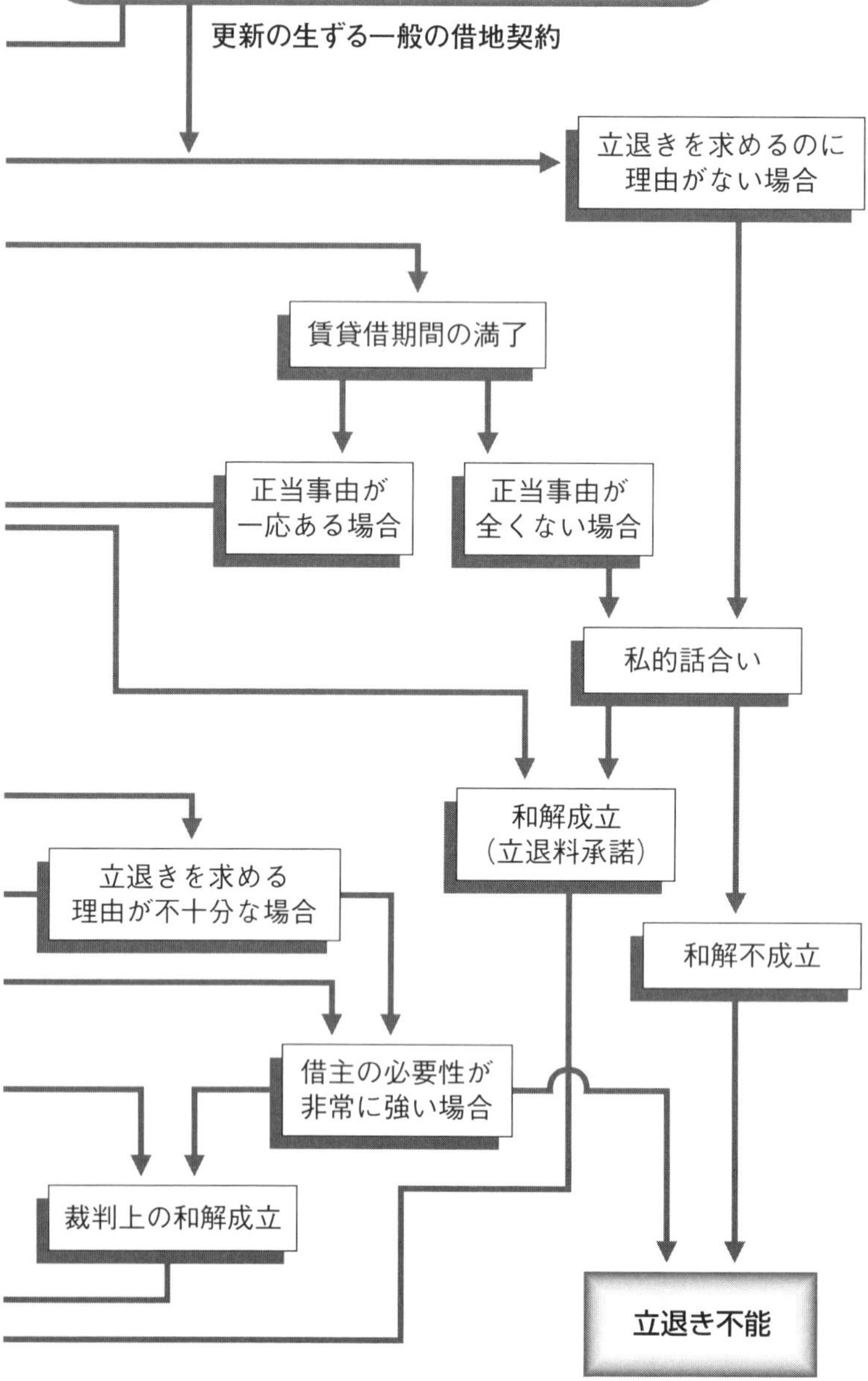
更新の生ずる一般の借地契約
立退きを求めるのに理由がない場合
賃貸借期間の満了
正当事由が一応ある場合
正当事由が全くない場合
私的話合い
和解成立（立退料承諾）
立退きを求める理由が不十分な場合
和解不成立
借主の必要性が非常に強い場合
裁判上の和解成立
立退き不能

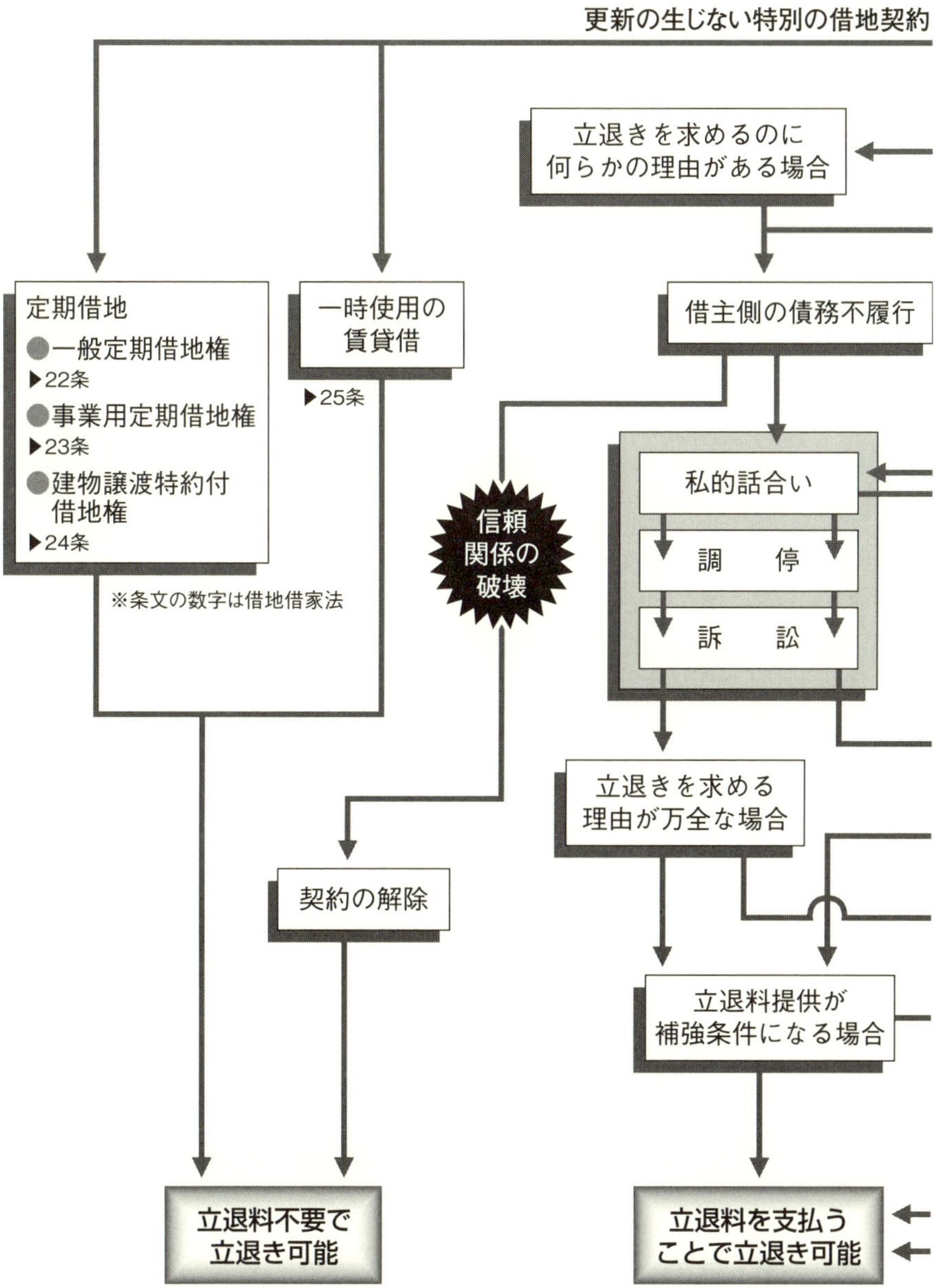
更新の生じない特別の借地契約
立退きを求めるのに何らかの理由がある場合
定期借地
●一般定期借地権
▶22条
●事業用定期借地権
▶23条
●建物譲渡特約付借地権
▶24条
一時使用の賃貸借
▶25条
※条文の数字は借地借家法
借主側の債務不履行
信頼関係の破壊
私的話合い
調停
訴訟
立退きを求める理由が万全な場合
契約の解除
立退料提供が補強条件になる場合
立退料不要で立退き可能
立退料を支払うことで立退き可能

●令和三年の民法等の改正について

確定した所有者・賃貸人と賃借人間の立退料の問題を記載する本書には直接影響する条文改正はないと考えられますが、以下に令和三年の民法等の改正についての概略を説明します。

読者がお住まいの近くで雑草が伸び放題の土地や朽ち果てた建物がそのままの状態で放置されている土地はありませんか。この放置状態は、衛生上、防犯上からも、近隣住民にとっては危険、不快、また迷惑極まりない状態です。この改善を図るには、土地所有者に改善を求めれば良い問題で、この土地所有者を特定するには、法務局で登記簿を調べれば所有者が判明し、その所有者に改善要求をすることになります。これが、改正前の民法の考え方です。問題は簡単なようですが、現実は、現在の土地所有者の名義となっているはずの登記簿の記載が、何十年も前の所有者のままになっていたり、相続が発生しても亡くなった方の名義のままであったりと、必ずしも現所有者名義となっていないため、結局、請求先が不明で、放置の状態が続くこととなります。

近時、この放置土地問題が全国的に増大しました。この原因は、従前の戸主の制度による戸主の一括相続から、戦後の均分相続への変更で共有関係が増加し、また自らが相続人となっていることすら知らない共有者が増加したこと、核家族化、親族関係の希薄化等がもたらした現代的問題とも考えられ、従前の民法等の規定では対処できない難しい問題が生じていたとも言えます。

そこで、令和三年の民法等改正では、この現代的問題に対処する改正を行いました。改正の要点は、所有者不明土地の発生予防（相続登記、住所変更登記の義務化等）と既に発生してしまった所有者不明土地の利用の円滑化（相隣関係、財産管理制度、共有制度、遺産分割規定等の各見直し）をはかる改正が行われました。

定期賃貸借契約の種類と契約の結び方のルール

★土地家屋の賃貸借契約を結ぶときに、必ず定めた期限どおりに契約が終了し、借地人・借家人の立退きに際して立退料のいらない契約のしかたがあります。定期借地契約と定期借家契約ですが、それぞれ契約のしかたに一般の借地・借家契約とは違ったルールがあります。立退料について考えるとき必要となる知識ですので、以下に概要を示します。

定期借地契約

① **一般定期借地権**（借地借家法22条）

▶存続期間：50年以上の期間設定を要する。
▶使用目的：制限はない（借地契約なので建物所有の目的でなければならないのは当然）。
▶契約方法：公正証書などの書面による。公正証書である必要はないが、公正証書にしておけば、証明力や執行力ははるかに高まる。
・契約の更新や延長がないこと、期間満了後に借地人が地主に対して借地上の建物の買取りを請求しないことを定める。

② **事業用定期借地権**（借地借家法23条）

▶存続期間：最短10年から50年未満までの間
▶使用目的：もっぱら事業の用に供する建物（居住用の部分があってはならない）を所有することに限る。
・事業用建物所有目的で存続期間が10年以上30年未満の借地契約は、借地借家法23条２項によって、自動的に契約の更新や延長がないことになるが、契約書の中にも契約更新のないことを明記しておいた方が安心。
・このタイプの契約は必ず公正証書によってしなければならない。

③ **建物譲渡特約付借地権**（借地借家法24条）

▶存続期間：30年以上の期間設定を要する。
▶使用目的：制限はない（同上）
▶契約方法：書面でなくてもよい（とはいえ、書面で契約すべきである）。
・契約の更新や延長がないこと、契約期間の満了後に借地上の建物を地主が時価で買い受けることを定める。

定期借家契約

① **定期建物賃貸借契約**（借地借家法38条）

▶存続期間：上限も下限も規制はない。１年未満の期間を定めても有効。
▶使用目的：制限はない。居住用でも、事務所用でも、倉庫用でもよい。
▶契約方法：公正証書などの書面によって契約しなければならない。
・賃貸人は、あらかじめ、賃借人に対して「契約の更新がなく、期間の満了によって必ず明け渡さなければならない」旨を記した文書を交付し、説明しなければならない。これを怠ると定期契約とならず、法定更新の生ずる一般の借家契約となってしまう。

② **取壊し予定の建物の賃貸借契約**（借地借家法39条）

▶存続期間：建物の取壊しまでが賃貸借の期間となる。
▶使用目的：制限はない。
▶契約方法：建物を取り壊すべき事由を記載した書面によって契約しなければならない。取壊しの日程も、契約書に明記しておいた方がよい。

【第1章】

借家の
立退料の
出し方

1 借家契約と立退料の考え方

なぜ・立退料が支払われるのか

◆立退料を定めた法律はあるのか

家主が借家人に住居あるいは店舗などに使用する目的で家屋を貸す場合、家主と借家人との間で**賃《ちん》貸借契約《たいしゃくけいやく》**（**借家契約**）が結ばれます。その契約書には、賃貸期間や賃料額などの定めはありますが、家主が立退料を支払う旨の定めはありません。むしろ、契約書には「借家人が明渡し時に立退料その他の名目を問わず、一切の金員の支払いを請求しない」と定められている場合が少なくありません。

また、借地借家法で「**財産上の給付をする旨の申出**」と定められるまでは、民法の賃貸借契約に関する規定（六〇一条ないし六二二条）や、旧借家法の規定にも立退料に関する定めはありませんでした。

ところが、実務上では家主が借家契約を解約あるいは更新拒絶をして借家人に家屋立退きを請求した場合に、家主から立退料（あるいは移転料・明渡料）として一定の金銭が支払われることがしばしばあります。もちろん裁判外の話合いにより立退料の支払いがなされるだけでなく、裁判上の和解や調停においても立退料の支払いが日常的に行われています。また、裁判例でも、家主が相当額の立退料の支払いと引換えに家屋の立退きを求めた場合には、立退料と引換えに明渡請求を認容する判決ができると解されています（最高裁・昭和三八年三月一日判決・判例時報三三八号・判例タイムズ一四六号、同四六年一一月二五日判決・判例時報六五一号・判例タイムズ二七一号など）。

◆紛争解決のための立退料

それでは契約書にも約定されず、民法・旧借家法にも規定のない立退料が、なぜ、支払われてきたのでしょうか。それは、家主と借家人との間で家屋立退きをめぐる争いが発生した場合、その紛争の解決方法として、家主が立退料を支払うことにより家主と借家人の利害の調整を図ることが、紛争の早期解決のためには実際的だからです。

これだけあれば何とかなるか!?

後述のように、旧借家法が適用される場合、家主の解約申入れ（または更新拒絶）には「**自ら使用することを必要とする場合その他正当の事由**」の存在することが必要とされていますが、この「**正当事由**」が不十分な場合に立退料によりこれを補完することができるとすることで、家主が立退きを実現することにより得る利益と、借家人が立退きにより被る損害を調整することが可能となり、それが対立する当事者間の衡平な解決に役立つと考えられるからです。

また、家主からの解約申入れに正当事由が認められる場合や、借家人が借家契約に定められた義務に違反している場合（賃料不払いなど）には、家主は立退料を支払わないでも立退きを請求できます。しかし、借家人がこれに応じない場合、家屋立退きを実現するためには、裁判所に調停や訴えの申立てをして解決せざるを得ません。我が国では、私人が自らの手により強制的な方法で紛争を解決すること（自力救済《じりききゅうさい》）は許されないからです。しかし、裁判所による紛争解決には長い時間と裁判を続けるための費用がかかります。経済的・精神的な側面からみると、解決までに長時間かかることは好ましいことではありません。

そこで、短期間に解決することで家主の時間と費用のリスクを避け、借家人の立退きによる事実上の経済的損失を填補《てんぽ》するものとして立退料が有効な役割を持つことになるのです。

このように、立退料は家屋立退きをめぐる紛争の場合で、より実際的な解決を図るための方法として現われ、定着してきたものなのです。

借家と立退料（正当事由との関係）

◆民法と旧借家法・新借地借家法

建物の賃貸借には旧**借家法**（大正一〇年四月八日法律第五〇号）あるいはそれに替わるものとして制定された新**借地借家法**（平成三年一〇月四日法律第九〇号…平成四年八月一日施行）が適用されます。建物の賃貸借とは、建物の全部またはその独立した一部分を使用する対価として賃金（家賃）を支払う契約のことで、一般に**借家契約**と呼ばれているものです。借主を**借家人**といい、借家人の権利を**借家権**といいます。旧借家法は、社会的経済的に弱い立場にある借家人の借家に居住する権利を保護する目的で旧借地法と共に制定された法律で、民法上の賃貸借に関する賃貸人（家主）の権利を制限するものといえます。

民法の規定によれば、賃貸期間の定めがある場合は、期間満了により借家契約は終了しますから、契約更新がないかぎり、借家人は家屋を立ち退かなければなりません（民法六一六条、五九七条一項）。また、期間の定めがない場合は、家主はいつでも解約の申入れをすることができ、解約申入れ後三か月を経過すれば借家契約が終了することになっています（民法六一七条一項二号）。

しかし、民法の規定をそのまま現実の借家関係に適用するならば、借家人の居住する権利はきわめて不安定なものとなってしまいます。家主としては、借家人の事情を考慮することなく家主側の都合で、いつでも借家契約を終了させることができるように、賃貸期間をできるだけ短期に定めるか、期間を定めずにおくでしょう。そうなれば、借家人は落ちついて借家で生活を営むことができなくなり、賃貸店舗で商売もできなくなることは明白です。借家人の生活基盤は家主の気持ち次第で根底から崩されることになるからです。

たとえば、終戦直後の極端な住宅事情の悪化した時期だけでなくても、借家に対する需要が供給よりも多い時代には、家主側としては賃貸期間を一年あるいは二年と定めれば、期間が満了する際に、より高額の家賃を取るため、借家人に対し一方的な家賃値上げを要求し、借家人がこれに応じなければ立退きを求めることができてしまいます。借家人は自らの生活する場を守るには家主の一方的な値上げに応ぜざるを得なくなり、収入に応じた安定した生活ができなくなります。

また、借家契約は民法上**債権関係**とされています。借家を借りている借家人の権利は、借家契約を結んだ家主に対して主張できるだけで、他の第三者に対して権利を主張することができる権利関係（**物権関係**）と異なります。したがって、家主が借家を第三者に売った場合には、借家人は新家主に対して、旧家主との借家契約に基づく借家に居住する権利を主張できなくなることになります。借家人が新家主に借家権を主張できるためには、借家の建物登記簿に賃借権設定登記の手続きをしておくことによって可能ですが、家主と借家人の力関係から借家人のために右登記手続きを承諾する家主はほとんどいません。

旧借家法一条一項は「その登記なきも建物の引渡ありたるときは爾後《じご》その建物につき物権を取得したる物に対しその効力を生ず」と定めて、借家人の旧家主に対する借家権を新家主に対しても主張できるようにしたのです（新借地借家法三一条一項にも同趣旨の定めがあります）。これは**賃借権の物**

権化といわれています。したがって、新家主は旧家主の地位を引き継ぐことになるわけです。

しかし、旧家主であれば賃貸期間が満了した際に借家契約を更新できたかもしれないのに、新家主に代わったため、契約更新が期待できない場合が生じます。新家主の借家人が居住している家屋を買入れした目的が、新家主が自ら使用するためであれば、期間満了により借家人に立退きを求めるでしょう。また、借家の敷地をアパートやマンションの敷地として使用するためとか、あるいは貸駐車場にするためとかであれば、やはり新家主は借家人に立退きを求めるでしょう。

旧借家法一条一項（新借地借家法三一条一項）により借家人の保護をしても、それだけでは新家主からの一方的な立退き請求から借家人を保護することはできないのです。そこで旧借家法は昭和一六年に改正され、家主の解約申入れおよび更新拒絶を制限する規定（一条ノ二）が追加されたのです。この改正により、家主が解約申入れ（または更新拒絶）をするには「**正当の事由**」を必要とすることになり、借家人の居住する権利が家主の一方的な都合から守られることになったのです。

◆旧借家法一条ノ二の正当事由とは

旧借家法一条ノ二には、家主が借家人に対し、約定の賃貸期間が終了したから家屋を立ち退けと請求する場合（更新の拒絶）、あるいは、期間を定めていないときに借家契約を解約するから立ち退けと請求する場合（解約の申入れ）には、家主において自分がその家屋を使用する必要があるなどの立退きを求めるのがもっともであると認められる事情（正当の事由）がなければならない、と定めています。この「正当事由」とは何を意味するのでしょうか。条文のうえでは家主側がその家屋を必要とする事情だけをいうようにも読めます。

たとえば、①家主自身またはその家族が住むために建物が必要であるとか、②永年の使用で家屋が老朽化したのでこれを取り壊して新築する必要があるなどの事情があれば、借家人の事情を考慮しなくても「正当事由」は認められるのでしょうか。

同条文が追加された昭和一六年当時は、家主側の事情だけで「正当事由」の有無を判断する裁判例もありました。しかし、借家人側の事情も含めて判断しないかぎり、借家人を保護することはできないという社会状況（ことに終戦後の極度の住宅事情の悪化）の下で、正当事由の判断に借家人側の事情も考慮に入れられるようになったのです。すなわち、

「家主と借家人双方の利害関係その他諸般の事情を考慮し、社会通念に照らし妥当と認むべき理由を借家法一条ノ二の『正当の事由』というもの」と解されています（最高裁・昭和二九年一月二二日判決・判例時報二〇号）。

したがって、「正当事由」の有無の判断に当たっては、家主側の事情（たとえば、建物を必要とする理由、現住居の状態、家族数、職業、資力など）と借家人側の事情（たとえば、借家の構造、家族数、職業、資力、転居先の有無など）、その他借家関係から生じた事情（たとえば、契約締結時の事情、立退き交渉における双方の対応など）など、いっさいの事情を考慮し、双方の必要の程度を比較考量

することになります。

◆正当事由と立退料との関係

家主が借家人に対し家屋の立退きを求めて裁判所に訴えを起こした場合、裁判所は正当事由の有無を調べ、その結果、正当事由が認められれば家主は勝訴することができます。しかし、家主と借家人双方のいっさいの事情を考慮し、家主側にも家屋を必要とする事情も認められるが、借家人側の事情と比較すると不十分であると認められた場合には、家主は敗訴してしまいます。そのような場面において、家主側の有利な事情として立退料の提供が問題となりました。

すなわち、家主の立退き請求の正当事由の判断に当たり、正当事由としては不十分であるが、家主が立退料として相当額の金員を提供するならば、家主側の有利な事情の一つとして評価し、正当事由を補完することができるという考え方です。ここにおける立退料は、借家人が転居先となる代替家屋の獲得と移転の困難、および移転することによる生活上、経済上の不利益を軽減し、賃貸家屋を使用する必要性を減少させるという意味で、正当事由を補完する働きを持つことになるのです。

このように立退料が正当事由を補完する機能を有することは、裁判所の認めるところとなりました（最高裁・昭和二七年三月一八日判決）。そして、現在では、家主が申し出た立退料の額と格段の相違のない範囲内で裁判所が決定する額の立退料ならば、家主がその金額を支払う意思を表明して、その立退料の支払いと引換えに家屋の立退きを求めている場合には、家主が明示した立退料の額を超える立退料の支払いと引換えに立退き請求を認容することができるとの判断を示しています（最高裁・昭和四六年一一月二五日判決参照）。すなわち、家主の意思いかんにより、裁判所は明示された立退料の額以上の額を決定することができるという解釈です。その後も右判例を機に同様の趣旨の判例が多数出てきており、裁判実務では定着したといえると思います。

家主が解約申入れ（または更新拒絶）をして家屋の立退きを求める場合、立退料の提供が正当事由の有無の判断に当たり、正当事由を補完する事情となるのです。

新たに借地借家法が施行された後の借家の場合でも、立退料の考え方は変わらないと思います。

◆立退料の額は何を基準にするのか

立退料は、家主が借家契約の終了を理由に家屋の立退きを求める場合、解約申入れまたは更新拒絶に必要な正当事由が不十分な場面において、正当事由を補完する家主側の有利な事情として位置付けられることは、すでに述べたとおりです。したがって、立退料を支払う必要があるか、もし必要があるならば妥当な立退料の額はいくらなのか、ということは、家主側および借家人側の借家関係をめぐる一切の事情に影響されることになります。双方の利害関係その他一切の事情を考慮した結果、家主側の家屋を必要とする程度が高く、正当事由が十分備わっていると判断されれば立退料の支払いは不要となります。しかし、正当事由がありと認めるには不十分であると判断されれば、家主と借家人双方が必要とする程度の強弱により、正当事由を補完するに足る立退料の額が決められます。

そして、ケースによっては借家人が家屋を必要とする程度が強すぎるため、高額の立退料を提供しても正当事由を補完できないと判断される場合もあります。個々のケースについては、七八頁以下の具体的事例の章（第2章）をごらんください。

このように、立退料の要否および額を決定するには、家主と借家人の具体的な事情いかんによりますので、賃貸家屋の構造・規模、賃貸期間の年数、家賃の額、敷金・礼金の有無などを基準として算術的な方法で立退料としていくらが妥当かを普遍的な算式により算出することは事実上困難です。具体的な裁判例においても、家主と借家人の事情は多種多様であり、その評価についても個々の裁判官の考え方により差異が出てくることを否定しえません。賃貸人・賃借人ともに運次第といえるほど、立退料の判定はむずかしいものなのです。

したがって、家主と借家人との間で家屋の立退きをめぐる紛争が生じた場合に、その事案が類似しているからと特定の裁判例を引用して、その結論を現実の紛争にそのまま当てはめることは危険です。あくまでも正当事由の有無および立退料の額を判断する一つの資料として参考にする程度だと考えてください。

また、裁判例において決定された立退料の額は、正当事由を補完するに足る立退料の額です。それは家主と借家人間の紛争が最終的な裁判所の判断により解決される場面における立退料です。裁判外において話合いにより和解する場合や裁判上の和解および調停における和解などの場合には、紛争当事者の合意により解決される場面ですから、必ずしも正当事由を補完するに足る立退料の額をもって実際の立退料としたわけではありません。裁判所による最終的な判断により解決される場合の立退料の額を推測しながら、家主と借家人双方がそれまでの時間と費用のリスクを考慮して合意に達することが実務上多くみられるからです。

実際上、弁護士が家主あるいは借家人から依頼を受けて借家立退き請求の事件を処理する場合、家主の立退き請求に正当事由が認められる可能性がなければ、いくらの立退料を提供することで正当事由を補完できるか、依頼された事案と類似の裁判例を調査して、相手方との交渉に当たります。また、正当事由は十分に認められると思われる事案においても、早期解決を図るため、立退料を支払うことにより円満に解決できることを家主側に説明し、説得することが多いと思われます。

それでは、立退料の要否および額の決定に当たり考慮される家主および借家人の事情には、どのような事情があるか、具体的なケースについて見てみましょう。

【家主側の事情】

① 家主自身が住居として使用する必要がある場合

たとえば、㋑家主自身の住居が借家あるいは借地上の家屋で、家主あるいは地主から立退きを求められているような場合、㋺長期の転勤や外国出張のため転勤先などに住居を置いていたが、再転勤により戻ってきて借家人に貸していた家屋を使用する必要が生じたような場合、㋩家主の住んでいた家屋が焼失したり、老朽化して住居として使用できなくなった場合など、家主の自己使用の必要性が認められる場合です。

家主側の事情としては、もっとも有力な事情ですが、借家人が家主以上に借家を必要とする事情があれば、「正当事由」はないことになります。家主が自分の住居の家主あるいは所有住居の地主などから立退きを求められているとしても、立退きを求められている理由のいかんでは家主の必要性の程度に差異が生じてきます。

また、現在、家主が住んでいる家屋が老朽化して使用できないとしても朽廃の程度により必要性の程度も異なりますし、家主が他所に所有家屋があれば必要性は弱まるでしょう。家主自身が借家住まいで賃貸家屋を立ち退かせた跡地に新居を建てたいという場合などは、家主の現住居の構造・規模、家族構成、生活程度、社会的地位を考慮して必要性の程度が判断されることになります。

② 家主の家族・近親者の住居として使用する必要がある場合

家主自身ではなく家族や近親者であっても、家主に準じて賃貸家屋を使用する必要性が認められます。たとえば、息子が結婚するので結婚後の住居として使用するために借家人に立退きを求める場合が典型的な事情です。しかし、息子が結婚適齢期に達し、将来結婚することが見込まれているというだけでは、結婚が具体化し現実のものとはなっていませんので、家主側に使用する必要性は認められません。また、息子が家主と同居している場合には、家主の住居の構造・規模などから結婚後も同居することが十分可能であれば、その必要性の程度は弱くなります。

高齢の家主が老後の世話を近親者にみてもらうために、家主の近隣に位置する借家を使用する必要があるという場合にも、家主の住居の構造・規模いかんで前記同様の判断がなされるでしょう。

③ 家主または家族が営業のために使用する必要がある場合

家主側が賃貸家屋を使用し、またはその跡地に新築して、営業目的で使用する必要がある場合にも、家主側の自己使用の必要性が認められます。

たとえば、貸店舗を立ち退いてもらって、そこで商売を始める必要があるとか、事業の拡張のため貸店舗を使用する必要があるなどの場合です。家主側において、そこで商売を始めることが生計上差し迫っている事情があれば必要性の程度は強いでしょう。しかし、事業の拡張のためだけでは有利な事情として弱くなります。いずれにしても、借家人も同店舗において商売をしているのですから、借家人の営業の規模、業績、他に同条件の代替店舗を求めることができるかどうかなど、必要性の程度にかかってきます。

また、家主が借家人を立ち退かせた後、跡地にアパートを建ててアパート経営をするなどの営利目的の事情がある場合には、借家人が住居としている家屋の立退きを求める場合ですから、家屋が朽廃していて倒壊の危険があるなど特段の事情がなければ、立退料を提供しても正当事由を補完することは困難である場合が多いと思います。

④ 賃貸家屋が老朽化しているため大修繕または新築する必要がある場合

家屋が朽廃《きゅうはい》し、その結果、倒壊した場合には、借家関係は当然に終了することになります。しかし、家屋は老朽化しているが、住居としての耐用年数が認められる場合には、朽廃の程度により新築または大修繕の必要性の程度が判断されます。建築基準法に基づく勧告（同法一〇条など）などを受けている場合には大修繕をする必要性が強く認められます。

しかし、借家人の家屋を使用する必要性を否定することはできません。いくら朽廃しているとはいえ、建物の耐用年数は残っているのですから、家主からの老朽化を理由とする立退き請求に「正当事由」があると認めるのはむずかしくなります。ただし、このような場合には、立退料の支払いにより正当事由を補完する事例が多く認められています。

⑤ その他の家主側の事情

相続により家主の地位を承継した相続人が、相続税を支払うため、借家人が借りている家屋とその敷地を売却する必要が生じ、借家人に立退きを求める場合のように、借家および敷地を高く売るために立退きを求める場合があります。借家人が住んでいると買い手を求めることが比較的困難なことが多く、また売買価格も安くなることから、借家人に立退きを求めることになるのです。この例では、他に処分すべき財産がないとか、借家人がいる状態で買い手を捜すことが、きわめて困難な状況であるというような場合でなければ、家主側の必要の程度は弱くなるでしょう。

また、借家を買入れした新家主が借家人に立退きを求める場合には、新家主において立退きを求める事情が、買入れ後に生じたなど特別の事情が認められないかぎり、新家主側の必要性は弱いものと判断されます。なぜなら、旧家主の下で安定した生活をしてきた借家人が、家主が新しくなったため突然に立退きを求められるならば、借家人の地位はきわめて不安定なものとなるからです。新家主であるということが家主側の不利な事情として考慮されることになるでしょう。

【借家人側の事情】

① 借家人が住居として使用する必要がある場合

借家人は現実に賃貸家屋に住んでいるのですから、借家人の必要性は認められることが大半であり、家主からの立退き請求に対する借家人のもっとも有利な事情となります。

しかし、借家人が他所に住居を構えており、賃貸家屋を家財道具置場として使用しているにすぎないと認められる場合などは、借家人において将来、賃貸家屋に住居を戻す意思があったとしても、その必要の程度は弱くなるでしょう。同様のことは、借家人が他に所有家屋をもっている場合にも当てはまります。

また、借家人において代替家屋を購入できる資力があるとか、他の賃貸家屋に転居できる資力があるという事情があれば、家屋を必要とする程度は弱くなります。逆に、借家人にその資力がなければ必要の程度は強くなります。

ところで、借家人が転居先を求めることができるか否かは、住宅事情に影響されます。戦後のような極度の住宅難の状況下では、代替家屋を探すことがきわめて困難であり、借家人の必要の程度はきわめて強いものでした。しかし、最近の住宅事情は住宅難が緩和されていることから、借家人の必要性は、家族構成や賃貸期間および資力の有無により判断される傾向にあるようです。借家人に家屋を必要とする事情がある場合に、家主側にも必要性が認められるときは、移転に要する費用および一定期間の差額賃料に相当する金額の立退料の提供により正当事由が補完され、立退き請求が認められる事例が多くなったのは、右のような事情からだと思われます。

②　借家人が営業のために家屋を使用する必要がある場合

借家法は、商店、倉庫および工事など営業用建物の賃貸借にも適用されますから、借家人が一戸建ての営業用建物や建物の一部分である貸店舗を借りている場合、営業上これを必要とする事情は借家人に有利な事情となります。

住宅の場合には、借家人が立ち退くことにより被る損失は、経済的不利益だけではなく生活上の不利益が問題となります。しかし営業用建物の場合には、経済的不利益が問題となります。とはいっても、個人商店や中小零細企業の場合には、店舗立退きが直ちに生活上の死活問題となりますし、また、店舗兼住宅の場合には住宅の賃貸借と同様に、経済的不利益だけでなく、生活上の不利益も問題となるでしょう。営業用建物の賃貸借の場合には、住宅の場合と比較して、立退料の支払いにより正当事由を補完しうる場合が多く認められるといえるでしょう。

③　借家人が賃貸家屋を長期間使用してきた場合

借家人が賃貸家屋を長期間にわたり使用してきたという事情があれば、それは借家人側の有利な事情となります。借家人が住居として長期間住んでいれば、近隣地域における借家人の人間関係も形成され、生活の本拠としての必要性がより強くなるからです。仮に、他に転居先を求めることが容易な住宅事情があったとしても、同一地域に同条件の代替家屋を探すことは困難な場合が多く認められます。したがって、そのような場合には借家人を保護する必要性の程度が強くなります。

長期間使用しすぎたかナ？

家主が長屋式建物に住む各借家人に立退きを請求する場合、立退料の算定に際し、借家人の居住期間を考慮するのも、右の理由からです。

【借家契約関係から生ずる事情】

①　借家契約時に、家主側に具体的事情が生じたら立ち退く旨の約束がある場合

借家契約締結時に、㋑家主からの申し出により賃貸期間を五年間とすることを約束したり、あるいは、㋺家主の息子が結婚するときには家屋を立ち退くこ

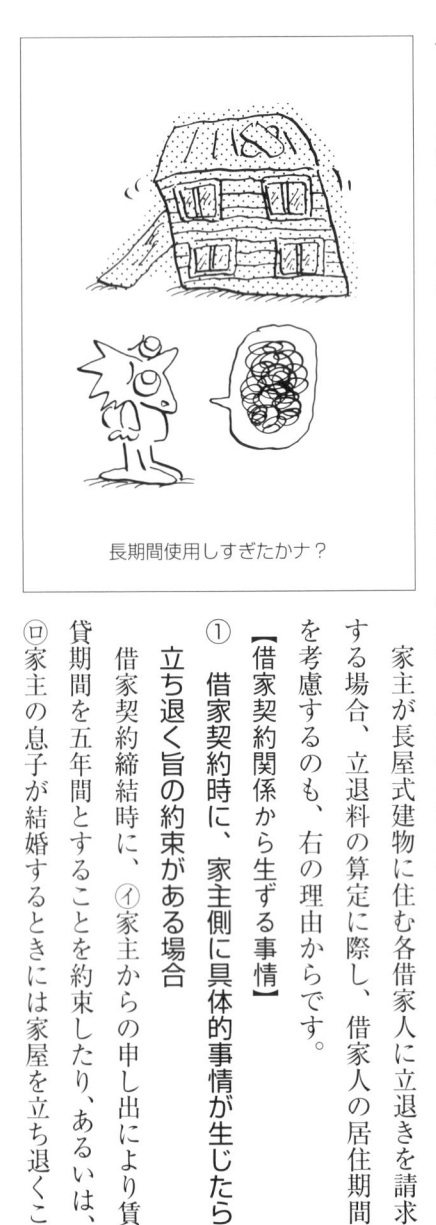

とを約束する場合があります。

しかし、前述の一時使用のための賃貸借であることが明らかに認められる場合（旧借家法八条・借地借家法四〇条）および定期建物賃貸借（借地借家法三八条）の場合でないかぎり、右のような約束は借家人に不利益な特約ですから無効と解されます（旧借家法六条・借地借家法三七条）。

したがって、借家人は右の約束に拘束されないのですが、「正当事由」の有無を判断する一切の事情として、契約締結時の約束が考慮されます。そして、右の約束は家主側に有利な事情として考慮されることになります。

ただし、期間を定めた場合であっても、それが家賃の据置き期間と解釈される場合には別です。

②　家主と借家人との間の借家関係に影響を及ぼす事情がある場合

家主と借家人との借家関係は継続的な契約関係であることから、双方の信頼関係を基礎とするものと解されています。後述のように借家人に契約上の債務不履行がある場合には、それを理由に家主は契約を解除することができますが、借家人の義務違反が双方の信頼関係を破壊する程度に至らず債務不履行にならない場合には、借家人の右の行為が借家人の不利な事情となります。

たとえば、借家人が家賃を滞納することが多く、家主が催告すると数か月分の賃料を支払うというような状況が続いているとか、賃貸家屋を乱暴に使用しているとか、借家人が家主に無断で増築し、あるいは模様替えをしたとかいうような事情があれば、それ自体は債務不履行あるいは信頼関係破壊行為にまで至らなくても、借家人に不利な事情として、家主からの解約申入れの際の正当事由の有無の判断資料となります。

③　家主が代替家屋を提供した場合

借家人の賃貸家屋を使用する必要性は、他に転居先を捜すことが容易か否かが重要な要素となることは前述したとおりです。家主が代替家屋を提供した場合には、借家人が転居先を捜す必要がなくなるわけですから、これにより借家人が賃貸家屋を必要とする程度は弱まり、家主側に有利な事情となります。

しかし、代替家屋が賃貸家屋と比較して、構造・規模および賃貸条件などにおいて劣る場合には、必ずしも家主に有利な事情として考慮されるものではありません。

賃貸家屋と代替家屋の場所的位置、構造、広狭、通勤の便、借家人の職業・収入、資産、家族構成（とくに子供が未成年で学童・学生の場合に転校することになるか否か）などを考慮して、代替家屋が適当なものか否か判断されることになるでしょう。

立退料が不要なケースもある

家主と借家人の一切の事情を総合的に考慮した結果、家主の解約申入れ（または更新拒絶）に「正当事由」があると認められる場合には、家主が立退料を支払う必要はありません。そして、右の場合以外にも家主が借家人に対し立退料を支払うことなく立退き請求をすることができる場合があります。それは、つぎのような場合です。

◆一時使用のための借家契約

旧借家法八条は「一時使用のため建物の賃貸借をなしたること明らかなる場合」には借家法を適用しないと定めています（新しい借地借家法四〇条にも同趣旨の定めがあります）。したがって、右の借家契約の場合には、旧借家法一条ノ二（新借地借家法二八条）が適用されませんので、民法の規定に従って契約を解約することができることになります。すなわち、家主の解約申入れに「正当事由」を必要としないということです。そして、正当事由の有無が問題とならない以上、正当事由を補完する機能を持つ立退料も問題とならないことになります。

それでは、「一時使用のための借家契約」とはどのような場合をいうのでしょうか。

契約書に「一時使用」と定めている、あるいは口頭で約束したというだけでは、一時使用とは認められません。これを認めれば、契約締結時に家主が借家人に一時使用であることを無理に認めさせることにより、借家人の居住権を保護することを目的とした借家法を脱法することが容易になってしまうからです。「一時使用」と認められるためには、家主と借家人の契約締結する目的が一時使用であるとするだけの合理的な事情が客観的にみて認められる場合でなければなりません。

たとえば、借家人が賃貸家屋を展示会場として使うためとか、一定期間のみ療養生活をするために使うなど、借家人側の使用目的が明らかに一時的な場合には客観的合理的な理由があり、一時使用と認められることになります。

ところで、右の一時使用目的の借家契約が何度も更新された場合には、一時使用のための借家と認められるでしょうか。借家人としても結果的に長期間にわたり生活の本拠としていれば、立退きによる生活上の不利益を被ることになります。たとえば、借家人が町内会の役員などをして、地域と密接な人的関係ができている場合などです。転勤するまでの一時使用のための借家契約が更新され、約七年半以上を経過した事案でも一時使用のための借家契約と認めた裁判例（最高裁・昭和四一年一〇月二七日判決・判例時報四六七号）があるので参考としてください。

その他の例としては、借家関係の紛争が生じたため裁判所で調停や和解がなされ、裁判上の和解が成立し、借家人の使用期間が定められた場合にも一時使用と認められます。期間が数か月の短期間の場合には、立退き、猶予期間を定めたことになりますが、では、期間が三年、五年と定められた場合にはどうでしょうか。

裁判例では、賃貸期間を五年間と定めた裁判上の和解がなされた事案で、動機、目的その他の事情から一時使用と認めた判例もあります（最高裁・昭和四三年一月二五日判決・判例時報五〇九号）。紛争を解決するため、定めた期間だけ使用することを認め、期間経過後は終了させる趣旨か否かによって、一時使用か否か判断されることになると思われます。

◆定期建物賃貸借

新借地借家法は、旧借家法に明文のなかった㋑賃貸人の不在期間の建物賃貸借（制定当初の三八条）、㋺取壊し予定の建物の賃貸借（三九条）という類型の新しい借家契約を導入しました。これを**期限付建物賃貸借**といいます（簡略に「定期借家」とも通称しています）。

この類型の契約は、いずれも家主側の事情により一時的に建物を借家人に貸す場合の借家契約ですが、旧借家法の下でも、「一時使用のための借家」として解釈され、判例も、賃貸借の目的・動機その他諸般の事情から、賃貸借契約を短期に限り存続させる趣旨のものであることが客観的に判断される場合であればよい、として認めていました（最高裁・昭和三六年一〇月一〇日判決参照）。しかし、一時使用の借家契約は、本来、展示会場や貸別荘などのように借家人側の事情により建物の一時使用が客観的に明らかな場合をいうべきであり、家主側の事情による一時使用の借家契約を認めるのは拡張して解釈するものであると批判されていました。

そこで、新法では期限付建物賃貸借として新設し、一時使用の借家と区別したのです。

その後、さらにこの規定は改正され、右の㋑の規定は、「賃貸人の不在期間」だけに限定されず「転勤、療養、親族の介護」といった理由づけもいらない一般的な**定期建物賃貸借契約**（**定期借家契約**）を設定できるように改められました（現在の三八条…平成一二年三月一日施行）。

この定期借家契約では、契約の設定に特に理由づけを必要としなくなったかわりに、賃貸人は契約の設定時に賃借人に対して、あらかじめ「この契約は更新がなく、必ず定めた期限どおりに終了する」ということを、書面を交付して説明しなければならないこととされました（三八条二項）。この説明をしなかったときは、その借家契約は定期契約とならず、法定更新の生ずる通常の借家契約となってしまいます（同条三項）。

また、契約の終了に際しては、（設定期間が一年以上である場合には）建物の賃貸人は、期間満了の一年前から六か月前までの間（通知期間）に、賃借人に対して「期間の満了により賃貸借が終了する」ということを通知しなければなりません（通知期間が過ぎたあとで通知をした場合には、通知をしてから六か月後に契約が終了となります）。賃貸人は、この通知をしない限り、賃借人に対して契約が終了したから立ち退いてくれということができません（三八条四項）。

他方、「**取壊**《とりこわ》**し予定の建物の賃貸借**」の規定は存続していますが、これはどのような場合をいうのでしょうか。

借地借家法三九条一項は、「法令又は契約により一定の期間を経過した後に建物を取り壊すべきことが明らかな場合」において借家契約をするときは、「建物を取り壊すこととなる時に賃貸借が終了する旨」を定めることができるとしています。「法令による建物取壊しの予定」の場合とは、たとえば建物の敷地が、土地収用法に基づき収用されるとか、都市計画法に基づく区画整理の対象となったため移転するとかにより、建物の取壊しが予定されているなどの場合です。また、「契約書による建物取壊しの予定」の場合の典型としては、家主（借地人）が定期借地権の期間（借地借家法二二条・二四条参照）が満了することにより、一定期間の経過後に土地の明渡しをしなければならないため、建物を取り壊す必要がある場合です。

ところで、家主が五年後の建替えを予定して建築請負業者との間で建築契約を結び、そのうえで借家人と期間を五年とする期限を定めた建物賃貸借契約をした場合、「契約による取壊し予定の建物の賃貸借」と認められるでしょうか。解釈上争いがあるところですが、本条は法令上負担する義務や契約上の第三者に対する義務の履行（建物の取壊し）を円滑にするために定められたとする趣旨、および立法作業の過程から、家主自身が建替えのための取壊しを予定している場合には、自分の都合で第三者と契約をしているにすぎず、本条の「契約」にあたらない、すなわち認められないと思われます。

なお、「取壊し予定の建物の賃貸借」契約を結ぶ場合は、必ず契約書などの書面に、「法令又は契約により建物を取り壊す事由」を具体的に記載することが必要ですので注意してください（借地借家法三九条二項）。

◆借家人に債務不履行がある場合

借家人は借家契約に基づいて借家人としての義務を負っています。

①家賃を支払う義務（民法六〇一条）、②契約により定められた使用目的に従って使用する義務および、③家屋を用法に従って適当な方法で使用する義務（同法六一六条、五九四条）などです。借家

人が契約上の義務に違反した場合、家主は借家人の債務不履行を理由に借家契約を解除することができます（同法五四一条）。

右の家主の契約解除は、借家人に債務不履行があるか否かによってなされるものですから、契約の更新拒絶や解約申入れ（旧借家法一条ノ二・新借地借家法二八条）とは原因が異なります。したがって、「正当事由」の有無は問題となりません。そして、正当事由の問題ではないのですから立退料を支払う必要があるか否かは問題ではありません。

債務不履行の例としては、借家人が家賃を支払わないとか、賃貸家屋を常識の範囲を超えて乱暴に使用した、あるいは契約上使用目的を事務所と定めたのに家主に無断で改装して飲食店を開業した場合などです。

家賃の不払いが借家人の債務不履行の典型ですので、この場合を例にして説明しましょう。

借家人の家賃支払義務は借家契約における借家人の基本的な義務であり、家賃の不払いは重大な義務違反となります。ところで、借家人が期日に二、三日遅れて家賃を支払った場合や、一、二か月分の家賃が滞納となっている場合にも、前者は支払期日に遅れた点で、後者は家賃を支払っていない点で、いずれも借家契約における義務に違反しています。

しかし、右のような義務違反があったのを理由に、家主がすぐに契約を解除できると解するのは妥当性を欠きます。なぜならば、借家契約のように家主と借家人間の信頼関係が基礎となっている継続的な契約関係にあっては、わずかな義務違反により契約関係を終了させるような結果を生じさせることは不合理だからです。したがって、家主が借家人の家賃不払いを理由に解除できるのは、それが家主と借家人間の信頼関係を破壊する程度の義務違反でなければならないと解されています。右のケースでは、いまだ信頼関係を破壊する程度に至っているとはいえないでしょう。

ただし、後者のケースでは、借家人が何年間も滞納状態が続いており、家主が催告しないと家賃を支払わないという事情があれば、信頼関係を破壊する不誠実な義務違反と認められると思われます。

その他の借家人の義務違反の場合についても、家賃不払いの場合と同様に解されています。

なお、借家人の義務違反が信頼関係を破壊するものと認められないため、家主からの債務不履行を理由とする契約解除が肯認されない場合でも、解約申入れ（または更新拒絶）の正当事由の有無の材料となる事情の一つとして借家人に不利な事情とされます。右は家主と借家人の契約関係から生じた事情に該当するからです。

以上のように、家主の解約申入れまたは更新拒絶に正当事由が認められた場合のほか、旧借家法一条ノ二（新借地借家法二八条）が適用されない、一時使用のための借家契約と認められる場合、借地借家法により定期建物賃貸借契約、取壊し予定の建物の賃貸借契約と認められる場合および借家人が信頼関係を破壊する程度のものと認められる義務違反（債務不履行）があるために家主が借家契約を解除する場合には、家主は借家人に対し、立退料を支払うことなく立退きを請求することができます。

2 立退料の法律上の意味

立退料とは・どんなものか

立退料とは、広義には、土地または建物の使用者ないしは権利者に対し、その土地または建物の立退き（明渡し）を求めるに当たって支払われる金銭、その他の代替物といえます。また、借地、借家の当事者間での授受を考えると、立退料とは、賃貸人（地主または家主）が賃借人（借地人または借家人）または転借人に対し、借地または借家の立退きを求めるに当たって、賃借人または転借人の移転による不利益を補償する趣旨で支払われる金銭、その他の代替物といえると思います。

しかし、この立退料という文言自体は、借地・借家関係の法律中で使われていません。旧法（借地法・借家法）には、その制度にあたる規定もありませんでしたが、後述の新借地借家法では、条文上、立退料の概念の一端が認められたと考えられます。

旧法時代、立退料が法律上定まった制度でないということは、種々の不都合を生じました。立退料の概念を明確にできなかったこともその一つです。また、他人に金銭の請求をする場合には、その他人との間に契約関係があるとか、怪我をさせられた不法行為による損害賠償債権があるとか、なんらかの法律が規定する債権が存在するはずです。しかし、この立退料については法律の規定がなかったため、いかなる債権が存在し、立ち退く側にいかなる請求権が発生するのか不明だったのです。

この問題は、立退料請求権の法的根拠をいかにみるかの問題ですが、現在に至るも確定した考え方は存在せず、①債務負担申入れに基づく債務、②単独行為説、③承諾擬制《ぎせい》説、④信義則《しんぎそく》説、⑤不当所得説、⑥非訟《ひしょう》的形成説等の諸説が唱えられています。

右の諸説は、法律上制度化されていなかった立退料請求権について、判例が立退料と引換えに立退きを命ずる判決を出し、判例上、実務上、立退料請求権を認めた形となっているため、その理論的根拠を後から付けている作業ともいえます。しかし、その法的根拠はともかく、立退料の文言は、一般社会および判例上も否定しえない存在となっていたといってもよいでしょう。

新しい借地借家法においては、地主ないし家主が明渡しを求める場合に、旧法ではたんに「正当ノ事由」（旧借地法四条一項但書、旧借家法一条ノ二）がある場合に認めるとの規定であったものが、「土地の使用を必要とする事情のほか、借地に関する従前の経過及び土地の利用状況並びに借地権設定者が土地の明渡しの条件として又は土地の明渡しと引換えに借地権者に対して財産上の給付をする旨の申出をした場合」（借地借家法六条、建物についても同法二八条でほぼ同一の内容）と規定し、「財産上の給付」を条文上明確にすることにより、立退料の概念を認めたと考えられます。

立退料が授受されるのはどのような場合か

立退料は、文字通り土地または建物を立ち退く際に授受される金銭その他の代替物ですが、立退きのすべての場合に必要とされているわけではありません。立退きには、いろいろな事情があります。その事情ごとに、まず大きく分けると、つぎの二つに分けられます。

① 賃貸借当事者間ないしはこれに準ずる者の間の立退き

② 都市計画事業等の公共事業による立退き

金なんか要らない。出てかないよ！

②は民間の賃貸借当事者間の問題ではなく、借地借家法とは別の公法が適用されるケースですので、ここでは、①の賃貸借当事者間ないしはこれに準ずる者の間の立退きについて述べることにします。

右の立退きの各場合をさらに場合分けし、立退料の必要な場合と不要な場合とをチャートで示したのが、六六頁のチャート表です。この表から言えることは、㋑一時使用の賃貸借であることが明らかな場合、㋺賃借人の使用方法違反等の債務不履行が明らかな場合、そして㋩賃貸人側の自己使用の必要性が絶大で立退きの「正当事由」の存在（旧借地法四条、旧借家法一条ノ二、新借地借家法六条、二八条）が明らかである場合には、立退料の支払いがなくても立退きが可能であるといえます。

しかし、これらの場合でも、裁判所による立退きの判決をもらい、その強制執行をするためには時間と労力が必要となります。そのため右の、本来は立退料の支払いが不要な場合にも、時間と労力の節約のために、立退料を支払うことがあります。

すなわち、立退料の支払いが必要となるのは、右の㋑、㋺、㋩の原則的に立退料不要の場合とチャート表に記載の立退き不能の場合を除くすべての場合が考えられるということです。

立退料の内容はどのようなものか

立退料とは、賃借人が賃借物件から立ち退く場合に被ることとなる不利益を金銭等に見積って補償するものですが、一般に立退料は、つぎの三つの内容を持っているといわれています。

①　立退きによって賃借人が支払わなければならない移転費用の補償
②　立退きによって賃借人が事実上失う利益の補償（いわゆる居住権、営業権）
③　立退きにより消滅する利用権の補償（いわゆる借家権）

それぞれの内容は、つぎの通りです。

① 立退きによって賃借人が支払わなければならない移転費用の補償としての立退料

この費用については、

㋑ 引越しにかかる費用（梱包、運送、保険、分解取付調整、住所変更諸届、移転通知費用等）

㋺ 移転先取得のために支払いを要する費用（敷金、権利金、保証金、不動産業者への仲介料等）

㋩ 従前賃料から移転先において増加した賃料差額（厳密には、従前の賃料と移転先の賃料との差額に補償月数を乗じた額から中間利息を控除した額）

などがその内容となります。

立退料を支払うという場合には、まず最少限度、この移転費用としての意味での立退料の支払いが問題とされます。このことは、移転実費の性質を持つということからも肯定されると思います（事例によっては、㋑だけであったり、㋺まであったり、さらに㋩までも補償する場合と千差万別です）。

② 立退きによって賃借人が事実上失う利益の補償としての立退料

移転先が、従前の土地または建物と比べて、間取り、広さ、使いやすさ、近隣環境等で劣っていたり、また最寄りの駅から遠く、通勤、通学、買物等に不便な場所であったりした場合には、精神的、肉体的等、多くの不利益を受けることがあります。これらの不利益に見合って支払われる立退料は、いわゆる**居住権侵害による補償**を目的とするといってよいでしょう。

また、従前の土地または建物で、商売を行っていた人にとっては、その移転により従前の立地、得意先等を失い、新たな移転先で商売を始めるわけですから、その不利益は、計り知れないほど大きいものがあります。これが**営業権の補償**といわれるものです。

立退きによって賃借人が事実上失う利益の補償の内容としては、以上の居住権と営業権の補償が考えられるわけですが、まず居住権についてですが、これは多分に精神的な要素を含むため一定の算定式を立てて金額を出すことは困難と思われます。ですから、むしろこの居住権の補償は、後の③の利用権の補償の中に加味すればよいのではないかと思います。

つぎに営業権の方ですが、これは独立の財産的価値のあるものとして算定が可能ですし、また独立に補償を考えるべきでしょう。

この営業権補償の内容としては、移転先で従前の営業と同一内容の設備をもって同一の営業を開始するための費用や、新規の営業開始までの休業期間中の損失、あるいは新規の営業による減収分についての補償等が考えられます。

③　立退きにより消滅する利用権の補償としての立退料

本来、なお存続すべき利用権が、なんらかの事情により、途中で消滅を余儀なくされた場合の補償です。いわゆる、借地権、借家権といわれるものです。両者とも財産権であることに間違いはないのですが、その譲渡性ということでは、両者に性質の違いがありそうです。

まず借地権ですが、この権利は法律もその譲渡性を許し（旧借地法九条ノ二ないし四条、一〇条、新借地借家法一九条…地主の譲渡承諾がない場合の裁判所による許可制度参照)、土地上に投下された借地権者の資本を回収することを認めていますから、借地権は、債権としての性格を離れ、より物権化の道を歩んでいるといえるでしょう。そして、そのために借地権は物権としての客観的価値を把握することも容易です。

一方借家権ですが、法律はこの権利については譲渡性を認めません。無断譲渡は契約の終了原因となるほど重要な違反行為とされていることは借地権も同じですが(民法六一二条)、裁判所による代替許可の制度が借家権の方にはないのです。ただ、賃貸人が建物の所有権を第三者に移転した場合に賃借人がその第三者より立退きを請求されることを防止する意味で、賃借人が建物の引渡しを受けているときには第三者に対抗できる(旧借家法一条、新借地借家法三一条)との規定を設けてありますから、この意味では物権的効力も持つといえるでしょう。ただ、借地権ほど強いものではありません。

現実問題として、借家権の方も、賃貸人から賃借人が立退きを求められた場合に、賃貸人に正当事由はないが、話合いにより立退きには合意している場合等で、その立退料の金額の問題となったときに、賃借人が承諾しなければ、なおそのまま居住を続けることが法律上認められています。そして、継続的に居住できる権利を金額で計算せざるを得ない状況となっているといえます。

なお、立退料の算出計算は、公的収用において、借家権価格としての計算方法がありますので、その算定例も参考になると思います。

3 立退料を算定する方法

立退料の具体的な計算式はあるのか

結論から申しますと、残念ながら立退料算定のための定型的な計算式は存在しません。また、今後もできないのではないかと思います。その理由としては、つぎのようなことが考えられます。

まず、定型的な計算式を作成するためには、より多くの実際事例を収集し、分析をすることが必要ですが、借家の立退きの紛争では、その多くの事例が当事者間の私的話合い、民事調停ないしは即決和解で解決されるため、事実の分析はほとんど行われず、また仮に行ったとしても後の記録としては残さずに、その事例についてだけの立退料額を決定しているというのが現状です。

そして、訴訟となった場合でも、訴訟上の和解で解決されることが多く、判決として後に残る事例は、意外に少ないといえます。個々の立退料の内容を、分析して定型的な算定式をつくるのには資料に不足があるのではないかというのが一つの理由です。

しかし、少ない資料だけからでも一応の計算式を作成することも可能ですから、この理由のみで定型的な計算式作定不能の理由にはなりません。定型的な計算式作定不能の主な理由は、つぎにあると思われます。すなわち、借家の立退き紛争において、立退料の額を考える場合は、立退料算定に関係があると考えられるすべての条件を抽出し、かつ当事者双方の対象土地または建物使用の必要度を考慮してその金額を決定しますので、各事例によってその態様は千差万別とならざるを得ないからです。また、各事例ごとに考慮要素が余りにも多く、かつその中には財産関係では本来割り切れない身分関係（家族関係、人とのつながり、個々人の感情等）も含むため、いきおい裁判所が裁量によって判断せざるを得ない部分が多くなります。

そして、その要素には定型的な計算式とは、本来なじまない部分を多く含んでいると思われるからです。この事情は新借地借家法においても同じです。

判例も「立退料の額の決定は、賃借契約成立の時期および内容、その後における建物利用関係、解約申入れ当時における双方の事情を総合的に比較考量して裁判所がその裁量によって自由に決定しうる性質のもの」であると述べています（東京高裁・昭和五〇年四月二二日判決、金融法務事情七七二―三三）。

サテどうやって計算したものか

立退料の算定ではどんな事情が考慮されるか

立退料の内容については、四七頁で説明してありますが、それらの立退料算定の考慮要素として、どのような事情を取り上げるべきでしょうか。

この問題は、結局一言でいえば、賃貸人、賃借人それぞれの家族、身分関係、生活関係および対象土地または建物に関係のある一切の事情を取り上げるといえます。

これらの各事情は正当事由なく立ち退く場合には、そのまま立退料の算定の考慮要素となりますし、また立退料が正当事由の補完要素として機能する場合には、正当事由の判断要素としての機能を通して、立退料の算定の考慮要素となっています。

立退料算定のための具体的事情としては、つぎのものがあげられます。

①　賃貸人側の事情

・年齢、経歴、職業等
・資産
・経済状態（年間の収入支出等）
・健康状態
・家族関係（構成、年齢、職業、収入、円満度、健康状態等）

・賃貸人が法人である場合（設立時期、資本金、業種、営業成績、従業員数等）
・対象土地、建物に対する事情（土地建物の状態、建物について建築後の経過年数、老朽《ろうきゅう》度、修理費と再築の場合の費用、近隣状況、使用したい目的等）
・賃貸借契約の内容（賃貸開始年月日、期間、賃料、敷金、権利金、保証金、更新状況、居住用か営業用か、契約締結の際の特殊事情、賃料等の近隣との比較等）
・賃貸借中の状況（使用状況等）
・立退き請求後の交渉経過（交渉態度、立退料提示、移転先斡旋《あっせん》、調停経過等）

② **賃借人側の事情**

・年齢、経歴、職業等
・資産（移転可能な土地または建物の所有の有無）
・経済状態（年間の収入、支出等）
・健康状態
・家族関係（構成、年齢、職業、収入、円満度、健康状態等）
・賃借人が法人または営業者である場合（設立時期、資本金、業種、営業成績、従業員数等）
・対象土地、建物に対する事情（居住用か営業用か、愛着度、通勤・通学時間、顧客に対する影響、自費修繕の有無・内容、その他の特殊事情等）

立退料の支払いには三つの内容の補償をすべて含むのか

立退料の内容が、つぎの三つに分類できるのは、四七頁で説明したとおりです。

① 立退きによって賃借人が支払わなければならない移転費用の補償

② 立退きによって賃借人が事実上失う利益の補償（いわゆる居住権、営業権）

③ 立退きにより消滅する利用権の補償（いわゆる借家権）

立退きが問題となる場合は、賃貸人、賃借人の各事情や対象土地建物の状況等によって千差万別であることは、すでに説明しました。立退料の内容についても同様に、各事例ごとにそれぞれに判断せざるを得ないといえます。

しかし、それでも強いて分類するとすれば、つぎのようになると思います（六四頁のチャート表も参考にしてください）。

㋑　立ち退かせるにつき理由が万全の場合

この場合は、賃借人側に立退きの義務があり、本来なら賃貸人は立退料を払わなくても立退きをしてもらえる場合です。

この場合に、立退料が問題となるのは、強制執行をするための判決を得るのに、時間、労力を必要とするので、これを回避したり、円満解決のための謝礼として支払う手段を考えるからです。この場合の立退料としては、前記の三つのうちの①の意味でのものを考えればよいでしょう（この中でも、事例によって①の㋑だけか、①の㋺までか、あるいは①の㋩をも含むかに分かれます）。

㋺　立ち退かせるにつき理由はあるが、万全とはいえず、また賃借人側にも対象土地、建物使用の必要性がある場合

これが立退料が正当事由の補完要素として現われる主な場合です。この場合には、前記三つのうちの①、②が主になり、事例によっては③の意味も含むと考えられます。その内容は具体的事情や訴訟における敗訴の危険率等を勘案して判断することとなります。

㋩　立ち退かせるにつき理由がない場合

この場合は賃貸人の一方的都合で立ち退かせる場合であり、賃借人が承諾する場合にのみ立退きが可能となる場合です。そのため、この場合には前記の三つの、①、②、③のすべてを補償する必要があります。

概要は以上のようになりますが、後は各事件ごとの判断とならざるを得ません。後述の各事例の算定例が参考になると思います。

不動産鑑定による借家権価格の評価とはどのようなものか

立退料の算定について、民事調停等で借家権の鑑定がなされることはほとんどないようです。これは借家権自体が権利として成熟しているといえず、また鑑定で出された価格はあくまで参考資料の一つにすぎず、その他の多くの要素を勘案して、裁判所の裁量によって立退料の額は決められることが多いからと思われます。

不動産鑑定評価基準によりますと鑑定評価の方式には、つぎの四つの方式があります（竹村忠明・「借家権と補償」一三二頁以下、同「現代借地借家法講座」三巻一八〇頁以下参照）。

① 収益還元方式（差額賃料還元方式）

（正常実質賃料－実際支払賃料）×（複利年金現価率）

この方式は、賃貸人が資本として有する建物からあがる賃料を果実としてとらえ、この果実を元に借家権価格を算定しようとするものです。

② 割合方式

〈（土地価格）×（借地権割合）×（借家権割合）〉＋〈（建物価格）×（借家権割合）〉

この方式は建物の敷地に着目し、この不動産の価格を元に借家人の利用権の割合を求めようとするものです。計算が単純であるところから鑑定以外でも、よく利用されている方式です。

③ 収益価格控除の方式

（当該建物およびその敷地価格）－（当該貸家およびその敷地の収益価格）

この方式は、不動産に対して所有権以外の権利が設定されている場合と、そうではない場合とでは価格に差異が生じます。この差額に着目して借家権価格を算定しようとするものです。

④　**比準方式**

（借家権取引事例価格）×（当該借家と取引事例借家権との間における各要因比較）

この方式は、借家権の実際の取引に着目し、その取引価格を基準に借家権価格を算定しようとするものです。

借家権の立退料の算定基準になる土地価格とは

一般に土地の価格といったときには、つぎの五つが考えられます。

①　**実勢価格**

実際に売買される価格すなわち時価をいいます。

②　**公示価格**

国土庁が調査地点を定め、毎年一月一日現在の土地価格を調査し、四月一日に公表するものです。一般には実勢価格の約八割程度といわれています。

③　**基準地価**

都道府県知事が、土地取引の適正化を図るため、宅地、山林等の調査地点を定め、毎年七月一日現在の土地価格を調査し公表するものです。この価格も公示価格と同じく一般には実勢価格の約八割程度といわれています。

④　**路線価格**

国税庁が、各地の主要道路に面した市街地を査定し、その結果を元に定める価格で、相続税、贈与税を算出する基準となる価格です。この価格は実勢価格の約五割程度といわれています。

⑤　**固定資産税評価額**

地方自治体（市町村）が三年おきに査定を行うもので、この価格を基準に固定資産税や都市計画税が決まります。この価額は、土地については実勢価格の六～七割程度ともいわれています。

以上が一般にいわれる土地の価格ですが、借家権の算定の基準となるのは、①の実勢価格です。この実勢価格を正確に算定するには、不動産鑑定士に鑑定を依頼することとなります。

不動産鑑定士は取引事例比較法、収益還元法および積算法等によって各計算価格を算出し、これに公示価格、基準地価との均衡を図り、対象土地の価格を算出することとなります。

しかし、正式な算定を行う前に、一般の人でも自己の土地の、いちおうの実勢価格（あくまで参考程度のものですが）を知ることは右の②から⑤までの価格を調べることで可能となりますので、ぜひとも正式算定の前に実行されることをお勧めします。

4 立退きを求めるための要件

借家の立退きについての解決までの流れ

賃貸人が賃借人に対して、借家からの立退きを求める理由は、それぞれの事例ごとに千差万別であるといってもよいと思います。そして、当然のことながらそれぞれの事例ごとに、その解決方法、結論も異なってきます。

ある事例は、調停で立退料の支払いを条件として解決されたり、またある事例は訴訟で長期間争ったが結局、立退きが認められなかった等、種々の筋道を通って結論に至っています。

本書では右の筋道を分類し、六六頁以下に借家の立退きの場合の解決までの筋道をチャート表に作成しました。なお、新法（借地借家法）と旧法（借地法）でとくに分けていませんが、この表で異なるケースは、同表中に※印で注記してあります。

読者の皆様は、ご自分の場合をこのチャート表に当てはめ、矢印に従って解決の方向へ進まれることを望みます。

ただし、このチャート表は、あくまでも各事例を一般化して、その解決の方向づけを示すにすぎず、読者の方が直面している実例の場合には、いかなる解決手段を選び、どの方向に行くかの可能性を与えるにすぎません。

より詳細な判断は後述の各事例を参考とされたり、また弁護士等の専門家に相談されることをお勧めします。

六六頁のチャート表の内容を簡単に説明しますと、まず、賃貸人が立退きを要求する場合として、

①　「一時使用の賃貸借」の場合

②　賃借人の債務不履行で契約を解除したり、期間の定めがある場合、またはない場合に賃貸人の自己使用等のため契約を解消する場合――以上をまとめていうと、賃貸人が「立ち退かせるにつきなんらかの理由がある」場合

③　その他の場合、すなわち「立ち退かせるにつきなんら理由なし」

の三つの場合に分けられます。

右の①の場合に一時使用の賃貸借であることが明らかであれば、立退料の支払いなく立ち退かせることが可能です（六七頁下を参照）。

つぎに③の立ち退かせるにつきなんら理由のない場合には、訴訟においても立退きを命ずる判決を得ることは不可能ですから、この場合は当事者間の話合いによって賃借人が納得した場合のみ立退き

が可能となり、多くの場合に立退料の支払いが条件とされます。同チャート表の矢印の流れは、この流れを示したものです。

最後に、②の立ち退かせるにつきなんらかの理由のある場合ですが、この場合には、債務不履行の有無や正当事由の有無について私的にまたは裁判上どうしても話合いや立証が必要となり（ただし、あらかじめ定期借家契約（三八条）としている場合には、別段の正当事由がなくても定めた期限どおりに借家人を立ち退かせることができます）、その有無、強弱の見通し、話合い、判決によって各矢印の流れとなるということです。

立退きを求める手続的要件

賃貸人が賃借人に対し、借家の立退きを求める一般的場合（すなわち一時使用の賃貸借や債務不履行等による場合以外の場合）には、

① 旧借家法一条ノ二の「建物の賃貸人が自ら使用することを必要とする場合その他正当事由」の要件（新借地借家法では、旧法時代の判例が補っていた「正当事由」の解釈を条文の中に取り込み、正当事由をつぎのように表現しています。すなわち同法二八条で、「建物の賃貸人による第二十六条第一項の通知又は建物の賃貸借の解約の申入れは、建物の賃貸人及び賃借人（転借人を含む。以下この条において同じ）が建物の使用を必要とする事情のほか、建物の賃貸借に関する

従前の経過、建物の利用状況及び建物の現況並びに建物の賃貸人が建物の明渡しの条件として又は建物の明渡しと引換えに建物の賃借人に対して財産上の給付をする旨の申出をした場合におけるその申出を考慮して、正当の事由があると認められる場合でなければ、することができない」と規定したのです）

② 旧法二条・三条、新法二六条・二七条による一定時期にする更新拒絶、解約申入れの手続的要件が必要です。

「正当事由」の内容については別に説明してあります。また後述の各事例によって内容を把握してください。ここでは、手続的要件について説明します。

六八～六九頁の手続きチャートは、この手続的要件を図に表したものです。この手続きチャートに従って手続的要件を説明しますと、まず、①賃貸借契約について期限の定めがある場合です。

この場合には、旧借家法二条一項（または新借地借家法二六条一項）により期限満了前六か月から一年までの内に**更新拒絶の通知**をし、期限がきたら立ち退いてもらうこととなります。

右の通知をなし、なお期限経過後も賃借人が借家の使用を継続する場合には、期限後あまり日時を経ないうちに**使用に対する異議の通知**をしておかなければ、従前の賃貸借と同一の条件で（ただし、期間の定めのないものとなります。最高裁・昭和二八年三月六日判決、民集七―四―二六七）、さらに賃貸借をなしたものとみなされてしまいます（旧借家法二条二項、新借地借家法二六条二項）。

なお、右の判例は、新法では明文で期限の定めがないものになると規定されました。

つぎに、②賃貸借契約について期限の定めがない場合または従前は期限の定めがあったが、その後、新たな契約をしなかったため**法定更新**（旧借家法二条一項、新借地借家法二六条一項）され、期限の定めのないものとなっている場合です。

この場合には、旧借家法三条一項または新借地借家法二七条一項により、賃借人へ解約の意思表示が到達してから六か月間経過後の日を定め（新法）、または到達から六か月後の日に解約とする旨を定めて（旧法）通告をすることによって、その定めた日または六か月経過した日に解約されることになります。

そして、この場合にも、解約後、賃借人がなお借家の使用を継続する場合には、①の期限の定めのある場合と同じく、解約後あまり日時を経ないうちに借家人の使用に対する異議の通知を出しておかなければ、従前の賃貸借がなお継続することとなってしまいますので、注意してください（旧借家法三条二項、新借地借家法二七条二項）。

最後に、③の賃貸借契約上、賃借人に約束違反（債務不履行）がある場合ですが、この場合には、まず賃貸人において、賃借人に対し約束違反の状態を解消するよう要求し、それでも賃借人が改めない場合に、初めて契約を解除できるのが原則です（民法五四一条）。

この場合には、改めるのに相当な期間を定めて、「その期間内に約束違反を改めない場合には契約を解除します」という内容の条件付解除の通知をするのが普通です。

また、約束違反を改める余地がない場合には、改めるための相当期間をおく意味はありませんので、直ちに契約解除の通知をすることとなります。

以上で、手続的要件についての理解が可能となると思います。

なお右に関連し、

①「期間満了前に賃借人に立ち退いてもらうことが可能でしょうか」という質問と、

②「期限が到来したので直ちに立ち退いてもらうことが可能でしょうか」

との質問を、よく受けることがよくありますので、これについて補足して述べておきます。

まず、①については、期間満了前は立ち退いてもらうだけの理由のない場合ですから、賃借人の承諾がある場合に、例外的に立ち退いてもらうことが可能であり、それ以外は不可能であるという結論です。

つぎに、②の場合ですが、前述の説明を読んでいただければ、もうおわかりと思いますが、期限到来前六か月以前に更新拒絶の意思表示をしておかなければ当然更新となり、期限の定めのない賃貸借として存続することとなります。

ですから、この場合に立退きを請求するには「正当事由」を備えた上で六か月後の日時を定めた解約通知をすることとなります。

※Ⓐ〜Ⓤの記号は 78 ページからの実例解説で利用します。

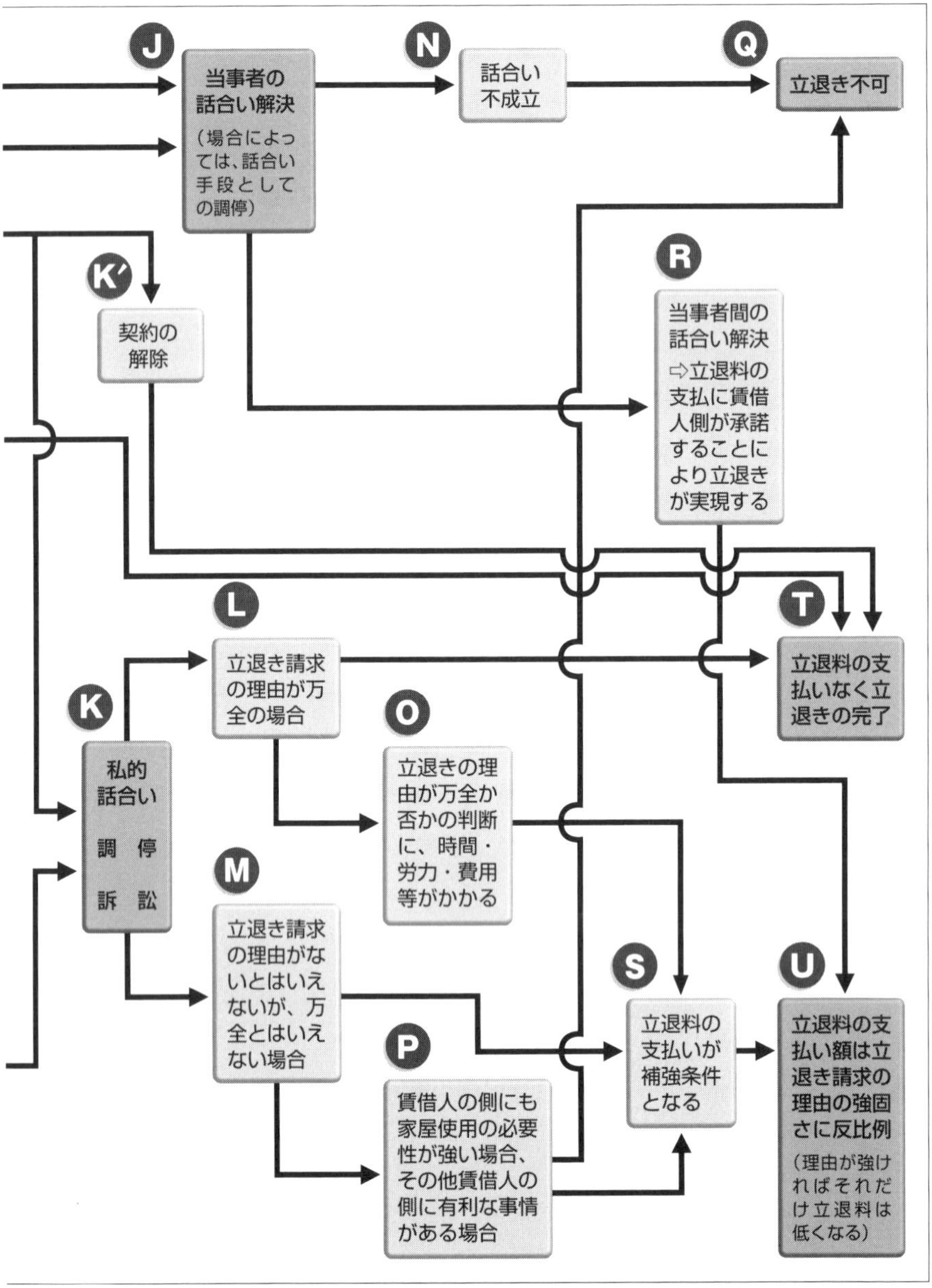

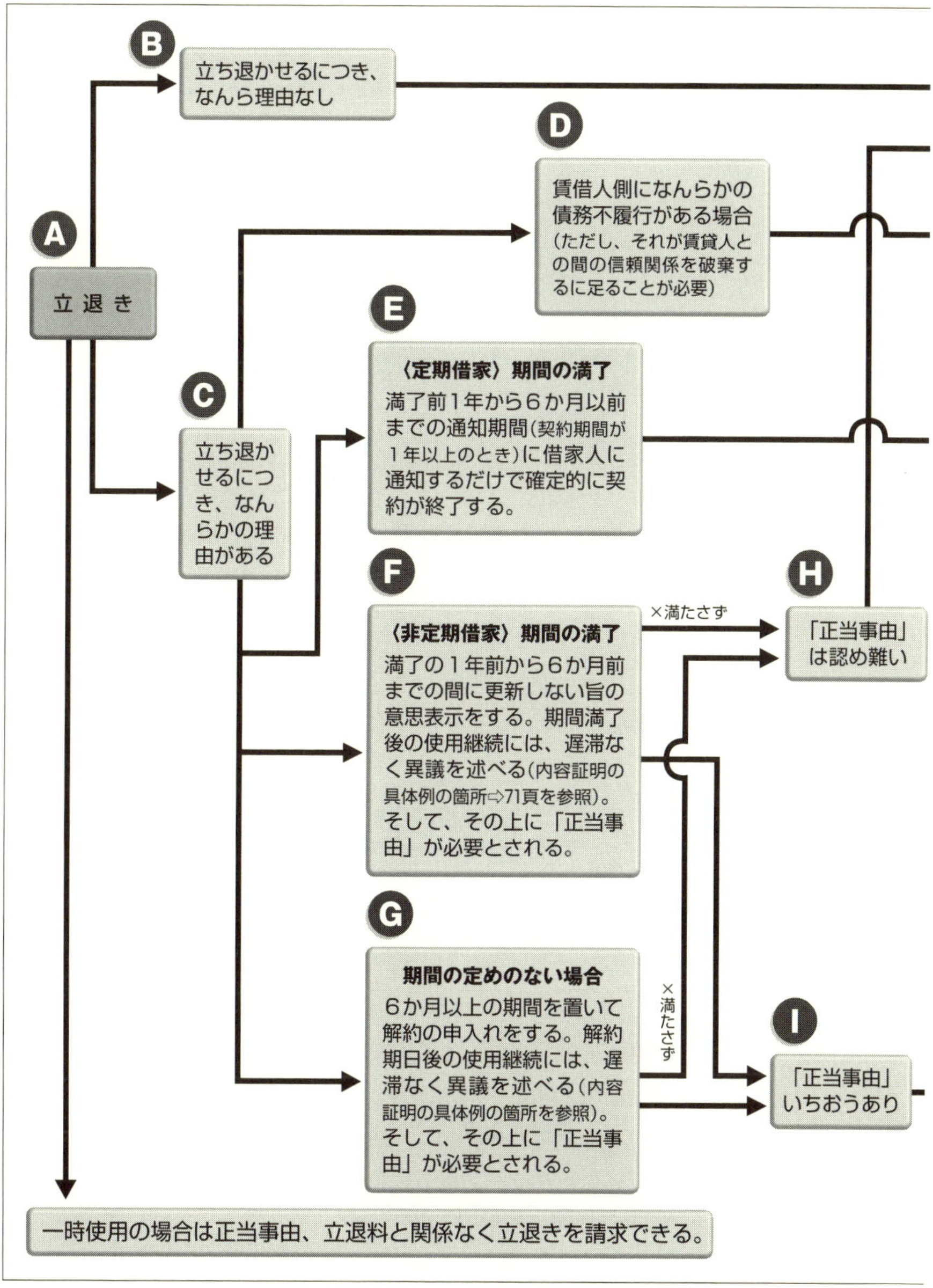
A
立退き
B
立ち退かせるにつき、なんら理由なし
C
立ち退かせるにつき、なんらかの理由がある
D
賃借人側になんらかの債務不履行がある場合（ただし、それが賃貸人との間の信頼関係を破棄するに足ることが必要）
E
〈定期借家〉期間の満了
満了前1年から6か月以前までの通知期間（契約期間が1年以上のとき）に借家人に通知するだけで確定的に契約が終了する。
F
〈非定期借家〉期間の満了
満了の1年前から6か月前までの間に更新しない旨の意思表示をする。期間満了後の使用継続には、遅滞なく異議を述べる（内容証明の具体例の箇所⇨71頁を参照）。そして、その上に「正当事由」が必要とされる。
G
期間の定めのない場合
6か月以上の期間を置いて解約の申入れをする。解約期日後の使用継続には、遅滞なく異議を述べる（内容証明の具体例の箇所を参照）。そして、その上に「正当事由」が必要とされる。
×満たさず
×満たさず
H
「正当事由」は認め難い
I
「正当事由」いちおうあり
一時使用の場合は正当事由、立退料と関係なく立退きを請求できる。

下記の手続きの他に③以外には立退きにつき旧法１条ノ２、または新法28条の「正当事由」の要件を充たすことが必要

なお、賃借人が使用を継続する場合には、遅滞なく賃借人の使用に異議を述べる（旧法２条２項、新法26条２項）ための配達証明付内容証明郵便を賃借人宛に発送する。
▶内容証明郵便文例Ⓑ参照（⇨71ページ）

民集７-４-267で法定更新された賃貸借は期限の定めのない賃貸借とされ、同主旨は新法26条１項ただし書きで明文化されている）

なお、賃借人が使用を継続する場合には、遅滞なく賃借人の使用に異議を述べる（旧法３条２項、新法27条２項）ため、配達証明付内容証明郵便を賃借人宛に発送する。
▶内容証明郵便文例Ⓓ参照（⇨74ページ）

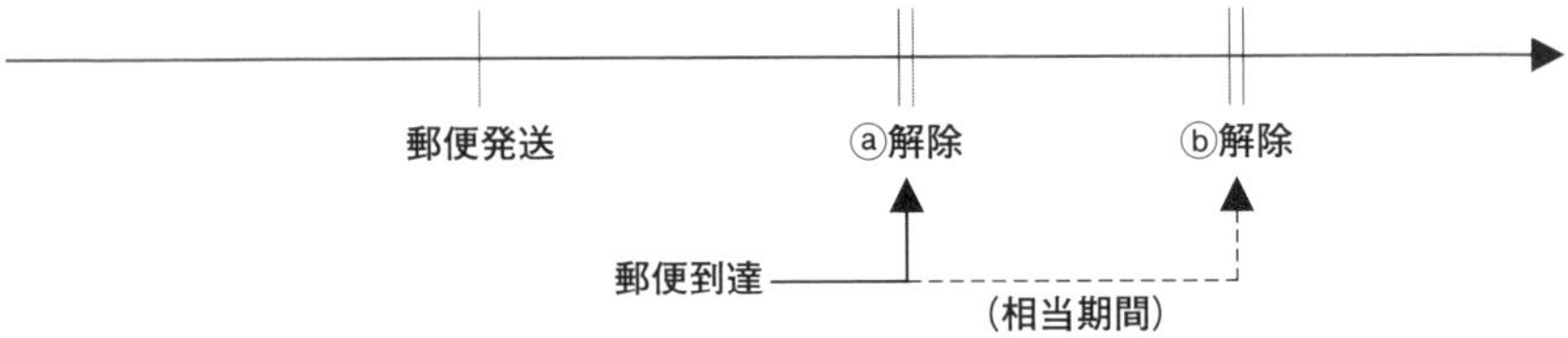

※　賃借人に通知する場合、内容証明郵便とすることが法律上義務づけられているわけではありませんが、後の証明のためには、必ず配達証明付内容証明郵便として発送すべきでしょう。

【手続きチャート】

① 賃貸借契約について期限の定めがある場合

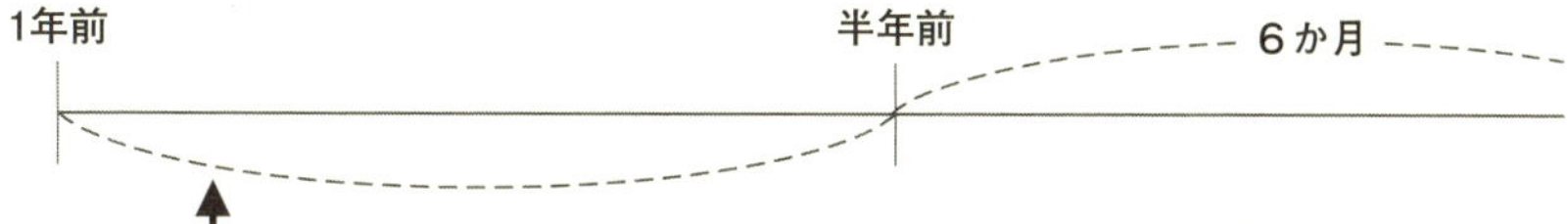

この期間内に更新拒絶の通知（旧法２条１項、新法26条１項）を配達証明付内容証明郵便で賃借人宛に発送する。
▶内容証明郵便文例Ⓐ参照（⇨70ページ）

② 賃貸借契約について期限の定めがない場合、または従前は期限の定めがあったが、その後、新たな契約をしなかったため法定更新（旧法２条１項、新法26条１項）され、期限の定めのないものとなっている場合（最高裁・昭和28年３月６日判決、

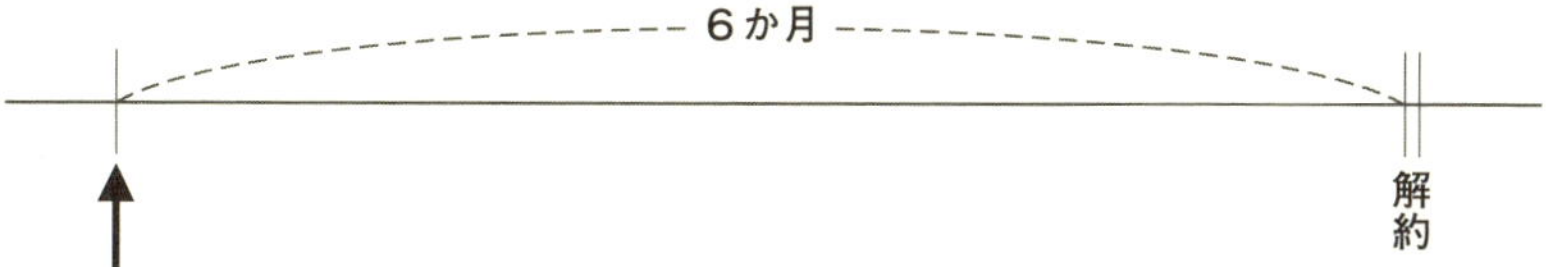

解約の申入れを配達証明付内容証明郵便で賃借人宛に発送する。賃借人に郵便配達後６か月後に解約となる
▶内容証明郵便文例Ⓒ参照（⇨72ページ）

③ 賃貸借契約上、賃借人に約束違反（債務不履行）がある場合

一般には約束違反を改めるべく相当の期間を定めて、その間に改めなかったときは解除する旨（右頁ⓑ）の、また約束違反がもはや改めることのできない内容である場合（契約書上に「違反があった場合には直ちに解除できる」との条項があった場合と同じ）には直ちに解除する旨（右頁ⓐ）の配達証明付内容証明郵便を賃借人宛に発送する。
▶内容証明郵便文例Ⓔ参照（⇨75ページ）

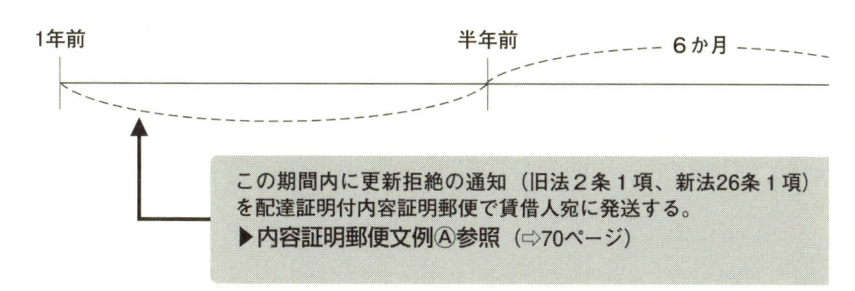

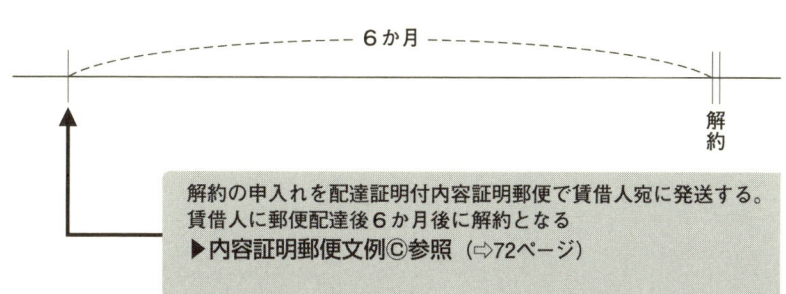

◆内容証明郵便の文例

前頁の手続きチャートによって、いつ、どのような申出を賃借人に対してなせばよいかがおわかりになったと思います。

そこでここでは、各時期の申出つまり賃借人に対して出す手紙の文例を掲げておきます。しかし、これは一般的に必要な最小限の内容を掲げたにすぎませんので、読者の各具体的場合に、その事情を加筆されて使用すべきものであることを、あらかじめおことわりしておきます。

⑴　手続きチャート（六九頁）Ⓐの文例

（期限の定めがある場合の更新拒絶の通知）

通　知　書

私は、私を賃貸人、貴殿を賃借人として、私所有の東京都文京区本郷○丁目○番地、家屋番号○番、木造瓦葺平家建居宅床面積○○平方メートル一棟を賃貸してまいりましたが、右賃貸借契約は令和○年○月○日をもって期間満了となります。

私は、右期間満了後に右建物を自ら使用する必要があります。

そこで、私は貴殿に対し、本書面をもちまして右賃貸借契約の今後の更新拒絶及び右賃貸借期間満了による右建物の明渡しをお願い申し上げる次第です。
右御通知致します。
令和○年○月○日
東京都中央区銀座○丁目○番○号
甲野太郎㊞
東京都文京区本郷○丁目○番○号
乙野次郎殿

(2) 手続きチャート(六八頁)Ⓑの文例
(期限の定めがある場合の期間満了後の使用継続に対する異議)

通知書

私は、私を賃貸人、貴殿を賃借人として、私所有の東京都文京区本郷○丁目○番地、家屋番号○番、木造瓦葺平家建居宅、床面積○○平方メートル一棟を賃貸しておりましたが、右賃貸借は、当方発信の令和○年○月○日付内容証明郵便の更新拒絶通知によりまして令和○年○月○日をもちまして終了致しております。

しかるに貴殿は、右期日経過後も、右建物の使用を継続せられております。

そこで私は貴殿に対し、本書面をもちまして、貴殿の右建物使用の即時中止及び即時の明渡しを重ねてお願い申し上げます。

右異議の御通知を致します。

令和○年○月○日

東京都中央区銀座○丁目○番○号
甲　野　太　郎　㊞

東京都文京区本郷○丁目○番○号
乙　野　次　郎　殿

(3)　手続きチャート（六九頁）Ⓒの文例
（期限の定めのないときの解約申入れ）

通知書

私は、私を賃貸人、貴殿を賃借人として、私所有の東京都文京区本郷○丁目○番地、家屋番号○番、木造瓦葺平家建居宅、床面積○○平方メートル一棟を賃貸しておりましたが、右賃貸借は現在、期間の定めのない賃貸借となっております。

私は今後右建物を自ら使用する必要があります。

そこで、私は、貴殿に対し、本書面をもちまして右賃貸借契約の解約をお願いする次第です。

本書面が貴殿に到着した後六か月の経過により解約となりますので、同日時において右建物の明渡しをお願い申し上げます。

右御通知致します。

令和○年○月○日

東京都中央区銀座○丁目○番○号

甲　野　太　郎　㊞

東京都文京区本郷○丁目○番○号

乙　野　次　郎　殿

(4) 手続きチャート（六八頁）Ⓓの文例

（期限の定めのない場合の解約期間満了後の使用継続に対する異議）

通知書

私は、私を賃貸人、貴殿を賃借人として、私所有の東京都文京区本郷○丁目○番地、家屋番号○番、木造瓦葺平家建居宅、床面積○○平方メートル一棟を賃貸しておりましたが、右賃貸借は、当方発信の令和○年○月○日付内容証明郵便の解約通知によりまして令和○年○月○日終了致しております。

しかるに貴殿は右期日経過後も、右建物の使用を継続せられております。

そこで、私は貴殿に対し、本書面をもちまして、貴殿の右建物使用の即時中止及び即時の明渡しを重ねてお願い申し上げます。

右異議の御通知を致します。

令和○年○月○日

東京都中央区銀座○丁目○番○号

甲　野　太　郎　㊞

東京都文京区本郷○丁目○番○号
乙　野　次　郎　殿

(5) 手続きチャート（六九頁）Ⓔの文例
（債務不履行による解除）

通　知　書

私は、私を賃貸人、貴殿を賃借人として、私所有の東京都文京区本郷○丁目○番地、家屋番号○番、木造瓦葺平家建居宅、床面積○○平方メートル一棟を月賃料金八万円にて賃貸してまいりましたが、貴殿におかれましては右月賃料のうち令和○○年○月分以降今月分まで合計○か月分の賃料のお支払いがありません。
そこで、私は貴殿に対し、本書面到達後○日以内に右未払賃料全額をお支払い下さるよう催告いたしますとともに、右期日までに全額お支払いが頂けない場合には右賃貸借契約を解除し、右建物の明渡しを御請求する次第です。

右御通知致します。

令和○年○月○日

東京都中央区銀座○丁目○番○号

甲　野　太　郎　㊞

東京都文京区本郷○丁目○番○号

乙　野　次　郎　殿

これらの通知書は、内容証明にすることが必ずしも法律上義務づけられているわけではありません。しかし、内容証明郵便にすると、授受の記録が発送した郵便局に残ります。後々の証明のためにも、賃借人に対する通知は、必ず配達証明付内容証明郵便にして発送すべきです（配達証明は受信人に手紙が届いた日を郵便局が証明してくれるもので、後の証明のためには必要なものです）。

【第2章】

借家の
立退料の
算定実例

Q1

将来結婚する弟の新居として使用したいが

▼まず双方の正当事由の有無を判断する

私は、東京都杉並区の自宅で米穀店を経営しています。店から、およそ一〇〇メートル離れた場所に、木造平屋建ての家屋（六六平方メートル）を所有し、これを乙野花子さんに貸しています。この家は戦前に私の父が新築したもので、花子さんの母、梅子さんに貸していましたが、梅子さんが五年前に亡くなったので、花子さんが借家人の地位を相続したものです。しかし、花子さんは一〇年前に結婚して、家族と世田谷区内のマンションに住んでいます。梅子さんが亡くなった後は、私の貸家には家財道具などが置いてあるだけで、誰も住んでいません。花子さんも、月に二、三回様子を見にくるだけのようです。

ところで、私の家には、妻と子（大学生二人）、母および店の手伝いをしている弟（三二歳、独身）が同居しています。弟はこれからも、ずっと店の手伝いをする予定ですが、家が手狭なため、弟が将来結婚した場合には、今のように同居するのは難しく、新居を構える必要があります。

花子さんに貸した家屋は、築後六〇年近くなるため、傷みもひどく、補修を要する個所も少なくありません。私としては、花子さんとの賃貸借契約が一年後に期間満了となりますので、この際、花子さんに対して貸家を立ち退いてもらい、その跡地に弟の結婚後の新居を建てたいと思います。

花子さんに立退きを請求できますか。また、立退料を支払う必要がありますか。なお、現在の家賃は月額五万円、敷金として一五万円を預かっています。

A

賃貸人から賃借人に対して、賃貸期間の満了を理由に立退きを求めるには、期間満了の一年前から六か月前までの間に、契約の更新を拒絶する旨の通知をすることが必要です。この通知の手続きについては、六九頁のチャート表および六〇頁以下の解説を参照してください。しかし、これが認められるには、貸主の側に立退きを要求する「正当事由」のあることが要件となります（平成四年八月一日の借地借家法施行より前の契約なので、旧借家法二条、一条ノ二の適用となりますが、借地借家法でも同じことです）。花子さんは、あなたの貸家を荷物置場として使っているだけですから、立退きに応ずるかもしれません。しかし、何らかの事情で、花子さんが契約の更新を希望し、立退きを拒んだ場合には、相当額の立退料を支払う必要があるでしょう。

では、ご質問の場合に、立退きが認められるかどうか、そのポイントとなる「正当事由」が認められるかどうかを検討してみましょう。まず、あなた（賃貸人）の側の事情としては、つぎの二点が重要と思われます。

第一点は、建物自体の老朽化《ろうきゅうか》です。家屋の土台、屋根、柱、壁などの状態から、倒壊その他防災上の危険性が認められるか否か、また取り壊す必要があるか否かが問題となります。

あなたの貸家の場合、補修をする個所がどこか、どの程度のものか不明ですが、築後六〇年近く経過した木造家屋であることから推察するならば、戦前の木造家屋の耐久性は比較的長く認められますので、この家屋の「朽廃《きゅうはい》」の時期が差し迫った状態とは認めにくいように思われます。居宅として使用することが可能な状態にあるのではないでしょうか。

第二点は、自ら使用する必要性です。居宅兼店舗に賃貸人の家族六名が同居しており、弟の結婚に備えて新居を建てるために、跡地を利用する必要性があるとのことですが、弟の結婚が具体的に予定されているようではありませんから、必要性は弱いと思います。

結婚適齢期にあり、将来に結婚が見込まれるというだけでは、跡地を直ちに利用する必要性が現実化しているとはいえないからです。

つぎに、花子さん（賃借人）の事情ですが、もっとも重要なことは、その家屋を使用する必要性が大きいか否かです。しかし、花子さんは、他所のマンションに生活の本拠を置いて、この貸家を住居としていません。この家屋は家財道具などを置いて管理しているに過ぎないという現状は否定できません。とするならば、賃借人において家屋を住居として使用する必要性も十分には認められません。以上を総合すると、賃貸人と賃借人の双方ともに、家屋の自己使用の必要性などが十分に認められない場合に当たります。しかし、一方で、本件建物が老朽化しており、取り壊して新築した方が、敷地の利用方法として経済的な面で効率的かつ合理的といえます。

とすれば、賃貸人が正当事由の補強事由として妥当な額と認められる立退料を支払うならば、賃貸人の更新拒絶が正当事由を具備したものと解することができると思われます。

さて、この場合の立退料の算定ですが、類似の事案において、他に転居するために要する費用を填補するものとしての相当額の立退料の支払いを正当事由の補強事由と認めた裁判例（東京地裁・昭和五八年二月二八日判決、判例タイムズ四九八号）がありますので参考となるでしょう。

この裁判例では、賃貸人と賃借人双方の自己使用に関する事情の他、賃貸借契約の条件、建物の立地条件、賃借人の家族関係など諸般の事情を検討し、立退料として金五一万二〇〇〇円を相当額と判示しています。ご質問の場合、立退料として五〇〜六〇万円を目安にすればよいでしょう。

ところで、ご質問の事例を六七頁のチャート表で示しますと、

Ⓐ→Ⓒ→Ⓕ→Ⓘ→Ⓚ→Ⓜ→Ⓢ→Ⓤとなるでしょう。

POINT

賃貸人としては、賃借人が転居に要する費用を填補するにたる相当額の立退料の支払いを提示した更新拒絶の通知をすること。

Q2

六年後に立ち退くとの約束で貸した場合

▼一時使用になるかどうかがポイント

私は一〇年前、現住所に住宅を新築し、妻と子（長男、長女、次女）の五人家族で移り住みました。そして、それまで住んでいた自宅建物（〇〇市の住宅街にある木造二階建てで一〇〇平方メートル）を、将来長男が結婚するまで賃貸しようと思い、山本さんに賃貸期間二年、賃料月額五万円、敷金一五万円で賃貸しました。その契約に際し、私は山本さんにこの建物は将来長男が使う予定であり、賃貸期間を六年を目途にして立ち退いてほしい旨告げ、山本さんもこれを了承してくれました。

二年前、長男は大学を卒業し、地方公務員となり六か月後には結婚することになりました。そこで、山本さんに対し、賃貸後六年以上経過しており、また長男の結婚も決まったことを理由に、当初の約束どおり、この建物を立ち退いてもらいたいと思います。なお、私の現住所は二階建てで、長男が結婚後も同居する部屋数はありますが、長男も別居することを強く望んでいます。そこで、長男の希望どおり、この建物を使わせたいと思います。

山本さんに対し、賃貸借契約の更新を拒絶して、立退き請求をすることができますか。また、前述のように、賃貸期間が六年を目途とすることを約束した場合にも、立退料を支払う必要がありますか。

A

賃貸借期間を、貸主の息子が結婚して貸家を使用する必要が生じるまでと条件をつけて約束して、賃貸借契約を締結する場合が、よく見受けられます。ところが、息子が結婚したので、借家人に立退きを求めたところ、借家人の事情から立退きを拒否され、訴訟になることも少なくないのが現実です。ご質問の事例において、借家人である山本さんが、貸主の立退き請求に対し、一〇年前の賃貸期間に関する約束に従い、素直に立退きに応じてくれるならば何の問題もありません。しかし、山本さんの家庭の事情などから、本件建物を使用する必要性があれば、貸主の立退き請求には従えないといってくる場合もあるでしょう。その場合には、結論からいえば、貸主の更新拒絶に「正当事由」が認められるか（借地借家法二八条）どうかという問題となり、貸主側と借主側の各々の事情が総合して判断されることになります。

では、ご質問の場合のように、長男が結婚して貸家を使用する必要が生ずるまでと実質的な賃貸借期間を定めて賃貸した場合に、貸主の必要性だけを理由として立退き請求が認められるでしょうか。

これは、あなたと山本さんの契約が一時使用の賃貸借かどうかということです。一時使用のための借家であることが明らかな場合には、借地借家法の適用はなく（同法四〇条）、更新拒絶や解約申入れに「正当事由」は必要ありません。といっても、もし賃貸借契約の際に「一時使用」と定めた場合を、すべて一時使用として同法の適用を免れるものとすれば、脱法行為がはびこることにもなります。したがって、借家契約の場合において、一時使用の賃貸借として認められるには、一時使用としての契約が「明らかな場合」に限られます。

たとえば、借家人が展覧会場に使うために建物を借りるなど、借家人側の使用目的が本質からして一時的な場合や、貸主が一時的に海外に行くため、その間だけ貸すなどの場合のように、客観的にみて合理的な理由・事情が認められる場合に限ります。なお、新しい借地借家法施行後に成立した借家契約の場合には、貸主の事情のみによる一時使用の賃貸借は認められないでしょう。

将来の結婚などを理由とする場合、息子が結婚適齢期にあったとしても、いつ結婚するかは対象者の意思に係わるもので、時期も不確定です。したがって、ご質問の場合には、一時使用のための賃貸借とはいえないでしょう。ただし、貸主の更新拒絶に「正当事由」があるかどうかの判断の際、当初の契約締結時に、貸主の賃貸期間に関する右のような申し出について、借主である山田さんが了承していたということは、貸主に有利な事情の一つとして考慮はされるでしょう。そこで、ご質問の貸主側・借主側のそれぞれの事情をみますと、貸主側の事情としては長男の結婚が六か月後と決まったこと、長男が本件建物に居住する意思があるなど、使用の必要性が現実化したことが認められます。

また、借主側（山本さん側）の事情については不明です。しかし、山本さんに他に転居する資力があり、かつ通勤、または子供の通学あるいは進学に与える影響が少ないなどの事情があれば、前記契約締結時の約束の存在などを考慮して、貸主側の使用の必要性が強いと認められると思われます。

裁判例としては、旧借家法時のものですが、将来息子が結婚をした場合に立ち退いてもらうため、賃貸期間を五年を目途として、借主了承のうえ社宅として賃貸借をした事案で、立退料五〇〇万円の提供により、解約申入れの正当事由が補完されたと認めた判例（大阪地裁・昭和五七年四月二八日、判例タイムズ四七六六号）があります。

右判例の事案では、貸主側の事情として、長男が結婚して同居していること、借主側の事情として、移転する資力があるほか、借主の長男が高校を卒業し、長女も大学を卒業し、自宅でピアノのレッスンをしていることが認められました。そして、立退料としては「ピアノの設置場所確保のための特別の費用を上乗せした移転料」を相当と判示しています。なお、当時の賃料が月額六万円ですので、五年ないし六年分の賃料プラス特別の費用を立退料として相当と解しているのではないでしょうか。

ご質問の事例を六七頁のチャート表で示しますと、

Ⓐ→Ⓒ→Ⓕ→Ⓘ→Ⓚ→Ⓜ→Ⓢ（またはⓅ→Ⓢ）→Ⓤとなるでしょう。

POINT

将来、結婚したときには立ち退いてもらうという約束だけでは、一時使用のための賃貸借とはいえません。

Q3

アメリカから帰るまでの約束で貸した場合

▼金額次第では立退きも可能

私は、日本生まれのアメリカ人です。三〇年前から貿易会社を経営しています。私が会社を始めたころ、大阪に一〇〇平方メートルの土地を買い家を建てました。そして、そこで生活をしていたのですが、二年ほどで、仕事の都合からアメリカに一時帰ることになりました。私は、いつまた日本に住むか予測がつかないので、知人の不動産屋に頼んで、短期間で立ち退く人に大阪の建物を賃貸してきました。

その後、私はアメリカでの仕事も一段落したので、日本に永住の予定で来日しました。そして現在の賃借人である谷川さんに建物の立退きを求めたのですが応じてくれません。私は、日本には他に不動産を持っていませんので、やむなくアパートを借りて、家賃を払って生活しています。谷川さんに立退きを請求できるでしょうか。

私には妻と二人の子供がいます。しかし、谷川さんは独身で、内弟子三人をおいて、この建物で染色の塾を開いていて、かなりの資産があるようです。そして、私の立退き要求に対して、その土地建物を買い取りたいと申し出ています。
なお、谷川さんに貸している家は、木造二階建てで閑静な住宅街にあります。床面積は八二・五平方メートルです。また、家賃は月二〇万円で、保証金として六〇万円を預かっています。

A

ご質問の場合、賃貸人のあなたが、まず短期間で立ち退いてくれる人を選んで賃貸していた事情があるようですので、これが一時使用のための賃貸借となるかどうかについて、説明します。旧借家法八条は「一時使用のための賃貸借をなしたることが明らかなる場合には」借家法の適用がない旨規定しています。借家法は賃借人を保護するため、借家法の規定以上に賃借人に不利益な特約を無効としています（旧借家法六条）。しかし、賃貸借が旧借家法八条の「一時使用のための賃貸借」に該当すれば、「正当事由」も必要なく、期間満了でただちに立退きを請求できることとなります。

では、この「一時使用のための賃貸借」とは、どのようなものをいうのでしょうか。判例（最高裁・昭和三六年一〇月一〇日判決、民集一五―九―二二九四）は、一時使用の借家といえるためには必ずしも賃貸借の期間の長短だけを標準として決められるべきものではなく、「賃貸借の目的、動機、その他諸般の事情から、当該賃貸借契約を短期間内にかぎり存続させる趣旨のものであることが、客観的に判断される場合であればよい」と述べています。

ご質問の事例が「一時使用の賃貸借」に該当するためには、賃貸人がアメリカから日本に帰り、この建物に居住を始める時期が明らかで、かつその事情を賃借人が知った上で、賃借を始めたという事実が必要かと思われます。ご質問では、賃貸人がいつアメリカから帰るかわかりませんし、依頼された不動産屋が単に短期間内の賃貸借を繰り返していただけと思われます。そのため、この事例を「一時使用の賃貸借」とみることは無理です。そこで、あなたの場合も、通常の賃貸借の場合として考察することとなります。立退きの一般的な場合には、解約申入れの手続的要件（旧借家法二条、三条）と「賃貸人が自ら使用することを必要とする場合その他の正当事由ある場合」の要件（同法一条ノ二）の二つの要件を充たすことが必要です。解約申入れの手続的要件については、六九頁のチャート表および六二頁以下で説明してありますので、そちらの解説を読んでください。

なお、新借地借家法施行（平成四年八月一日）後の借家契約の場合であれば、「定期建物賃貸借」（新法三八条）の要件を満たす契約をしておけば、立退料なしで直ちに明渡しを請求できたはずです。

ここでは「正当事由」の有無について検討します。賃貸人の側には、この建物以外には不動産はなく、まさに旧借家法一条ノ二が定める「賃貸人が自ら使用することを必要とする場合」として「正当事由」を充たしているかのようです。しかし、現在の判例がいう「正当事由」の考え方は、あくまでも賃貸人、賃借人の各々の事情を判断し、その比較考量の上で、「正当事由」の有無を判断しています。ご質問の場合も、賃貸人の建物使用の必要性が非常に高いことはわかりますが、賃借人側の事情を抜きに、ただちに「正当事由」ありとはいえません。他方、賃借人側の事情ですが、賃借人は染色の塾を開いているところから、染色の仕事が可能で、かつ生徒が集まれる場所であれば、自己資金もあるようですので、移転は可能と思われます。

つぎに、立退料の要素ですが、賃貸人側の事情が強いので、立退料なしで立退きが可能とも考えられます。また、仮に支払うにしても、塾や生活の移転のための費用分と考えてよいと思われます。

判例（東京地裁・昭和四七年六月二六日判決・判例時報六八七号）も、三六三平方メートルの敷地に床面積一六五平方メートルの建物を昭和四一年五月に月賃料七万円、敷金七万円、期間二年、更新一回かぎりとした本件類似の賃貸借について、金二一二万円の立退料と引換えに立退きを認めています。この判決は、賃貸人側が立退きの条件として賃料二〇か月分免除、かつ三〇万円の支払いと六か月間の立退き猶予を提示したものを、すべて金銭に換算して立退料の額を算定したものです。もちろん、賃貸人側がこのような条件を出さなかった場合にも、はたして同様の立退料支払いの判決が出るか疑問です。しかし、ともかくもこの判例は、本件のような事例では立退料は移転料程度のものでよいとの判断であると思われます。ご質問の事例の場合を六七頁のチャート表で示しますと、

Ⓐ→Ⓒ→Ⓕ→Ⓘ→Ⓚ→Ⓛ→Ⓞ→Ⓢ→Ⓤ、となります。

POINT

賃貸人側の建物使用の必要性が強固であっても、賃借人側の事情は無視できない。また和解条件を出す場合には、後に、その和解条件をもとに立退料の額を算定されることがあるので慎重にすること。

Q4

地方転勤のため一時使用の目的で貸したのだが

▼立退料支払いで正当事由を補完できる

私は大阪に本社がある会社の東京支店に勤務しています。住まいは、東京都三鷹市に二LDK（六畳一間、四畳半一間、LDK約一〇畳）のアパートを借り、母と妻および高校生の長男の四人家族で生活しています。

ところで、一八年前までは、私が買入れした目黒区内の土地建物（敷地約二三〇平方メートル、木造二階建て三DK）に家族と住んでいましたが、東京支社から大阪本社に転勤することになり、右住居を山川さんに賃貸することにしました。この賃貸借は不動産屋を通じてしたのですが、その際、私は不動産屋を通して山川さんに、「大阪に転勤する期間だけ賃貸するものであること、再び東京に戻ったときは立ち退いてもらいたいこと」を話しておきました。賃料は月額六万円、期間は三年としました。

昨年、再び東京支店の支店長として転勤することになり、家族と共に、東京に戻って来ました。その当時、山川さんとの契約期間が一年以上残っていましたので、期間終了日まで、私共家族は前記アパート（賃料月額六万五〇〇〇円）を借りて引っ越してきたのです。そして、山川さんとの賃貸期間終了日の六か月前になりましたので、私は山川さんに事情を話して建物の立退きを求めたのですが、山川さんは応じてくれません。このような場合にも立退料を支払う必要はあるのでしょうか。なお、山川さんとの契約は三年ごとに更新し、賃料も月額七万円と増額されています。

A

勤務の都合から、一時的に地方に転勤したり、外国に長期間出張することになったため、その間住居が空くので帰ってくるまでの期間、賃貸するということはよく見られるケースです。そのような場合には、借家人が事情を了解して借りたものですから、「一時使用目的の賃貸借」として借地借家法の適用を排除しても借家人の不利益は少ないと考えられます。

そこで、借地借家法は、一時使用のための賃貸借であることが明らかである場合には借地借家法の借家に関する章の規定を適用しないと定めたのです（四〇条）。したがって、家主が解約申入れ（または更新の拒絶）をするにつき「正当の事由」を必要としなくなります。

さて、ご質問の場合、大阪に転勤する期間だけ貸すことを明示して賃貸借契約がなされていますので、家主は一時使用のための賃貸借であることを理由に、借家人の山川さんに建物の立退きを求めることができるでしょうか。確かに契約当時の事情から、一時使用のための賃貸借と解釈することができます。しかし、その後、五回も契約更新がなされ、約一八年間賃貸借契約が継続しています。その間、山川さんとしても本件建物を必要とする事情が増大していると推測されるでしょう。

したがって、契約当初は一時使用として賃貸されていたとしても、契約更新が何回もされ、一〇年以上の長期にわたり賃貸借が継続されたような場合、家主からの一時使用を理由とする立退き請求は認められないと解すべきです。仮に、あなたと山川さんとの契約が、新しい借地借家法によって可能となった「定期建物賃貸借」（三八条）の要件を満たす契約であったときでも、契約更新がされた場合には、定期契約ではなくなったものと解釈されています。

ご質問の場合には、家主からの更新拒絶に「正当事由」の存在することが必要となるでしょう。

それでは、更新拒絶に正当事由は認められるでしょうか。家主側の事情をみますと、転勤になったため、やむを得ず自己の住居を山本さんに賃貸したこと、再び転勤により東京に戻ったが、賃貸借期間満了前だったので、アパートを借りたこと、家主の家族構成では二ＬＤＫのアパートでは狭すぎること、借家人が立退きに応じない場合、目黒区内という住宅街に自己所有の土地建物があるにもかかわらず、アパート住まいをしなくてはならないこと、などから、家主側が本件住居を使用する必要性は十分認められます。なお、山川さん側の事情が不明ですが、最近の住宅事情に照らし、他に転居先を捜すことは困難ではないと思われますので、仮に借家人が本件住居を使用する必要性が認められるとしても、相当額の立退料の支払いにより正当事由が補完されると解されるでしょう。

さて、立退料の額ですが、右の場合には、借家人が他に転居することによって被る財産上の損害を補償するのに相当な金額が妥当と思われます。その損害の具体的内容は、不動産業者に支払う礼金、転居先家屋賃貸借のための敷金、引越費用、移転通知の通信費などです。

参考となる裁判例としては、東京地裁の昭和五六年一月三〇日の判決がありますので紹介します。事案は、約一五年前に転勤のため世田谷区内の住居を賃貸した家主が、妻と一男一女の子供（いずれも独身で就職している）と生活している借家人に解約申入れをして立退きを請求したものです。裁判所は、家主の必要性を認めながら、借家人が十数年間居住し、その居住地に密接な生活基盤を持っている事情を重視し、立退料二〇〇〇万円の支払いと引換えに立退き請求を認めました。この立退料の額として、前記損害を補償する金額は二〇〇〇万円が相当と判示したのです。

なお、右事案の借家は、敷地が約二六〇平方メートル、建物は二階建ての三ＤＫ（六畳二間、八畳一間、ＤＫ一〇畳）で、賃料は月額六万五〇〇〇円となっていました。

ご質問の事案では、右裁判例を参考に立退料を算定しますと、二五〇〇万円ぐらいの金額が相当かと思われます。なお、六七頁のチャート表で示しますと

Ⓐ→Ⓒ→Ⓕ→Ⓘ→Ⓚ→Ⓜ→Ⓢ→Ⓤとなります。

POINT

契約当初は一時使用のための賃貸借であっても、長期間契約関係が継続すると、一時使用でなくなることがあります。

Q5

海外に転勤中だけ、自宅マンションを貸したいが

▼賃貸人の不在期間の建物賃貸借

私は都内に本社がある商社に勤務していますが、来たる四月一日から英国に転勤することになりました。そこで、私と家族が住居として住んでいる所有マンションを転勤中の期間に限り、貸したいと思っています。

本書の事例を読みますと「一時使用のための賃貸借」として貸した場合でも「一時使用のための賃貸借」に該当しないと判断されてしまい、立退料の支払いなどを条件に立退きが認められた裁判例などもあり、他人に一定期間に限り自宅マンションを貸すのには不安があります。

確実に物件を返してもらえるよい方法はないのでしょうか。

A

約一五年前に、転勤のため住居を賃貸した家主が、借家人に解約申入れをして立退きを求めた事案で、立退料二〇〇万円の支払いと引換えに立退きを認めた裁判例（東京地裁・昭和

五六年一月三〇日判決、九〇頁のQ４参照)、家主の海外一時帰国の期間中自宅を短期間賃貸した事案で、金二一二万円の立退料と引換えに立退きを認めた裁判例(東京地裁・昭和四七年六月二六日判決、八六頁のQ３参照)などから、転勤中に限り一時使用の目的で自宅マンションを貸したいが不安があると言われるあなたの気持ちは良く理解できます。

旧借家法は、「一時使用のため建物の賃貸借を為したること明なる場合」と定めるだけで(同法八条)、どのような場合の契約が「一時使用のための賃貸借」であるかは、解釈に委ねられていましたので、具体的な事案における裁判例を参考として、実務上判断せざるを得なかったことも否定できません。

これに対し、新借地借家法は旧借家法にはなかった契約更新の生じない建物賃貸借(新法三章三八条、三九条)という形態の賃貸借を新たに制度化しました。

これは、契約内容自体から明らかに「一時使用のための賃貸借」と認められる場合(たとえば、選挙期間中に限り選挙事務所として使用する目的の賃貸借、自宅建物の建替え期間中に限り仮住居として使用する目的の賃貸借など)ではないが、一定期間を区切って建物を賃貸し、期間経過後は更新もなく(立退料の支払いもない)、確実に明渡しを請求できる借家契約につき認めた制度です。

新法は、期限付建物賃貸借として、①**理由の必要ない一般の定期建物賃貸借**(三八条)、②**取壊し予定の建物の賃貸借**(三九条)の二種類を定めています。

ご質問の場合、①の賃貸借契約の締結が考えられますので、つぎにこれについて説明します。

一般の定期建物賃貸借の契約が成立するためには、つぎの要件が必要です。

① 必ず公正証書等の書面で契約すること（借地借家法三八条一項）。

これはつまり、必ず契約書を作成しなければならず、口頭の約束では定期契約ではなく更新の生ずる一般の建物賃貸借契約になってしまうということです。業者を通じた契約で契約書を作らないことは考えられませんが、知人と個人間で契約する場合などは、注意しておく必要があるでしょう。

なお、「公正証書等」とあるように、必ずしも公正証書にする必要はありません。しかし、公正証書を作成する方が、万が一争いになったとき証明力に優れていることは確かです。

② 「契約の更新がないこととする旨」を定めること（同条一項）。

定めた期限どおりに契約が終了し、更新も延長もないことを明記しておく必要があります。

③ 契約の更新がなく、期間の満了により賃貸借が終了することについて、その旨を記載した書面を交付して賃借人に説明すること。

②の事項を契約書に記するとともに、契約締結時にはあらかじめ賃借人に対して②の事項を記した説明書を交付して、定期契約であることを説明しなければなりません。この説明を怠ると、結んだ契約は定期建物賃貸借契約にならず、更新の生ずる一般の建物賃貸借契約になってしまいます（同条二項、三項）。

なお、いざとなって借家人から「説明を受けていない」と言われることのないよう、説明時に借家人から「確かに説明を受けた」旨の署名押印入りの確認書をもらっておくとよいでしょう。
④　契約期限の一年前から六か月前までの間に、賃貸人から賃借人に契約終了の予告通知をすること。
　これは契約を結ぶときではなく、契約が終了して借家人を立ち退かせるときの規定です。

　契約の終了に際しては、（設定期間が一年以上である場合には）建物の賃貸人は、期間満了の一年前から六か月前までの間（通知期間）に、賃借人に対して「期間の満了により賃貸借が終了する」ことを通知しなければなりません。通知期間が過ぎたあとで通知をした場合には、通知した時点から六か月たって契約が終了します。賃貸人は、この通知をしない限り、賃借人に対して契約が終了したことを対抗することができません（同条四項）。

　なお、賃貸期間につき、法文上長期・短期を限る定めがありませんので、一年未満（「〇か月」の単位）の期間を定めることも可能です。

　この建物賃貸借契約の成立が認められるためには、契約書の文面のみならず、賃借人に対する説明書の文面にも注意することが必要ですから、契約締結に際しては、弁護士などの専門家と相談し、瑕疵のない契約書を作成し、契約の締結をするのが良いと思います。

　そのようにすれば、本件のような賃貸借の場合には、立退料なしに明渡しを請求できます。

POINT

借家契約期間経過後は更新もなく、確実に明渡しを請求できる定期建物賃貸借は、新法施行後に結べることとなった契約です。このタイプの契約とした場合、立退料の支払いは必要ありません。

Q6

木造家屋を出てもらい店舗兼住居を作りたいが

▼賃借人側の経済状態も重要な要素

私は、東京郊外の私鉄沿線の駅から歩いて一〇分ほどの所で八百屋を営んでいます。バラック建てで床面積七平方メートルほどの店舗と隣りの五三平方メートルの木造平屋建ての建物、およびそれぞれの敷地を父から相続して所有しています。八百屋の方は駅に通じる大通りに面しているため人通りも多く、お陰様で店も繁盛しています。

私は、現在、これらの建物の裏にある叔父の家の四畳半を間借りしています。家賃は、月額一万円で、母と妹たちといっしょに生活しています。しかし、叔父一家も家族が多く、私たちの引越しを望んでいます。また、私の家族も上の妹が一五歳になりますので、一間だけでの生活はとても無理な状況となりました。そこで、このバラック建ての店舗と隣りの建物を取り壊して、私どもの住居と八百屋の店舗が入る建物を建てたいと思っています。

しかし、この隣りの建物は、およそ三〇年前から山田さん一家に住居として賃貸しています。山田さん一家は、夫婦と五人の子供がいます。山田さんは都心の商事会社の部長です。また、長女、長男、次女は、それぞれ勤めに出ていて収入も得ています。三女と四女は高校と中学に通学しています。私は一度、山田さんに建物新築と立退きの話をしたことがありますが、この場所に愛着があるので立退きはイヤだ、といっています。

私は、立退料として一〇〇万円ぐらいは払ってもよい、と考えていますが、山田さんに立ち退いてもらうことは無理でしょうか。なお、山田さんから受け取っている家賃は月五万円で、ほかに敷金として一〇万円を預かっています。

A

ご質問の場合、賃借人の山田さんには、とくに契約違反となる事実は存在しないようです。

そこで、この場合にも期間の満了の一般的場合（六七頁のチャート表および六〇頁以下の解説を参照）に立退きが可能かという問題になります。期間満了の一般的場合には「賃貸人が自ら使用することを必要とする場合その他正当の事由ある場合」の要件（新しい借地借家法施行前の契約なので旧借家法一条ノ二）と解約申入れの手続的要件（同法二条、三条）を充たすことが必要です。

解約申入れの手続的要件については、六九頁のチャート表および六二頁以下で説明してありますので、そちらの解説を読んでください。

設問の事例でも、他の多くの事例同様、立退料の支払いが「正当事由」の補完として認められるかどうかが問題になると思われます。

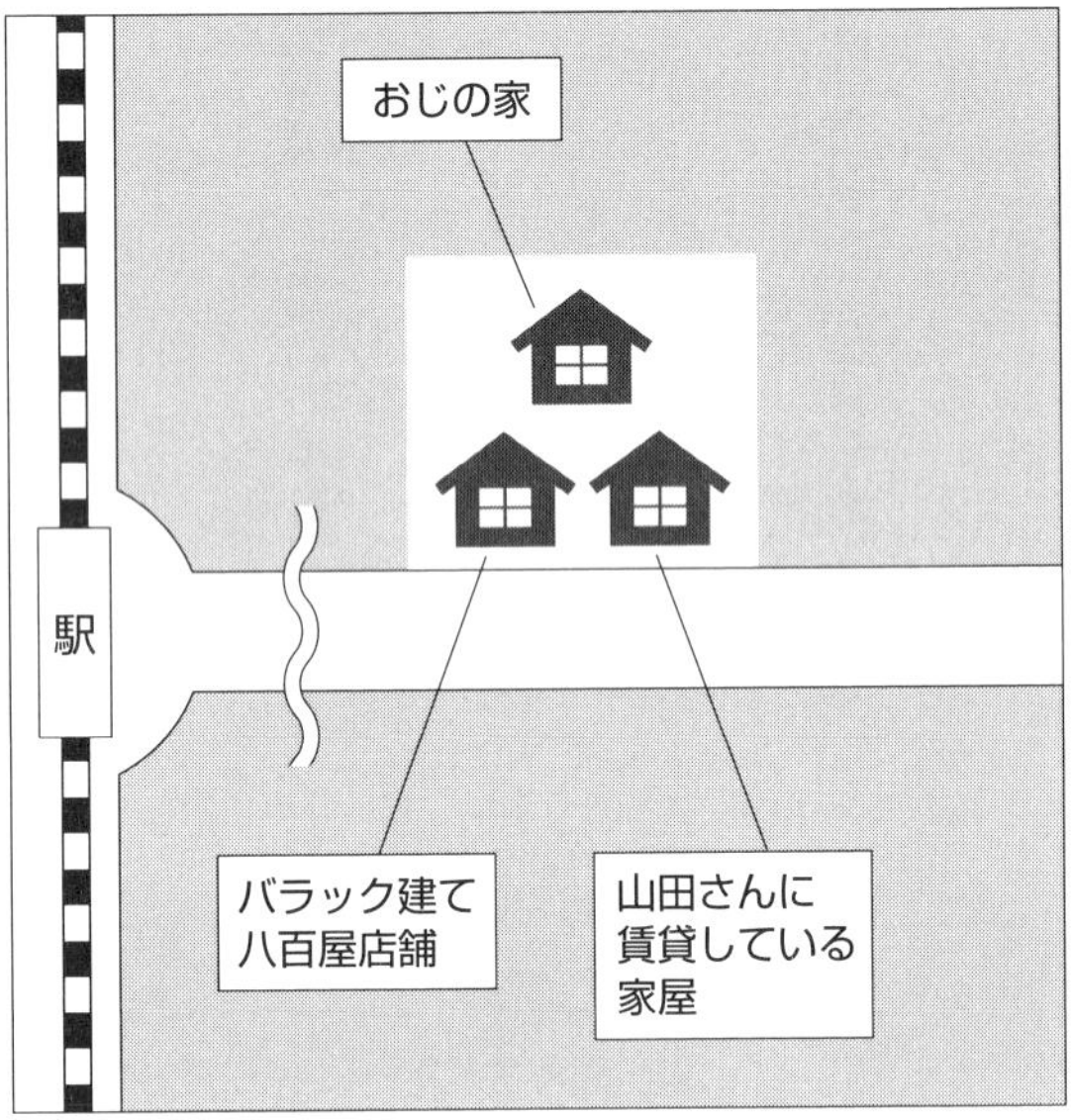

ところで、賃貸人側と賃借人側の事情は、どうでしょうか。

まず、賃貸人には、本件の建物とバラック建ての八百屋店舗以外には所有不動産はなさそうです。そして、営業の場所としても、この場所を離れて新たに店を開くことは不可能でしょう。

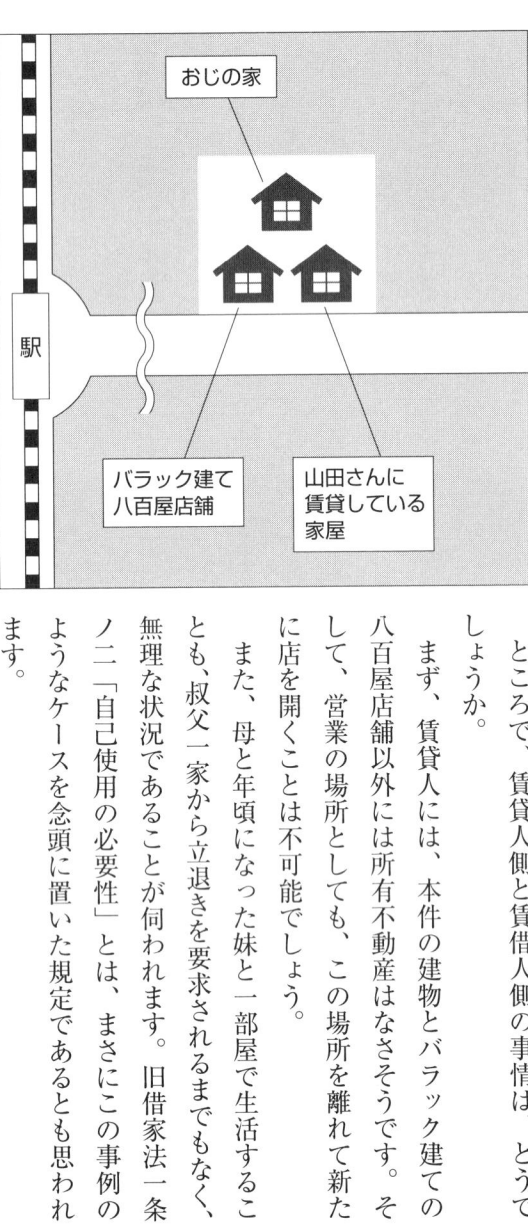

また、母と年頃になった妹と一部屋で生活することも、叔父一家から立退きを要求されるまでもなく、無理な状況であることが伺われます。旧借家法一条ノ二「自己使用の必要性」とは、まさにこの事例のようなケースを念頭に置いた規定であるとも思われます。

ともかく、自己使用の必要性は非常に強いといってよいでしょう。しかし一方で、賃貸人側の建物使用の必要性が強いからといって、ただちに賃借人側の必要性を抜きにして立退きを認めるわけにはいきません。ここが「正当事由」の判断の難しいところでもあります。

では、このケースの賃借人側の事情は、どうでしょうか。賃借人の山田さんは、およそ二五年前からこの建物に住んでおり、附近に愛着を持っていることも確かだと思います。しかし山田さんは、なお通学中の子供がいるにせよ、他の子供三人は勤めに出て収入を得ており、また山田さん自身も役職にあるサラリーマンとして、ある程度の収入を得ていると思われます。

以上、双方の事情を比較しますと、賃借人山田さんが、附近に同程度の借家を賃借することは財政的にも物理的にも容易であると思われます。一方賃貸人である質問者の差し迫った事情を考えれば、賃貸人の側に立退きの「正当事由」あり、といわざるを得ないと思われます。

なお、賃貸人は、立退料として金一〇〇万円の提供を考慮していますが、このケースでは立退料の提供がなくても立退き請求が可能ではないかと思われます。

しかし、この一〇〇万円の提供が賃借人の早期立退きに有利に働く要素となることは確かでしょう。

ご質問の場合を六七頁のチャート表で示しますと

Ⓐ→Ⓒ→Ⓕ（またはⒼ）→Ⓘ→Ⓚ→Ⓛ→Ⓞ（またはⓉ）→Ⓢ→Ⓤ、となる場合でしょう。

類似の事案において、判例も賃借人の生計および職業等を考慮して移転可能と判断しています（東京高裁・昭和三七年一〇月一二日判決、判例時報三一九号）。

なお、設問の事例は、旧法時に成立した契約ですので、新法施行後でも旧法が適用されます。

POINT

立退き請求が認められるには、賃借人の職業、収入、家族構成等のほか、家屋の使用形態も重要な要素となります。

Q7

老朽化した長屋式住居の立退き請求は

▼家屋取壊し後の必要性がポイント

私は東京都台東区内に木造瓦葺二階建ての四軒続きの長屋式建物一棟（延面積一六〇平方メートル）を所有しています。五年前、区長から家屋の腐蝕と破損がひどく、保安上危険であるとの理由で、「本件建物の除却、改築、大規模の修繕または保安上必要な措置を講ずべき」旨の勧告を受けました。

この長屋は五〇年ぐらい前に建てたもので、外壁はモルタルの一部が剥離して落下している個所もあり、亀裂も顕著です。一年前には、一軒の二階外壁タイルが、ラス（金網状の下地）の腐蝕により支えきれなくなり、幅三・六メートルに渡って全面的に落下したことがありました。私は、人身事故が発生したら大変なことになると思いましたので、賃借人の承諾を得て二階部分の外壁タイルをすべて取り外し、防水ルーフィングを貼りつける応急措置を講じましたが、最近調査したところ、外壁ラスの下地の木材も古くなっているため、再びラスを貼っても外壁タイルを支えることが困難であるとの結果がでました。

他にも、土台の一部は触るとボロボロに崩れてしまう部分もあり、屋根はレンガの一部が崩れ落ち、軒瓦は波打っています。また、一階居間の鴨居には水平でなくなっている個所もあり、柱の一部も鉄柱により補強しているような状態です。

私は建物を取り壊したいのですが、賃借人に立退きを求めるに際し、立退料を支払う必要があるのでしょうか。なお、この長屋の家賃は一軒当たり、月二万二〇〇〇円で、敷金として二万二〇〇〇円を預かっています。

A

賃貸家屋が永年の使用により朽廃《きゅうはい》し、そのままの状態では建物としての効用を失った場合には、その建物の賃貸借は当然に終了します。これに対し、家屋が老朽化して、朽廃、滅失の時期が近づき、取り壊すか、あるいは大修繕をする必要がある状態になった場合には、どうでしょうか。

ご質問の場合には、家屋の土台、屋根、柱および壁などの腐朽破損の度合からみて、大修繕を必要とする状態にあると思われます。ことに、区長から建築基準法に基づく勧告（同法一〇条一項）を、五年前にすでに受けていることや、二階外壁タイルが落下した事実などからも、家屋をこのまま放置しておくことは、保安上危険であることは明らかでしょう。家主であるあなたの取り壊したいという気持ちも十分に理解できるところです。

しかし、家屋の状態により取り壊す必要がある、すなわち「倒壊の危険防止という公益上の必要がある」というだけでは、旧借家法一条ノ二の「正当事由」にはなりません。家主側が賃貸借の解約の申入れをし、家屋の立退きを求めるについて、「正当の事由」があると認められるには、家屋取壊し後の敷地の利用方法について家主側の具体的な事情が必要となります。そして、敷地利用に関する具体的な必要性がなければ、正当事由を補充するために立退料を支払うことが必要となります。

借家人の立場になって考えてみますと、家屋が建物としての効用を喪失するまでは、賃借権に基づいて使用する利益があるのですから、公益上の理由だけで、立退きによる不利益を、すべて借家人に負担させるというのは不公平と思われるからです。したがって、家主側において、アパートを新築するなどの具体的事情もなく、敷地利用につき、とくに差し迫った目的もなく、とりあえず一時的に駐車場としておくというような場合には、立退料を支払う必要があるでしょう。

それでは、右のような場合の立退料は、どのくらいを考えればよいでしょうか。家屋立退きによる借家人の経済的不利益を金銭に換算するのですが、つぎの裁判例が参考になるでしょう。

建築後五〇年以上経過し、建物としての耐用年数も到来し、一般住宅に要求される安全性を欠く危険な状態にあると認められる木造平屋建ての四軒長屋につき、家主から約三〇年間使用している借家人に対して、立退料一〇〇万円の提供を条件に立退きを求めたケースで、裁判所は家主側に敷地利用の差し迫った必要がないなどの事情を認定したうえで、立退料として借家人に一五〇万円の提供を補完条件として解約申入れに正当事由が備わると判示しています（大阪地裁・昭和五九年七月二〇日、判例タイムズ五三七号）。ここでは、賃貸家屋の敷地が約二八平方メートルで、三・三平方メートル当たりの更地価格が三〇万円以上であること、家主の受け取った賃料合計額が約一八〇万円であること、が立退料を補完条件として正当事由を認める根拠とされています。

また、ご質問と同様の別の長屋の場合についても、家主が一二〇万円の立退料を提供しましたが、前記裁判例と同様の家主側の事情を認定したうえで、立退料の額について一五〇万円を相当と判示した裁判例（東京地裁・昭和五九年二月二八日、判例タイムズ五二七号）もあります。

この裁判例では、立退料の算定に当たり、移転に伴う経済的損失等諸般の事情を考慮して右金額を相当としている点で、前記大阪地裁の裁判例が「家屋明渡しによる経済的不利益」とするのと若干差異がありますが、これは両事案の家主と借家人の具体的事情が異なるからでしょう。

あなたも、立退料として一軒当たり二〇〇万円程度を用意して、借家人と立退き交渉を始めたらよいと思います。なお、ご質問の事例を六七頁のチャート表で示しますと、

Ⓐ→Ⓒ→Ⓖ→Ⓘ→Ⓚ→Ⓜ→Ⓟ→Ⓢ→Ⓤ、となるでしょう。

なお、借家人が新借地借家法施行後の契約により入居した場合には、新法が適用され、新法二八条の「正当事由」の有無が問題となりますが、旧借家法と同じ結論になります。

POINT

倒壊危険防止を理由に家屋を取り壊す場合でも、賃貸人に自己使用等敷地利用を必要とする具体的事情がなければ、立退料の支払いが解約申入れの条件となります。

Q8

効率の悪い老朽貸家を賃貸マンションに建て替えたい

▼各借家人と誠意をもってねばり強い交渉を

私は、東京都○○区で甲田建設株式会社を経営しています。一年前、父が死亡し、当社の社屋の敷地（一七〇平方メートル）と、これに隣接する貸家（木造平屋一戸建て）およびその敷地（二九〇平方メートル）を相続しました。貸家は全部で五軒あり、いずれも昭和二二年頃建てたもので、賃料は月額二万円（床面積三〇平方メートル）から三万円（床面積四〇平方メートル）です。借家人は三〇年以上住んでいる人たちで、高齢の方たちがほとんどです。さて当社の業績が悪化していることもあり、私としては社屋と五軒の貸家の敷地を利用して、そこに五階建ての賃貸マンションを新築し、一階を当社の社屋にしたいと計画しています。そこで、借家人に立退きを求めようと思うのですが、立退料はいくらぐらいを考えればいいでしょうか。

なお、この土地は、現在三・三平方メートル当たり一五〇万円で都市計画法上の住居地域、準防火地域となっており、敷地の容積率の規制値は三〇〇パーセントです。また、右貸家の建物と各敷地との容積率は六〇パーセントから七〇パーセントです。

A

借家人に対して、立退きを求めるためには、賃貸借契約を終了させなければなりません。そのためには、貸主から解約の申入れをするのですが、「正当の事由」がなければ、解約申入れの効力は生じません(旧借家法一条ノ二)。なお、本事例の借家人は三〇年以上住んでいる人たちで、新借地借家法施行前の借家契約ですから、旧法が適用されます。

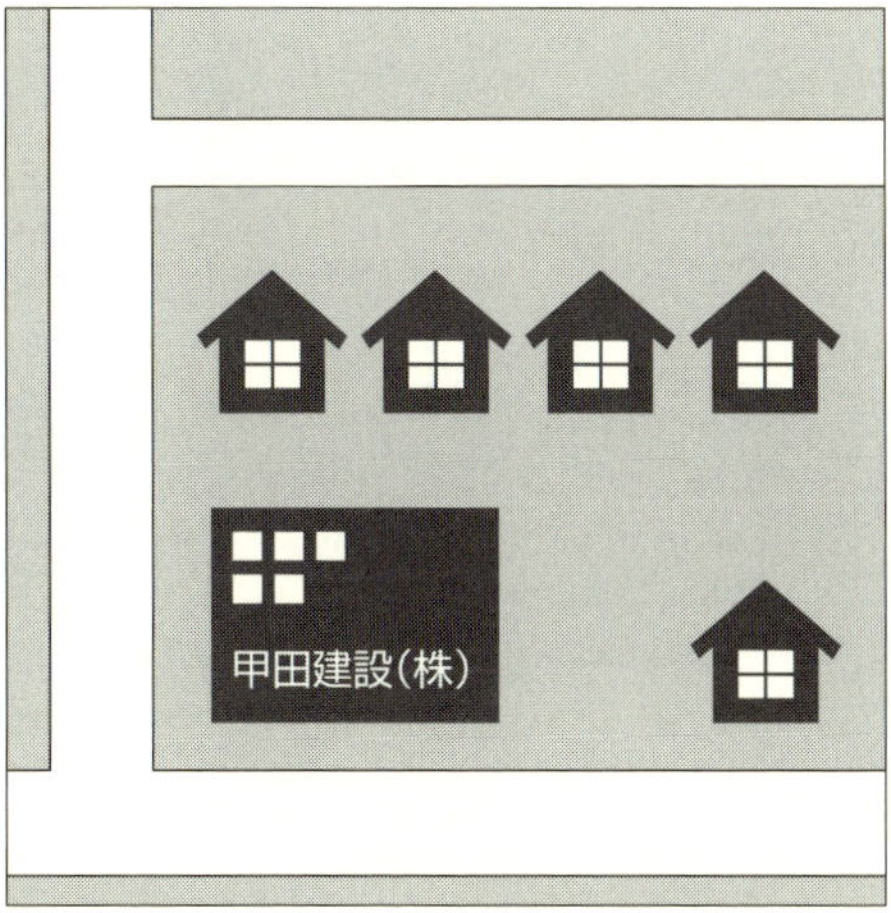

ご質問の場合、貸主の経営する会社の業績が悪化しているという事情はあるにしても、要は老朽化し、効率の悪い本件貸家を賃貸マンションに建て替え、敷地を有効に利用して収益をあげる目的で、借家人に対し、立退きを求めるもので、経済的理由に基づく解約申入れにすぎません。

本件貸家がいずれも築後約五〇年を経過していることから、建物の状態が朽廃時期に近づき、保安上倒壊等の危険があるという事情があれば、立退料により解約申入れの正当事由を補完することが可能となりますが、右のような事情がない場合においては、相当高額の立退料を提供しても、貸主からの一方的な解約申入れに正当事由が認められるのは困難と思います。

したがって、ご質問の事例では、貸主から各借主に対し、賃貸マンション建築計画を説明して、立退料その他の条件（たとえば、借家人に新築建物の優先的入居権を与える、代替家屋を提供するなど）を提示するなど、その協力を求め、借家人から立退きの同意を得ることが必要でしょう。

その場合の立退料の額ですが、各借家人の建物および敷地の面積を基準にするほか、借家人の居住の必要性の程度に応じた立退きによる経済的不利益を基準として算定すべきでしょう。これについては、賃貸マンションへの建替えを理由とする木造長屋賃貸借契約の解約申入れが認められた、大阪地裁の昭和五七年七月一九日判決（判例タイムズ四七九号）が参考となりますので紹介します。

この判決は、工務店を経営していた原告が、賃貸マンション経営を企図し、父が所有し賃貸している木造長屋式家屋（鑑定によれば耐用年数は鑑定後一〇年とされた）と敷地を譲り受け、借家人六名に対し立退きを求めた事案で、裁判所は、つぎのような理由により、相当高額の立退料提供によって正当事由が補完されたと判示しました。

すなわち、貸主側の事情として、営業上の理由から当該建物の跡地にマンション建設を計画し、その資金繰りのため敷地を担保に銀行から融資を受けるなどしたことから、右計画が資金難によって営業上の切迫した必要性に変わったことが窺われるが、借主側の居住の必要性はきわめて高く、解約申入れに正当事由があるものとは、とうてい認められない。しかし、建物の老朽化、敷地の非効率性（当該建物と敷地の容積率六六・七パーセント、これに対し公法上の規制値は三〇〇パーセント、敷地の最有効使用法は鉄筋コンクリート造り四、五階建て分譲マンション等と認められる）、周囲の状況、昨今の住宅事情の緩和（とくに一般的賃貸、分譲マンションの供給過多）、調停、訴訟および和解を通じ、借主らが立退料の金額次第で立退きを考えるという対応を示していたことなどの事情を総合すると、貸主において、相当高額の立退料を提供するなら、貸主側の必要性等の事情を補完し、正当事由を具備すると認めるのが相当である、としました。そして、立退料としては、「本件に限り」として、借家権価格のみでは不十分であり、移転および移転先確保のため要する費用のほか、各借家人の居住の必要性、家計の状況等の個別的事情を重視して算定した金額を相当としました。

あなたの事例の場合、この裁判例を参考にして検討しますと、貸主としては各借家人に対し、借家人が立退料の金額次第で立退きに応じてもよいという態度に変わるまで、誠実に交渉を続けることが必要です。そして立退料としては、借家権価格プラス移転費用ならびに各借家人の居住の必要性等に応じた、きめ細かい配慮に基づく金額を算出して提示することが大事なことと思われます。

ご質問の事例を六七頁のチャート表で示しますと、

Ⓐ→Ⓒ→Ⓖ→Ⓗ→Ⓙ→Ⓡ→Ⓤとなるでしょう。

POINT

マンション建替えの目的など有効利用の場合に、借家人の居住権を保護する観点から、相当高額の立退料を支払う必要があります。

Q9

短期間の約束で貸した別荘兼住居の立退き

▼契約期間内の全賃料額が目安に

私は二〇年ほど前、鎌倉に敷地約六六〇平方メートルの別荘兼住居の木造家屋（二棟）を買入れし、一棟（一四〇平方メートル、四ＬＤＫ）に私の家族（六名）が居住し、もう一棟（二〇〇平方メートル）は、私の経営する同族会社（横浜市内所在）の寮として会議や接待等に使用し、管理人も置いていました。ところが、五年前、私の会社が倒産したことから、会社債権者が私の住居にまで債権取立てに押しかけてくるようになり、同居していた長男夫婦は妻の実家方（千葉県所在）に、次男夫婦は都内のアパートに引っ越し、わが家は空家同然になってしまいました。

そこで、管理費用の一部にあてるつもりで、住居として使用していた平屋を一時、木村さんに貸すことにしたのです。賃料は月額一〇万円で、権利金・敷金はなしとし、礼金として五万円だけ受け取りました。賃貸借契約時、私は木村さんに対し、近い将来住居として使うつもりであるから、長期間貸すことはできない旨を話し、木村さんも、私の意向を了解してくれました。また木村さんとしても、数年後には自宅を建築して移転するつもりとのことでしたので契約したのです。賃貸期間は二年としました。

貸してから二年経過し、契約は法定更新となりました。そして私もその頃、倒産会社の再建にも目処がたち、新会社を設立して息子二人を取締役に就任させ、ようやく事業も順調になりました。

そこで、息子ら夫婦の住居とするため木村さんに、貸した家屋から立ち退いてもらいたいのですが、立退料はどのくらいでしょうか。なお、木村さんは静岡県の会社に勤務し、同居の家族構成は妻と就職した長男の三人です。

A

ご質問の賃貸借契約は、法定更新となっています（新借地借家法二六条）ので、賃貸期間について「期間の定めのない場合」となります。したがって、契約を終了させて賃借人に立退きを求めるためには、「正当事由」を具備した解約の申入れをすることが必要です（同法二七条）。

そこで、解約申入れをした場合に「正当事由」が認められるか否か、貸主・借主双方のポイントとなる事情を検討してみましょう。

貸主のあなたの事情としては、家屋の自己使用の必要性が認められるでしょうか。ご質問の事例では、あなたの長男夫婦および次男夫婦を問題の家屋に入居させたいとのことですが、長男は妻の実家

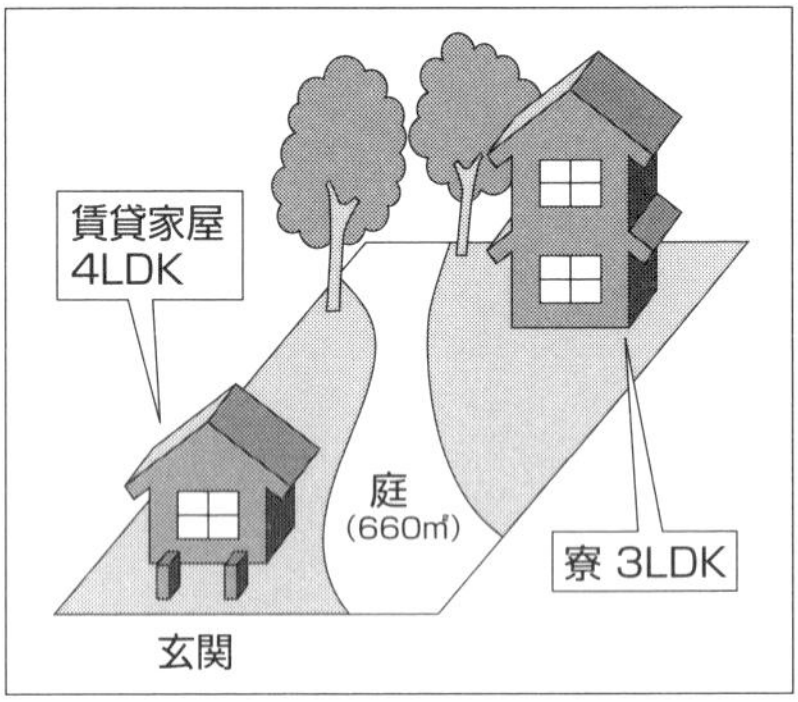

方に同居し、次男はアパートを借りていること、木村さんに賃貸するまでは本件家屋に居住していたこと、また長男らは倒産会社などの役員として再建する立場にあることから、地理的にも鎌倉が便利であることなどの事情もあり、貸主側の一応の必要性は認められるでしょう。

つぎに借主側の事情を見ますと、同居人数は木村夫婦と就職した長男の三人だけです。職業上あるいは家庭生活上、他に適当な代替家屋があれば移転できる状態と思われます。また、本件家屋が四ＬＤＫの広さで別荘風の一戸建てであること、賃貸借契約当時、借主が数年後に転居する意思を表明し、五年を経過したことなどの事情に照らし、本件家屋のごとき高級別荘的な立地条件・構造と同程度の転居先を必要とするとも思われず、他に適当な転居先を求めるのは比較的容易でしょう。さらに、敷金・権利金などが支払われていないなどの事情を総合しますと、貸主において転居するのに必要な費用に相当する立退料を支払うことにより、解約申入れの正当事由が補完されると考えられるのではないでしょうか。

ところで、別荘兼住居の借家立退きが請求された事件に関する裁判例（東京高裁・昭和五一年六月二九日判決、判例タイムズ三四二号）がありますので紹介します。

事案は、別荘兼住居および会社の寮等に使用していた三棟の木造家屋のうち一棟を賃貸した事例で、契約後三年経過した時点で、一時使用の賃貸借であること、および解約申入れに正当事由があると主張し貸主が立退きを請求した事件で、裁判所は、一時使用を目的とする賃貸借契約は認められないとした上で、正当事由があるかにつき、つぎのように判示しました。

まず、右解約申入れ当時には、借主は無職で、妻と未成年の長女（一八歳）と三男（一七歳）が同居していること、賃貸期間も三年で貸主・借主の事情に変化がないこと、貸主はあえて立退きを受けなくてもそれほどの不都合は生じていないことなどの事情から正当事由は認められない。しかし、さらに二年経過した当時においては、借主側は、長女が結婚して他に転居し、三男も成人して他に就職していること、その間借主は勤務先の関係で他県に住民登録を移動したことなどの事情の変化が生じた点、および賃貸家屋が別荘様式のもので、その用法に従った使用に供することが当然であること、契約当時の貸主・借主の間で表明された意向などの点を重視し、当初の二年の期間内の全賃料額に相当する金四八万円を立退料とすることで正当事由が補完された、としました。

右裁判例を参考に、ご質問の場合の立退料を算定しますと、二年分の賃料額である金二四〇万円の立退料を提供することで、解約申入れの正当事由が補完されることになるでしょう。また、六七頁のチャート表で示しますと、Ⓐ→Ⓒ→Ⓖ→Ⓘ→Ⓚ→Ⓜ→Ⓢ→Ⓤ、となります。

POINT

別荘のような建物の場合には、その用法に従った使用状態か否かも正当事由の判断の事情の一つとして考慮されます。

Q10

営業用建物の立退料はどのようにして出すか

▼営業権の金銭的算定が中心に

私は、私が所有する敷地内に、表通りに面した建物とその裏手の母屋の二棟の建物を所有しています。この表通りの建物は約三〇年前、私が将来一人息子が理容師になったとき、ここで理容業を営ませるために建てた建物（木造平屋建て、四〇平方メートル）です。そのために理容器具等も備え付けてあります。

しかし当時は、まだ息子が小さかったため、私は息子が開業できるようになったら立ち退いてもらいたいといって、期限の定めなく小松さんに賃貸しました。小松さんも理容師で、建物内の器具を使って（貸し賃はもらいましたが）営業を始めました。敷金・権利金も取らずに、また安い家賃（月三万円）で貸していたのです。その後、息子は希望どおり理容師となり、他の店に勤めて給料をもらっています。そして、理容師の女性と結婚し、子供も二人います。

私も息子夫婦も表通りに面した家で理容業を始めたいと思い、小松さんに立退きを求めたのですが、小松さんはやっとのことでこの場所で収入を得るようになり信用も得ているからといって応じてくれません。立退きは無理でしょうか。また、立ち退いてもらうには立退料を支払わなければならないでしょうか。なお、小松さんは妻と子供二人で、他所に家を借りて生活しています。本件の建物は純然たる営業用の使用のみで、小松さんは、月に二五万円の純利益を出しているそうです。

A

ご質問の場合、賃借人の小松さんとの賃貸借には期限の定めがありませんので、その立退きを請求するためには、六か月以前に解約の申入れ（旧借家法三条一項）と解約後賃借人の小松さんがなお建物の使用を継続する場合に異議の申入れ（同法三条二項）の手続きが必要です。この手続きについては、六九頁の手続きチャートの②を見てください。なお、小松さんとの契約は約三〇年前のようですので旧法が適用され、新法は適用されません。

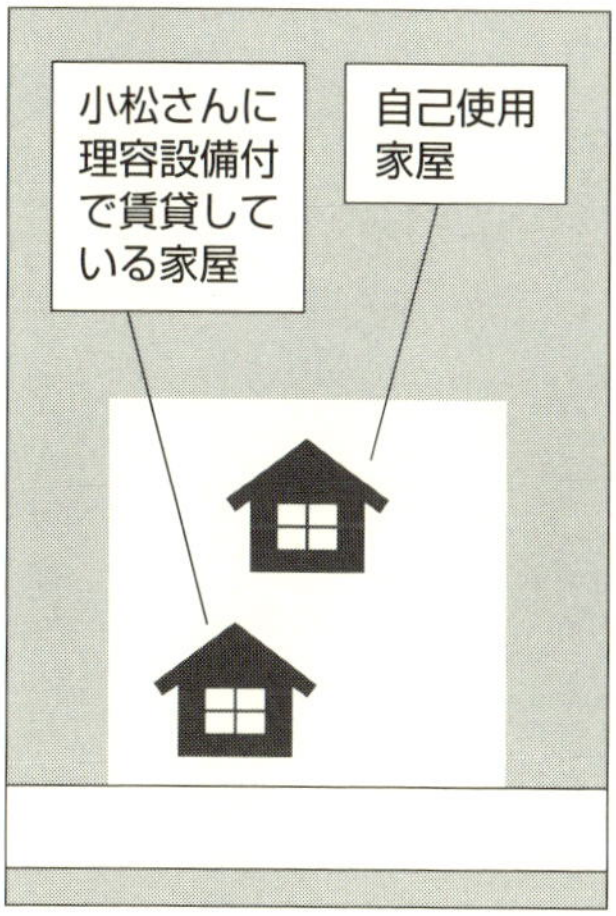

つぎに、小松さんに立退きを請求できるかどうかは、賃貸人に立退きの「正当事由」が具備しているかどうかの判断となります。本件の賃貸人は、その建物建築の当初より、将来、息子が理容師として店を開くための建物として建てたもので

すが、息子がいつ理容師となり、一人前となって店を経営していけるか不明のため、右の事情を賃借人の小松さんに話し、息子が店を経営できるまでの約束で、小松さんに期限の定めなく賃貸したものと思います。賃貸人側は、この建物使用の必要性は他に代替性がないほど大きなものといえると思います。また賃借人の小松さんも将来は立ち退くことを覚悟の上で賃借しているともいえるでしょう。

しかし他方、小松さんの側にしてみれば、将来の立退きは覚悟していたにせよ、長年の営業により信用を得て固定客も付き、このまま営業していれば順調に生活していけます。それなのに、ここで他所に移転するのでは、新たな場所で、はたして営業がうまく行くのか悩むことになり、結局、この建物の立退きを拒む結果となったのです。

以上の賃貸人、賃借人の各事情を比較考量すれば、両者ともに、この建物使用の必要性があり、ただ賃貸人側の方がかなり大きいといえる場合だと思われます。しかし、立退料の支払いもせず、無料で立退きを請求できるとまではいえないでしょう。

賃借人の小松さんが、これまで築いてきた営業権、いわゆる「のれん」分を立退料として支払えれば、賃借人にとって、本件建物でなければとの理由はなくなるため、立退きを認めてよいのではないかと思います。

それでは、この「のれん」に相当する立退料として、どのくらいの金額を立退料として提供したらよいでしょうか。実はこの「のれん」の評価は「正当事由」の判断としての評価ですから、客観的な算式を立てて結論を出すことはなかなか難しいのです。賃貸人、賃借人の建物使用の必要度によって千差万別といってよいと思います。ただ、ご質問の事例と類似の事例では、賃借人の月純益の一〇倍程度の金額を立退料と認めた判例があり、それによれば二五〇万円程度となります。

その判例（東京地裁・昭和四六年一一月一九日判決・判例時報六六二号）は、本件類似の事案で、昭和二三年より賃貸し、敷金、権利金なし、一〇年以上も月賃料が五〇〇〇円という賃貸条件でした。この事例では、賃貸人が立退料として金八〇万円を提示し、これに対し賃借人は現在の月純益が一二～一三万円、同規模の店舗に移れば金三〇〇万円程度の敷金・権利金が必要だとして立退きを拒んだものです。判決は本件が営業用建物で「のれん」を失うのに対し、相当額の補償さえ得られればよいとして、金一三〇万円と引換えに立退きを命じました。

あなたの場合にも、賃借人の小松さんの経済的利益を合理的に算定すればよいと思われ、二百数十万円程度の立退料を用意して交渉したらどうでしょうか。このことからもわかるように、営業用建物は居住用と比べ、経済的損失がある程度填補《てんぽ》されさえすれば立退きが容易といえそうです。

本件の事例を六七頁のチャート表で示しますと、

Ⓐ→Ⓒ→Ⓖ→Ⓘ→Ⓚ→Ⓜ→Ⓟ→Ⓢ→Ⓤ、となると思います。

POINT

将来の自己使用等の予定があれば、その旨を賃借人に十分に伝えておくか、定期契約の選択を。

Q11

店舗賃貸借契約を立退き猶予の意味で更新したが

▼猶予の旨を明確にしておくこと

私は五年前にある中小企業を定年退職し、現在は無職です。妻は数年前に病死し、一人息子は結婚してアパート住まいをしています。私は、三〇年くらい前から私鉄沿線の商店街にある自宅家屋の一部を、斉藤さんに店舗（三三平方メートル）として貸しました。斉藤さんは、家族とこの店舗に居住し雑穀乾物商を営んでいます。

ところで、二年前の賃貸借契約更新の際、斉藤さんが移転先の空店舗が見つかるまでの期間、立退きを猶予するという意味で、賃貸期間を二年として契約を締結しました。というのは、私は七〇歳という高齢に達し、再就職も困難で妻とも死別して一人暮らしのため、一人息子夫婦に同居してもらい、老後の世話をしてもらう必要があったからです。そのためには、斉藤さんに貸している店舗を立ち退いてもらい、息子がこの店舗で小売店などの商売を始めるということで息子も承知してくれました。

そこで、その事情を斉藤さんに話し、斉藤さんも納得してくれましたので、空店舗が見つかり次第、この店舗を立ち退くと約束して契約を更新することになったのです。
斉藤さんは更新後、立退きに備えて、とりあえずこの店舗での居住をやめ、営業専用にしてくれましたので私も安心していたのですが、期間満了一か月前になっても、斉藤さんは店舗の立退きをしてくれそうにもありません。私としては、今後どうすればよいでしょうか。なお、更新に際しては、家賃は月五万円と据え置いてあります。また、保証金として三〇万円を預かっています。

A

賃貸借契約の更新拒絶をして貸家の立退きを求めるには、前述（六九頁の手続きチャート）のとおり、賃貸期限満了日の一年前から六か月前までの間に「更新拒絶の通知」をすることが必要です。ご質問の場合には、すでに期間満了一か月前になっていますので、更新拒絶ではなく、「解約の申入れ」をします。そして、到達後六か月を経過した日に解約となり、立退きを求めることになります。なお、二年前の更新が新借地借家法施行後であっても、最初は旧借家法時の契約ですから、旧法が適用されることになります。

ところで、二年前の更新時に「立退きを猶予する」趣旨で期間を二年と定めた点が問題となります。「二年後に契約を更新しない」あるいは「二年後に本件店舗を立ち退く」など明確に更新後二年たった後に賃貸借を終了させて、店舗を立ち退くことが明示されておりませんので、この事例では、賃借人である斉藤さんに有利に解釈されるでしょう。すなわち、賃借人が移転する空店舗が見つかり、移転することが可能となれば、この店舗を立ち退くという意味に解釈されると思います。したがって、更新後二年の賃貸借期間満了日に契約が当然に終了することにはなりません。

　それでは、貸主の解約の申入れに「正当の事由」（旧借家法一条ノ二）が認められるでしょうか。まず、貸主側の事情を検討しますと、①貸主は、無職で収入がなく、妻に先立たれ、一人暮らしの孤独な老人である

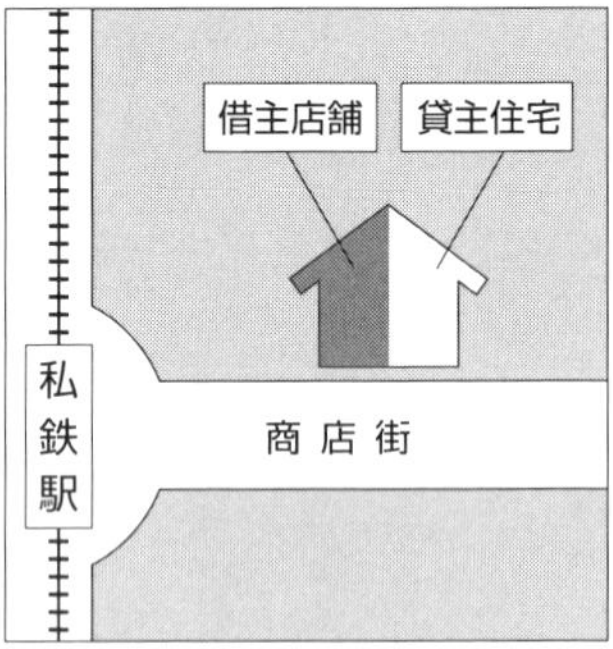

こと、②息子夫婦が同居して貸主の面倒をみるには、本件店舗を立ち退いてもらったうえで、小売店を開業して生計をたてる必要があることなど、本件店舗を使用する必要性が認められます。

　これに対する借主側の事情としては、①借主は約二五年間にわたり本件店舗で営業を続けており、生計の基盤となっていること、②移転先の空店舗を探すにしても、近隣に求めることは困難であること、③移転先を見つけたとしても資金を必要とすること、などの事情が認められ、本件店舗を使用する必要度は高いと思われます。以上の貸主・借主双方の事情を比較すると、双方とも本件店舗を必要とする程度に差はないと思われ、貸主であるあなたからの一方的な解約の申入れに「正当の事由」があるとは認められないでしょう。しかし、他方、二年前の更新時において、借主は空店舗が見つかり次第、店舗を立ち退く旨を約しており、その準備もしている事情も認められます。したがって、この

店舗を立ち退くことによる経済的不利益を填補《てんぽ》するに足りる立退料が支払われるならば、これにより正当事由が補完されると考えるのが相当と思われます。

それでは、ご質問の場合において、立退料としていくらぐらいが妥当でしょうか。抽象的には、本件店舗を立ち退くことによる経済的不利益ということになるのですが、本件店舗の面積、地理的要素、保証金・賃料の額、近隣に空店舗を求める場合の賃貸条件など総合的に考量して妥当な立退料を決める必要があるでしょう。なお、ご質問の事例と類似の事例において、大阪地裁の昭和五五年五月二八日の判決（判例タイムズ四二二号）がありますので参考にしてください。この裁判例では、昭和五五年四月に貸主が提示した金三〇〇万円をもって正当事由を具備したと判断しました（昭和四六年三月契約更新時に保証金二〇万円、賃料月額二万円となり、その後の増額はなされていない）。仮に、右裁判例を基準にして、昭和五五年当時の賃料相当額を月額三万円（五割増）とすると、賃料の約八年分となります。あなたのケースでは、立退料として四八〇万円程度、用意するといいでしょう。ただし、この数字は事例の具体的事情の差異によって立退料の金額も異なりますので注意してください。

なお、ご質問の場合を六七頁のチャート表で示しますと、

Ⓐ→Ⓒ→Ⓖ→Ⓘ→Ⓚ→Ⓜ→Ⓢ→Ⓤ、となるでしょう。

POINT　契約更新時に、賃貸期間を二年に限った場合でも、更新拒絶または解約申入れの正当事由の事情の一つにすぎないことが多いので要注意。

Q12

移転先を用意した営業用建物の立退きの場合

▼相手の損害の少ない方法で移転の交渉をする

私は、息子夫婦と国道六号線沿いの私所有の土地で、大衆食堂を経営してきました。そして約二五年前に、同一敷地内の私所有の建物（木造平屋建て、四五平方メートル）を佐藤さんという女性に三年ごとの更新で賃貸してきました。佐藤さんは、この建物で婦人服の仕立てを行っています。ところで、国道六号線も年々自動車が多くなり、駐車スペースを持たない食堂では客が入らない状況となってきました。そこで私は現在の建物を取り壊して、敷地の端に建物を新築し、駐車スペースを取りたいと考えています。そこで、佐藤さんに新築する建物の二階に移転してもらいたいと申し入れたのですが、応じてくれません。佐藤さんは会社員のご主人と子供一人の三人暮らしです。また、婦人服の仕立てで得られる収入も月額一〇万円程度と思われます。

私は今となっては佐藤さんとの賃貸借契約を終了させ、佐藤さんに建物を立ち退いてもらいたいと思っています。立退きが可能でしょうか。可能であれば、その方法を教えてください。また、立退料を支払わねばならないでしょうか。なお、私は家賃として月四万円ずつ、敷金として八万円を受けとっています。

A

賃借人の佐藤さんを立ち退かせるには、立ち退かせるための手続と、立ち退かせるに足りるだけの「正当事由」の具備が必要です。手続的要件については手続きチャート（六九頁）の①を見てください。なお、更新が借地借家法施行後でも契約が施行前（平成四年八月一日より前）であれば旧借家法が適用されますが、立退料についての扱いは新旧で変わりません。

つぎに「正当事由」の要件ですが、賃貸人と賃借人それぞれの建物使用の必要度を比較考量し、賃貸人の側に「自ら使用することを必要とする場合その他正当の事由ある場合」（旧借家法一条ノ二）と認められて初めて立退きが可能となります。そしてその際、賃貸人の立退料の提供が「正当事由」の補完要素として機能することも判例上認められています。

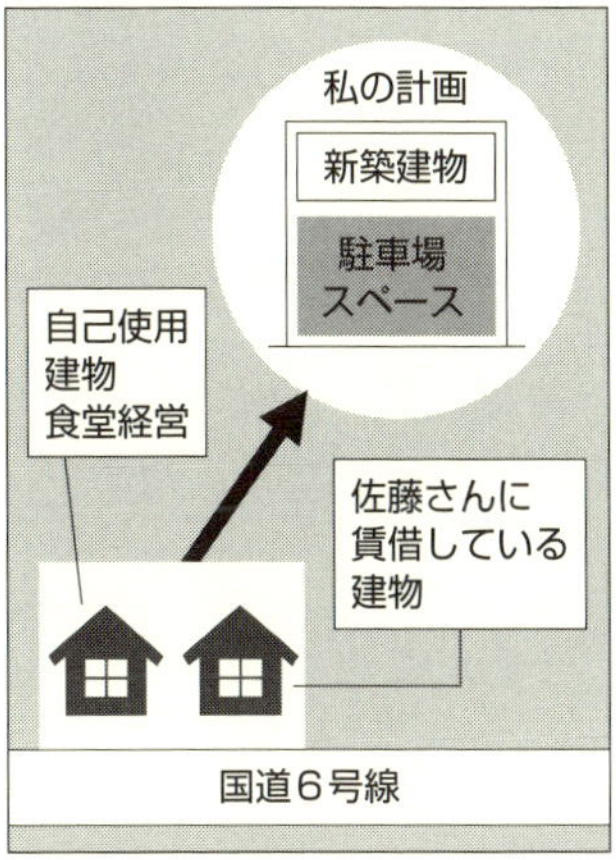

ご質問の事例の場合に、まず賃貸人の側の事情を見ますと、現在の自動車の運行状況および国道沿いの食堂という業種から見ますと、駐車場の設備のない食堂では、客の増加どころか現状の維持すらも難しい状況と思われます。そして右の状況は今

後ますます自動車が増加傾向にある以上、経営面での状況は悪化の一途とみなければならないと思われます。以上の状況からすれば、賃貸人の本件建物使用（取壊し）の必要度には大なるものがあるといえます。また、立ち退いてもらう賃借人に対し、まず新築建物の二階に移転してもらうように申し出ている態度も、賃借人側の損害をできるだけ少なくしようとする良心的な態度であり、後に立退きの争いとなったときも有利な事情となります。

一方、賃借人側の事情としては、別に住居を持ち、本件建物は営業用建物としてのみ使用しているものの、従前通りの仕事をする利益を考えれば、賃借人にも本件建物使用の必要性はあるといえます。しかし、賃貸人側の事情と比較したときには、賃借人の本件建物使用の必要性はかなり低いといわざるを得ません。その理由は、賃借人の婦人服仕立て業は、必ずしも国道に面した一戸建ての建物でする必要がないこと、そして右業務により得られる収入が少額で、賃貸人がこの物件を有効利用した場合に比べてはるかに少ないと見られること、および賃借人の夫が会社員として生活費を取得し、生活も婦人服仕立ての収入に依存しているとはみられないことなどです。

以上の両当事者の事情からすれば、賃貸人が立退料として、賃借人の移転先借入れ時の権利金、敷金、相当期間にわたる現在の賃料と移転先の相場賃料との差額および同じく相当期間にわたる顧客減少による減収分を考慮した金額の立退料を支払えば立退きは可能と思われます。

本件に類似した事例として、東京高裁の昭和五八年五月三一日判決（判例時報一〇八四号）があります。同判例における事実は設問の事実に加えて、賃貸借の開始が昭和四五年五月から期間三年の更新で、昭和五三年五月からは月賃料二万四〇〇〇円の事実と、賃貸人側では立退料として一九七万六〇〇〇円の支払いの用意があること、賃借人側の事情として夫の月収が手取約一三万円あること、本件建物での営業で月平均九万円前後の収入があり、これから賃料を控除すると金六万六〇〇〇円前後の収入しかなく、かつこれから通勤の費用も控除することになるとの認定の後に、賃借人が「本件店舗を明け渡すことによって経済的に打撃を被ることは明らかであるが」、賃借人が「本件店舗における営業によって得ている純益の額は前記の程度のものであることに照らせば、これと同程度といえなくても余り隔りのない金額の収入をあげるのには、必ずしも本件店舗において営業を継続するのが唯一の方法であるとは思われず、他に店舗を求めるに要する権利金、敷金、増加するであろう賃料と現在支払っている賃料との、当分の間の差額および当分の間、顧客が減少する場合の減収相当額の填補《てんぽ》等を考慮した相当額の立退料の支払いを受けるならば、右店舗を失うことによる損害は、これを全部補償しえないとしても、かなり軽減されるものと考えられる」として、金三〇〇万円の立退料の支払いと引換えに立退きを命ずる判決をしました。ご質問の事例を六七頁のチャート表で示すと、

Ⓐ→Ⓒ→Ⓕ（またはⒼ）→Ⓘ→Ⓚ→Ⓜ→Ⓟ→Ⓢ→Ⓤ、となります。

POINT

後に訴訟等の紛争となる場合にも、当事者間の私的話合いの段階でできるだけ賃借人の移転について損害の少ない方法で誠意をもった解決を目指すことが、最終的に有利な結果をもたらすのです。

Q13

住居兼営業用建物として貸している場合の立退き

▼居住権と営業権の補償の二本立て

私は自宅の他に一棟の家作をもっています。本日は、この家作（木造一戸建て、一階六畳間、板間、二階六畳間、四・五畳間）のことについてご相談したいのです。実はこの家作は、私の息子が将来結婚したときに、その住居とするために買い求めたものです。しかし、当時は息子も、いまだ小学生だったので、息子の結婚までと思い、平成二年一月から小松さんに賃貸することとしました。そのため賃貸期間を二年とし、敷金も月の家賃四万五〇〇〇円の一か月分と安く貸したのです。

小松さんは、現在、この建物に妻と高校生の子供一人の三人で生活しています。そして、小松さんはここを事務所として使い、無線用アンテナの通信販売の店を経営しています。一階が事務所兼商品置場、二階を居住用としているようです。

その後、息子の結婚が決まったので、小松さんに事情を話し、建物を立ち退いてくれるようにお願いしたのですが、応じてくれません。小松さんに立ち退いてもらうのは無理でしょうか。また、小松さんに立退料を払わなければならないでしょうか。

A

設問の事例についても、期間満了による立退きのための手続的要件と本件建物を「自ら使用することを必要とする場合その他正当事由ある場合」の要件（旧借家法一条ノ二。なお新借地借家法施行後の更新があった場合でも、本事例では旧借家法が適用されます）が必要です。この手続的要件については、六九頁の手続きチャート①を見てください。

ここでは「正当事由」および立退料について考えてみます。「正当事由」の有無の判断は、賃貸人、賃借人の両当事者の本件建物使用の必要性の有無大小を比較考量して判断することとなります。

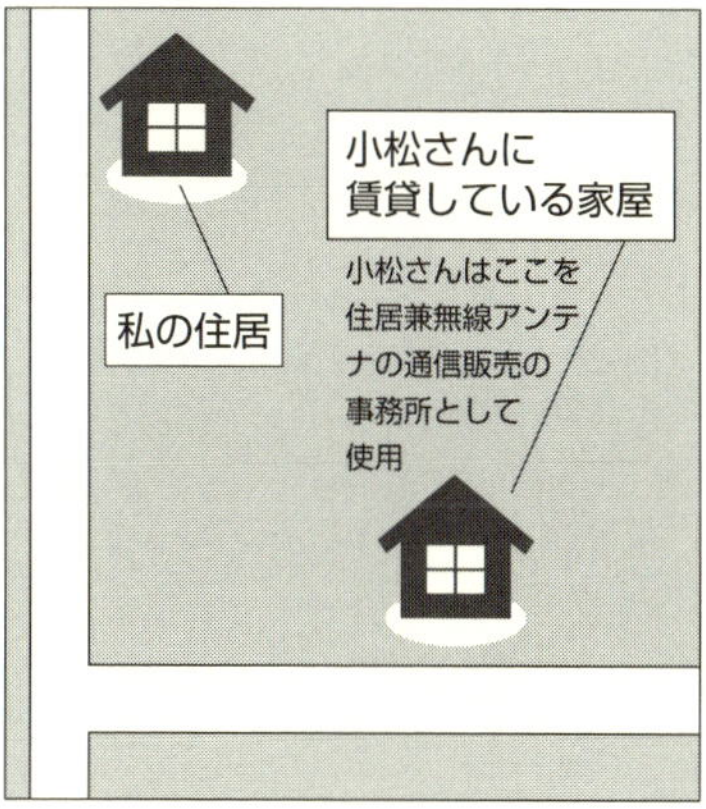

そこで、ご質問の事例について両当事者の事情を考察するわけですが、まず賃貸人について見ますと、そもそも本件建物を購入した動機が、息子さんの結婚後の住居とするためであったこと、そして右の事情を賃借人の小松さんに伝えた上で賃貸をし、敷金も通常より安くしているとの事情があります。右の事情を見れば、賃貸人であるあなたの本件建物使用の必要性は高く、またそのための賃借人に対する配慮もしてきたといえそうです。一方、賃借人の小松さんの事情としては、本件建物は親子三人の住居兼営業

の場としてなくてはならない建物といえます。このケースでは、右両者の事情を比較考量した場合、どちらか一方のみ軍配をあげることはむずかしい状況です。また一般的にいっても住居兼営業用建物の立退きは、いわゆる居住権、営業権の補償の問題を含むため、他の事例より立ち退かせるのがむずかしいといえます。しかし、ご質問の事例を子細に検討して見ますと、まず賃借人の小松さん一家の居住部分については、この建物の近隣で同程度の借家を借りることが容易であるかどうかにより結論が異なってきます。もし、容易に見つかるとすれば本件建物に固執する必要もないわけです。

つぎに賃借人の小松さん一家の営業権部分についてですが、小松さんは、無線用アンテナの通信販売の仕事をしているようです。通信販売であれば顧客が本件店舗を訪れることも少なく、とくに本件建物でなければ営業が成り立たないというものでもないと思います。ただ営業上の不利益が生じうる可能性も否定しえないと思いますので、その補償を立退料の形で填補しておく必要があると思います。

すなわち、ご質問の場合には、近隣に本件建物と同規模の借家を賃借できる状況にある場合には、移転のための費用と前述の営業権補償の意味での費用を立退料として、賃貸人が賃借人に支払えば立退きが可能となると思います（なお、近隣に本件建物と同規模の借家を賃貸することが不可能な状況の場合も問題となります。この場合は賃借人の居住部分の立退きを求めることは非常にむずかしく、仮に求められたとしても、移転費用の他に立退きにより賃借人が失う利益のすべてを補償することとなり、立退料の額が、近隣に移転可能な借家がある場合よりも、かなり高額になると思われます）。

最後に、立退料の算定ですが、決まった算定式を立てることが不可能で、具体的事例ごとに両当事者の事情を比較考量し、その補完要素として妥当な額はいくらかという見地から額を出します。ところで、ご質問の事例の場合はどのように算定するかですが、ご質問の事例と同種の事案が判例にありますので、その算定例を参考に考えられればよいと思います。

それは、東京地裁の昭和五五年二月二〇日の判決（判例時報九七八号）です。同判決は、賃借人の「家族構成、営業の規模、形態等のほか、現下の借家事情より本件建物程度の規模の借家は本件建物の近くにおいても比較的容易に賃借できると考えられる」ことからして、賃貸人が相当の移転料を支払うことで「正当事由」を具備するとし、また移転によって「営業にある程度の障害が起こることは否定し得ないと思われるが、被告らの営業形態は通信販売であるから、固定客に対し移転通知を発するほか、掲載中の雑誌の広告に住所移転の通知を加えることにより、また郵便局に対し住所変更届を提出することによって、住所移転に伴い被ることあるべき営業上の損失をほぼ回避できるものと考えられ、右移転料の額を考慮するに当たっては被告らの営業上の損失をそれほど重大視する必要はない」として、賃貸人の申出額金一〇〇万円をそのまま立退料として認めています。

ご質問の事例をチャート表で示しますと、Ⓐ→Ⓒ→Ⓕ→Ⓘ→Ⓚ→Ⓜ→Ⓟ→Ⓢ→Ⓤ、となります。

POINT

立退きについては、近隣の移転先の有無が重要なポイントとなることがあり、ひいては立退料の額の算定にも影響を及ぼすことがあります。

Q14

立退料によっても補完できない営業用店舗の場合

▼同じ商店街に移転先があるかどうかがポイント

私は、茨城県S市内のJR線のS駅前の商店街で、一〇年前から写真材料店を経営しています。店舗は父所有の建物（木造平屋建て、六六平方メートル）で、一〇年前までは父が住居として使用していた部分を店舗に改造して開業しました。

この建物は、三〇年くらい前までは全てを父が住居として使用していましたが、建物の半分（三三平方メートル）を店舗として橋本さんに賃貸し、橋本さんは以来「橋本電気」という商号で電気器具販売業を営んでいます。橋本さんからは、家賃として毎月五万円を支払ってもらっています。また、保証金として一五万円を預かっています。

私が開業するに際し、父の居室だった六畳間と八畳間のうち、六畳間を写真器材、商品置場とし、建物の中央通路部分約一〇平方メートルにショーケースを置いて店舗としました。また、橋本さんが倉庫として使用している物置から立ち退いてもらって現像室とし、八畳間を私たち夫婦が居室に使うことになりました。そのため、父には店から約五〇〇メートル離れた場所にアパートを借りて移ってもらい、父が毎日、私の店舗まで通って食事をしています。さて、私の店は営業も順調にいっていますが、店舗が狭いため客の応対にも不自由しています。また、父も老齢であることから、いつまでもアパートから通わせるわけにもいかず、できれば同居したいと思います。この際、橋本さんに貸してある店舗を立ち退いてもらい、私の店舗を拡張するとともに、父と同居できる居室を確保したいと思っています。橋本さんに対しては、営業補償など十分な立退料を支払うつもりですが、立退き請求は認められるでしょうか。

A

立退料を支払うことで貸主から借主に対する立退き請求が認められるのは、立退料の提供により貸主の解約申入れの正当事由が補強されたと認められた場合です（旧借家法一条ノ二。なお、本事例では旧法が適用されますが、新しい借地借家法の二八条でも考え方は同じです）。それは、貸主側と借主側双方の賃貸建物使用の必要性について、各々の事情を総合的に判断したうえで、立退料の提供により貸主側の正当事由の欠缺を補完できるとされる場合に限られます。

したがって、貸主よりも借主側に建物使用の必要性が深刻でより大きいと認められる場合には、建物の朽廃時期が迫っているなどの事情がないかぎり、高額の立退料を提供しても、立退き請求が認められないことがあります。ご質問の事例では、貸主側であるあなたの使用の必要性をみますと、店舗

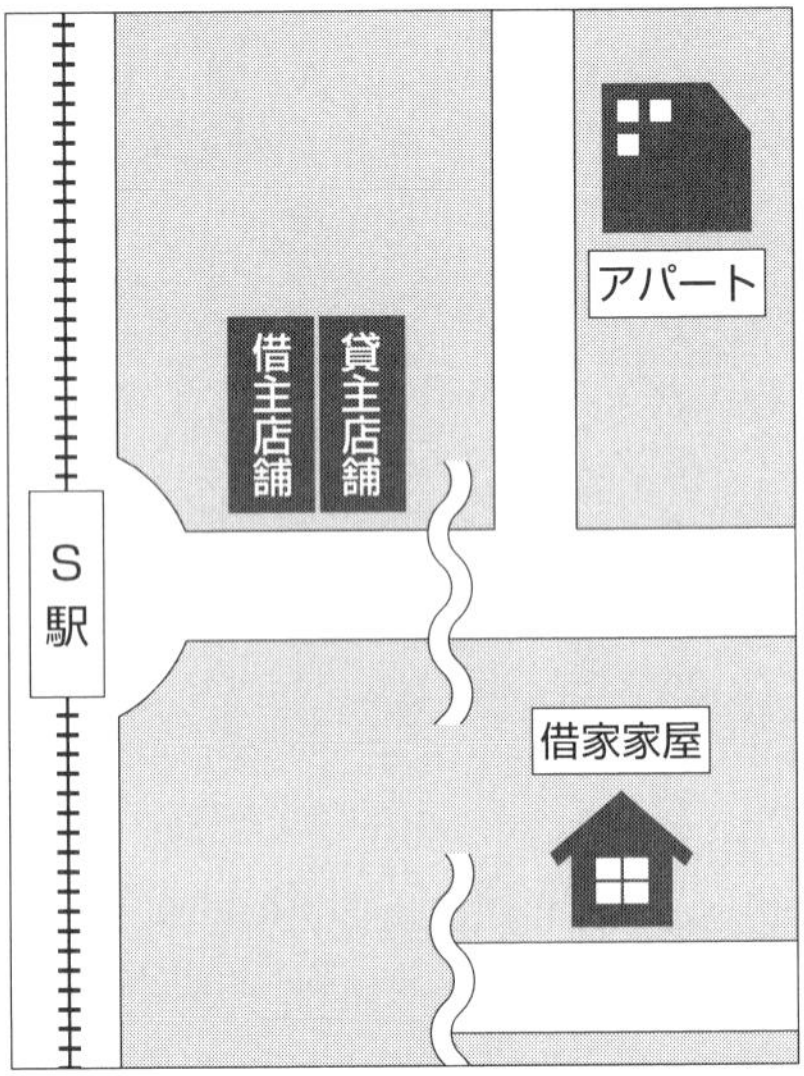

を拡張するという営業上の理由と、老齢の父と別居していることから生ずる家族の生活上の不便を解消するという居住上の理由を根幹とするものです。しかし、他方、貸主側が本件貸店舗を使用する必要性も否定しえません。これに対し、借主である橋本さん側の事情はどうでしょうか。橋本さんは本件店舗において、二七、八年間にわたり電気器具販売業を営んでいます。しかも、橋本さんはそれによる収入で生計を立てていますし、また本件店舗が駅前の商店街に位置していることを考えると、営業上本件店舗の立退きは、橋本さんに対し、その死命を制する重大な影響を与えるものと思われます。ご質問からは、その他の事情が不明ですが、同商店街に、他に空店舗があり、橋本さんが移転できるなど、移転による借主の営業上の不利益を填補《てんぽ》できるなどの事情がないかぎり、借主である橋本さん側の本件店舗立退きによる不利益は、深刻なものと認められます。ご質問の事例では、借主側が使用する必要性の方が、より大きいと判断されると思われます。

そして、このような事情の下では、貸主が借主の営業補償や移転費用に必要十分な立退料を提供したとしても、借主が立退きに同意しないかぎり、貸主からの立退き請求は難しいでしょう。

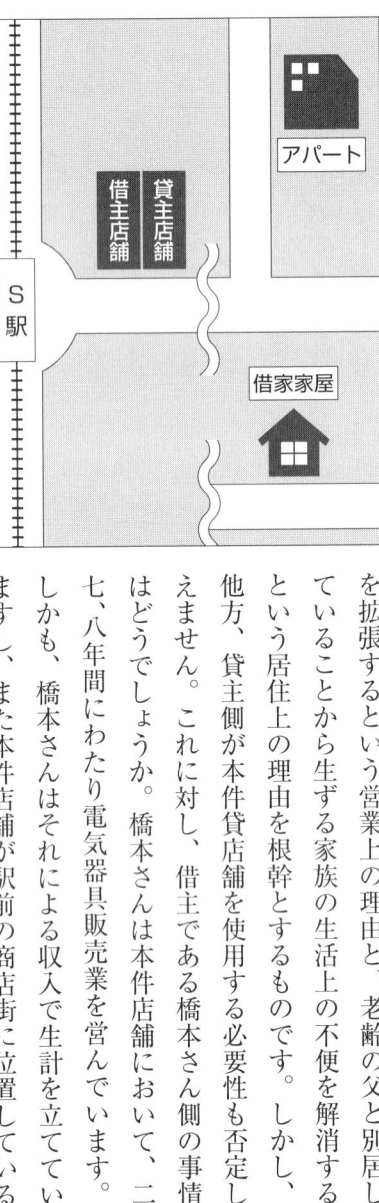

したがって、あなたはまず橋本さんが移転しうる代替家屋を商店街内に捜すことができる状況をつくる努力をしなければなりません。そのうえで、相当額の立退料を準備して立退きを求めることが必要でしょう。なお、貸主の事情がご質問の事情に近い裁判例では、貸主からの解約申入れにつき、立退料提供によっても正当事由の欠缺《けんけつ》を補完できないとした判例（水戸地裁・昭和五一年四月二〇日、判例タイムズ三四二号）があります。事案はＪＲ水戸線下館駅前の下館市内最高の繁華街にある貸店舗の立退き請求事件ですが、判決はつぎのような借主側の事情を認定し、前記のとおり判示しました。すなわち、対象となった店舗の場所が小売店としてきわめて有利な条件を具備していること、借主は同所で約二六年間営業を継続し、商店街の発展にも寄与協力してきたことによる顧客との結びつきや信用を考慮すると、店舗立退きは借主の営業の死命を制する重大な影響を招くこと、また同市内にある借主の息子名義の居宅兼倉庫は立地条件が右店舗と比較してはるかに劣り、代替家屋としては不適当と認められるとして、借主の店舗使用の必要性は、貸主側の自己使用の必要性をはるかに上回ることが肯認される、としました。

ご質問の事例を六七頁のチャート表で示しますと、

Ⓐ→Ⓒ→Ⓖ→Ⓗ→Ⓙ→Ⓡ→Ⓤとなるでしょう。

POINT

商店街などの繁華街に位置する店舗立退きには、立退料を準備する前に代替家屋を用意することが重要です。

Q15

ビル建築のため店舗兼住居を立ち退いてもらいたい

▼契約違反も正当事由の要素となる

私は、ＪＲ線の○○駅前に二棟の木造家屋を所有しています。一棟を私の一家が居住用として使い、その一階の一部で、妻が小さな書店を経営しています。私はサラリーマンをしていましたが、身体を悪くして現在は家で療養しています。

もう一棟は、三〇年くらい前から木村さん一家に賃貸しています。木村さんは、ここで衣料品類の小売業を営み、息子夫婦と子供三人の計七人で住んでいます。木村さんの息子さんは、大学を卒業して、現在は一流商社に勤めています。

今度、駅前の区画整理事業が行われることとなり、その計画によると私の現在住んでいる一棟は立ち退かなければならないことになっています。私には、住んでいる家の他には、木村さんに賃貸している一棟の建物しか財産がないので、この場所を利用して生活を維持していくほかに方法はありません。木村さんに建物から立ち退いてもらい、その場所にビルを建てて一階で書店を開いて生活費を得たいと思っています。

まもなく、賃貸期限が満了するのですが、木村さんに立退きを請求できるでしょうか。私は、立退料として、いくらかの金銭を支払ってもよいと考えています。

なお、木村さんは賃貸建物の二階を無断増築し、また一階の店舗の一部を第三者に又貸しして甘栗屋を営業させています。増築と又貸しについては、木村さんに約束が違うと注意したのですが、長い付き合いから強く主張もできず、うやむやのままです。なお、木村さんの家賃は月一二万円で、敷金として二四万円を預かっています。

A

ご質問の事例では、賃貸人のあなたが、賃借人の木村さんに立退きを請求する方法として、賃貸借契約上の約束違反（債務不履行）を主張する方法と、期間満了による解約を主張する一般的場合の二つが考えられます。まず、木村さんの債務不履行について考えてみましょう。

賃貸人と賃借人の間には、この建物の使用関係について無断改築をしてはならない、転貸をしてはならないとの約束を取り交わしているのが普通でしょう。また、市販の賃貸借契約書などの条項を見ても、今日、無断増築や賃貸人の承諾のない転貸などは即時解除できるとの条文があるのが一般的です。ご質問の事例でも、契約書のなかに、無断増築、転貸禁止条項があれば、その条項に従って契約を解除する理由が、いちおうはあるといえます。また、そのような条項のない場合でも、無断転貸は民法六一二条で契約解除の事由となっていますし、無断増築も借りている他人の建物自体に変更を加

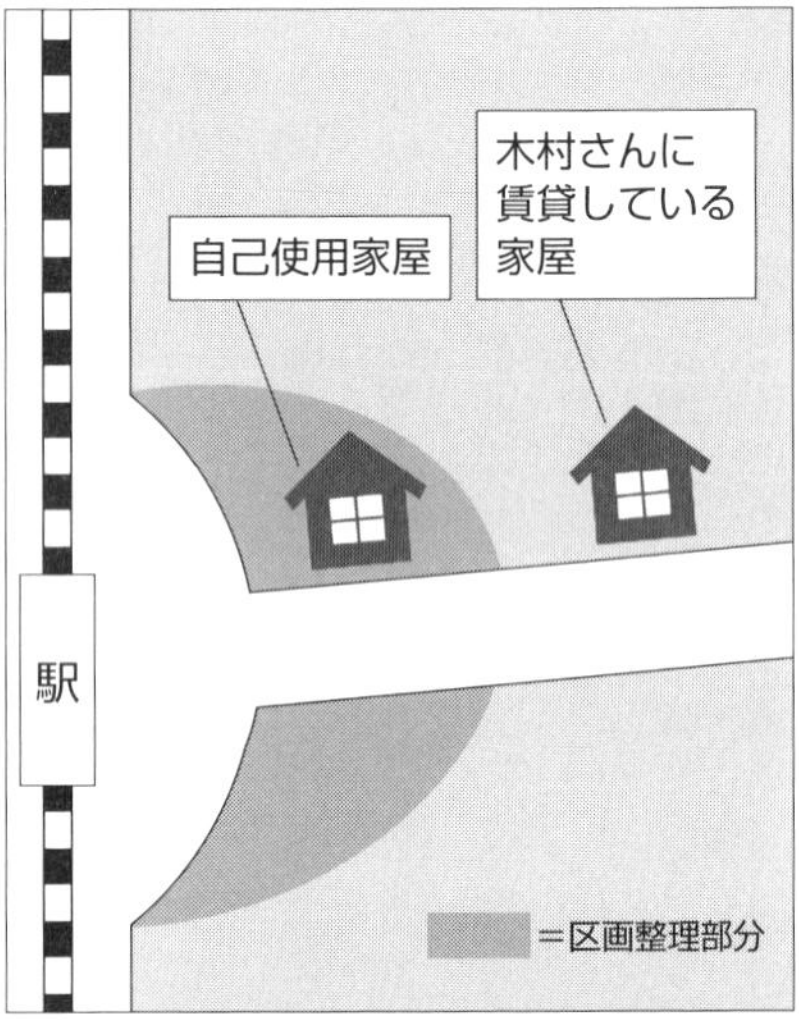

える場合ですから、いちおう契約解除の事由になると思われます。契約解除の手続きは、六九頁の手続きチャート③を参照してください。なお、「いちおう」解除事由となると述べましたが、この「いちおう」という言葉の意味は、契約を解除するには、その違反が賃貸人、賃借人間の信頼関係を破壊するほどの内容を持っていることが必要だからです。質問の場合、木村さんに違反があることは確かですが、それが、注意されて、ただちに違反のない状態に戻れるような場合であれば信頼関係の破壊とまでいえるかどうかは疑問です。このように契約違反を理由に立退きを請求しても、契約違反の事由が顕著で激しい場合以外は、解決に長期間を要すると考えてもよいと思われます。

賃貸人のあなたの真意は、本件建物の自己利用のために、賃借人の木村さんに早く立ち退いてもらうことにあるのですから、先に述べた約束違反も立退きの「正当事由」の一つの根拠として主張することを考えるべき場合と思います。そこで、つぎに解約の一般的場合を説明します。

まず、この一般的場合の要件として「賃貸人が自ら使用する場合その他正当の事由ある場合」の要件（旧借家法一条ノ二、新借地借家法二八条）と解約申入れの手続的要件（旧法二条、三条、新借地

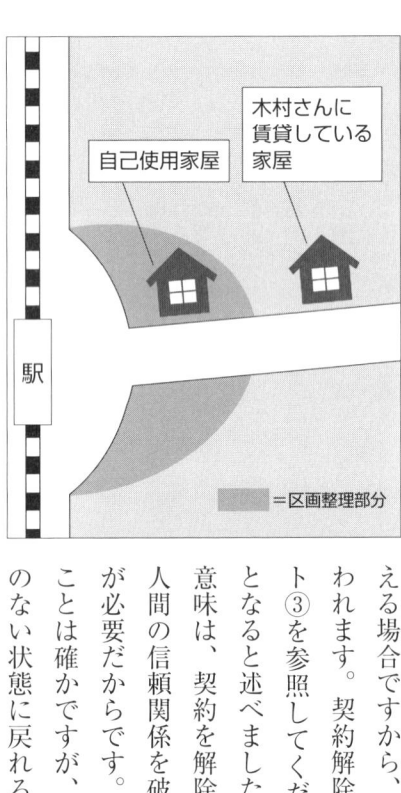

借家法二七条）を充たすことが必要です。解約申入れの手続的要件については、六八頁で説明してあります。すでに述べましたように「正当事由」の有無の判断は、賃貸人、賃借人双方の利害得失、その他の事情を比較考量して判断されます。

ご質問の賃貸人側の事情は、この建物を取り壊して自己の居住および収入を得るための建物を建てることが必要不可欠の場合と思われます。一方賃借人の側も、これまで築いてきた営業基盤を失い、生活の不安さえも生じますから、本件建物使用の必要度は大であるといえます。

以上の双方当事者の事情から考え、立退きは非常に困難な場合と思われます。しかし、ご質問では賃貸人が区画整理によって自己の住居を立ち退かざるを得なくなったこと、賃借人側に使用方法の違反があること、賃借人の息子一家はサラリーマンで収入もあり、移転について営業者ほどの不利益がないこと等からみて、立退料の補完により立退きも可能と思われます。判例（東京高裁・昭和五二年九月二九日判決、判例時報八七三号）も本件類似の場合に、金二四二万三五九二円と引換えにて立退きを認めています。この額は「正当事由」の強さとの関係で決まる額であり、必ずしも賃借人が被るすべての損害を補償する金額を払えとの趣旨ではありません。本件を六七頁のチャート表で示しますと、Ⓐ→Ⓒ→Ⓕ（加えてⒹ）→Ⓘ→Ⓚ→Ⓜ→Ⓟ→Ⓢ→Ⓤ、となります。

POINT

賃借人の債権不履行の事実も「正当事由」の要素となる場合があり、質問のケースもこれに当たります。

Q16

自社ビルを新築するための営業用店舗の立退き

▼売上げと借家権割合で算定した例

当社（江戸不動産株式会社）は、江戸川区において不動産業を営む会社で、「江戸工務店」「江戸管理サービス」など四社の関連会社があります。当社の本社は、同区内の繁華街にある木造亜鉛鋼板葺二階建ての建物（敷地二六四平方メートル、一・二階とも建て坪一九八平方メートル）の二階にあります。敷地、建物は当社の所有です。さて、当社は、右建物（築後四〇年）を取り壊し、跡地に五階建てのビルを新築して、当社および右関連会社を入居させたいと計画しています。そこで、一階の賃貸店舗（八二・五平方メートルで二店舗）部分の立退きを賃借人に求めたところ、一店舗は立退きに応じてくれましたが、果実小売店を営む賃借人「小岩果実店」は立退きを拒否してきました。

当社としては、右店舗部分の立退きさえできれば、当社の念願とした近代的な自社ビルを新築することができ、関連会社も含めたイメージアップが図れます。右店舗の立退きを求めるについて、立退料としていくらぐらい提供すればよいでしょうか。

小岩果実店は同店舗で約一六年間営業し、他にも店舗二店を借りて営業をしています。同店との賃貸借の条件は、月額賃料一七万五〇〇〇円で、期間は二年です。そのほか六か月分の敷金が入っています。また、同店の売上げは月間三〇〇万円程度です。なお、当地の更地価格は三・三平方メートル当たり三〇〇万円ぐらいで、調査によれば、借地権割合が八割、借家権割合が三割とのことです。

A

貸主である江戸不動産㈱が借主である小岩果実店に対し、賃貸借契約を終了させて店舗の立退きを求めるには、更新の拒絶に「正当事由」のあることが必要です（借地借家法二八条…平成四年八月一日の同法施行後の契約なので同法の適用ですが、考え方は旧借家法も同じです）。

ご質問の事例における賃貸人・賃借人双方の事情を簡単にみてみますと、賃貸人側の事情としては、賃貸人自社および関連会社が入居するために、本件建物を取り壊して跡地にビルを新築する必要性があること、また築後四〇年の建物であることから老朽化していて建て直す必要があるということでしょう。これに対する賃借人の事情としては、他に二店舗を借りて営業をしていますが、本件店舗は繁華街に位置し、月間売上げ約三〇〇万円をあげています。また、同店舗で一六年間営業している実績もあることを考えると、同店舗を立ち退くことによる経済的損失は重大であり、他に同条件の貸店舗を求めることは困難であることが認められるでしょう。賃貸人側の必要性に関する事情がどこまで認

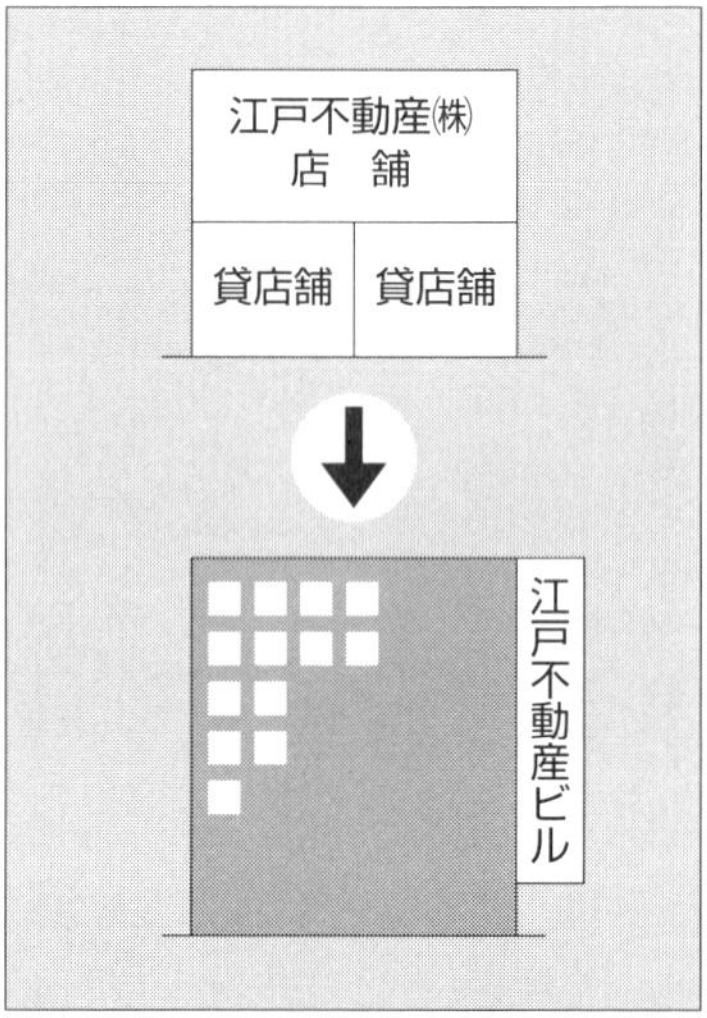

定されるかは、ご質問の内容だけからは判断しえませんが、仮に認められたとしても、賃借人側の本件店舗を使用する必要性にかんがみ、解約申入れに正当事由が認められるとはいえないと思われます。そこで、賃借人が立退料を提供することにより正当事由が補完されるか、また、立退料としていくらが妥当かという点が問題となります。

京都市屈指の繁華街にある貸店舗につき、賃貸人が建物の老朽化および自社ビル新築の必要性を理由に、賃借人に対し立退きを請求した事案で、立退料五〇〇万円の支払いと引換えに立退き請求を認容した裁判例（最高裁・昭和四六年一一月二五日第一小法廷判決、原審・大阪高裁・昭和四一年五月三一日判決）がありますので紹介します。

認定された事実によれば、賃借人である果実小売商は、昭和二三年五月から原審判決時まで、一八年間店舗を借り（他にも店舗を借りている）、二年ごとに契約は更新され、昭和三二年一二月三一日には、当時の月額賃料は二万五〇〇〇円の約定でした。同店の昭和四一年当時の一日当たりの売上げは七～八万円、多くて一〇万円でした。また、借家権の評価額は、裁判上に顕われた鑑定意見では一五〇〇万円（ただし、賃借人の主張では三〇〇〇万円）とされていました。

右の認定された事実を基に立退料を単純に計算してみますと、立退料五〇〇万円は、借家権評価額の約三三パーセントの金額であり、また、賃借人の売上げ（一日平均約八万円とすると）の約二・五か月分（営業日を月二五日とすると）に該当します。さらに、賃料を基準にしますと、約一六、七年間の賃料に相当し、おそらく全賃貸期間の賃料総額に当たると思われます。そこで、右裁判例を基準に、ご質問の場合における立退料を算定してみましょう（ただし、事案が類似していますが、具体的な事情が異なりますので、そのまま算定することは危険ですから注意してください）。

まず、借家権価額を基準にしますと、敷地分（八二・五平方メートル）の価格が七五〇〇万円（三・三平方メートル当たり三〇〇万円）、これに借地権割合と借家権割合を各々乗ずると、借家権価額は一八〇〇万円となります（借家権評価額は右の計算だけで算定されるものではありませんので注意してください）。したがって、三三パーセントを乗じた金六〇〇万円となります。つぎに、賃借人の売上げを基準にしますと、月間三〇〇万円の二・五か月分は金七五〇万円となります。また、賃料を基準にしますと、一六、七年間の賃料相当額は換算して約三五〇〇万円となり、この方法では少々高すぎる数字が出てくるようです。以上の各算定額を総合的に考慮しますと、ご質問の場合における立退料としては、七～八〇〇万円程度が相当かと思われます。

POINT 営業用店舗の立退きの場合、借家人の業績（売上げ）および借家権価格を基準として立退料を算定することが多い。

Q17

自己使用のため倉庫用の建物の立退きを請求したい

▼約三年分の賃料を基準としている判例あり

私は、夫が死亡して以来、市営住宅に住む長男夫婦に扶養されながら同居して暮らしています。ところで、大正生まれの父（八七歳）と母（八四歳）は、現在、父の所有の建坪五〇平方メートル程度の二階建ての家屋に、五年前に離婚した姉と同居して住んでいますが、一か月前、母が一階の食堂（六畳）で食事の用意をしていたところ、石油ストーブの不完全燃焼が原因で一酸化炭素中毒にかかり、その場で倒れるという事故が起きました。父の家の間取りは、一階に食堂と四畳の和室があり、二階が六畳の二間で、母が一階和室を、父と姉が二階の部屋を使用しています。

父母は、いずれも高齢で、高血圧などの病気のため通院しており、姉も女一人で生計をたて老後に備えて昼夜パートタイマーとして働いているため、両親の面倒を十分に見ることはできません。私としても両親のことが心配ですので、両親に会社経営で成功した兄の家族と同居するよう説得しましたが、父と母は自宅を所有して生活できるのに息子の家族に迷惑をかけたくない、といい張り、同居に反対しています。

その代わりに、父が鈴木酒店に倉庫として貸している自宅に隣接する家屋（三三平方メートル）を、鈴木さんに事情を話して立ち退いてもらい、私にその家屋に引っ越して、姉の留守中は面倒を見てもらいたい、と父からいわれました。鈴木さんは、貸家から約一〇メートルぐらい離れた場所に三階建てのビルを所有し、二階を住居として使用し、一階の店舗部分で酒店を営業し、他に一階の二店舗を賃貸しています。私としては、とくに定職についているわけでもないので、父の希望どおり両親の近くに転居して面倒を見たいと思いますが、鈴木さんに、右家屋を立ち退いてもらえるでしょうか。

また立退料は、どれぐらい準備すればいいでしょうか。なお、倉庫の家賃は、月三万円で、保証金として九万円を預かっています。

A

あなたのご両親を思う気持ちは大切です。また、父親の息子家族に迷惑をかけたくないという気持ちも理解でき、尊重されるべきでしょう。しかし、鈴木さんに対し、貸家の立退きを求めるには、賃貸借契約を終了させなければならず、貸主からの解約申入れには正当事由が必要です（旧借家法一条ノ二、新借地借家法二八条）。

ご質問の場合、貸主である父親の事情だけでは、解約申入れの正当事由が認められるのは難しいと

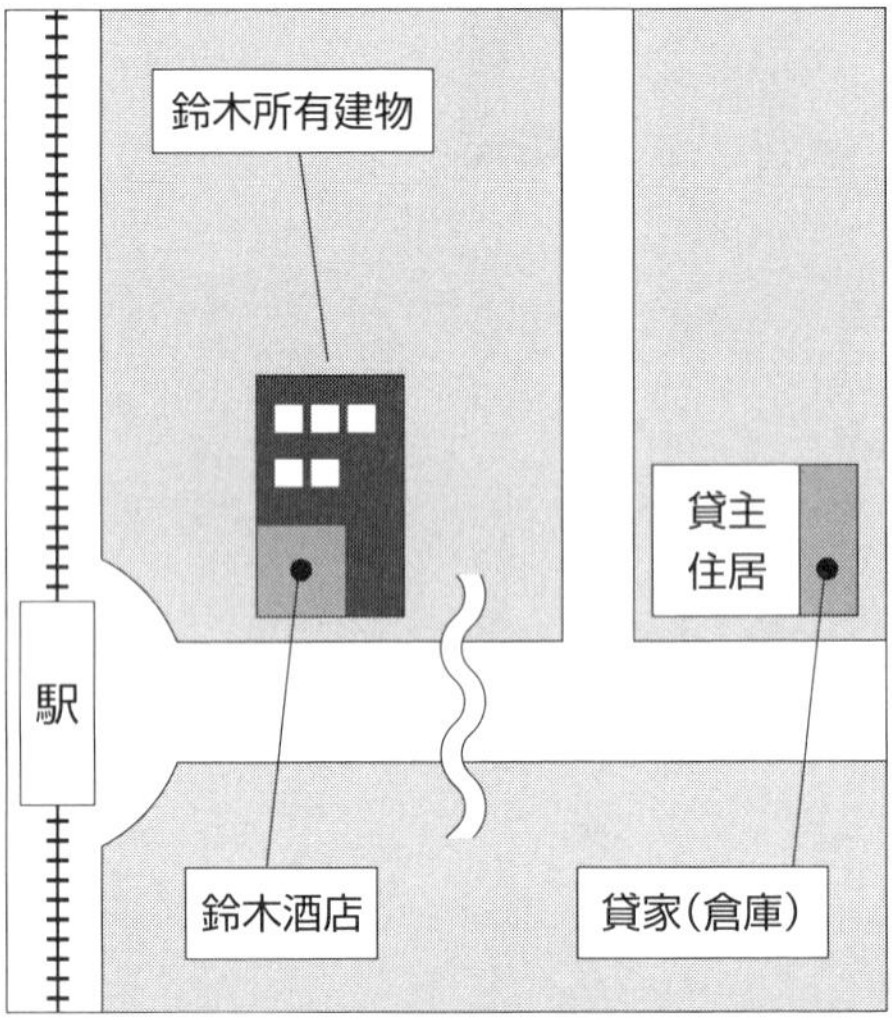

思われます。なぜなら、貸主である父親夫婦の老後の面倒を見る娘が、貸家を使用する必要があるとしても、その必要性の程度は強いものとは言いえないからです。前述のとおり、父親の気持ちは尊重されるべきですが、兄と同居することは経済的にも可能なようですし、また同居の姉が他に転居し、あなたが両親と同居する方法もあると思われるからです。

他方、借主である鈴木さん側の事情をみますと、三階建てのビルを所有しているとしても、賃貸している一階の二店舗の立退きを求め、これを倉庫として使用することは困難と思われますし、また酒類販売業を営む以上、商品や空ビン等を置くための倉庫が必要であり、店舗から約一〇メートルの場所にある倉庫は非常に便利であり、他に同じ条件で倉庫を見つけることは容易ではないと考えられるからです。

しかし、鈴木さんの事情も営業上の理由にすぎませんので、本件貸家を倉庫として使用しえない不利益を填補するに相当の立退料が支払われるならば、貸主側の正当事由が補強され、解約申入れが認められると考えられます。

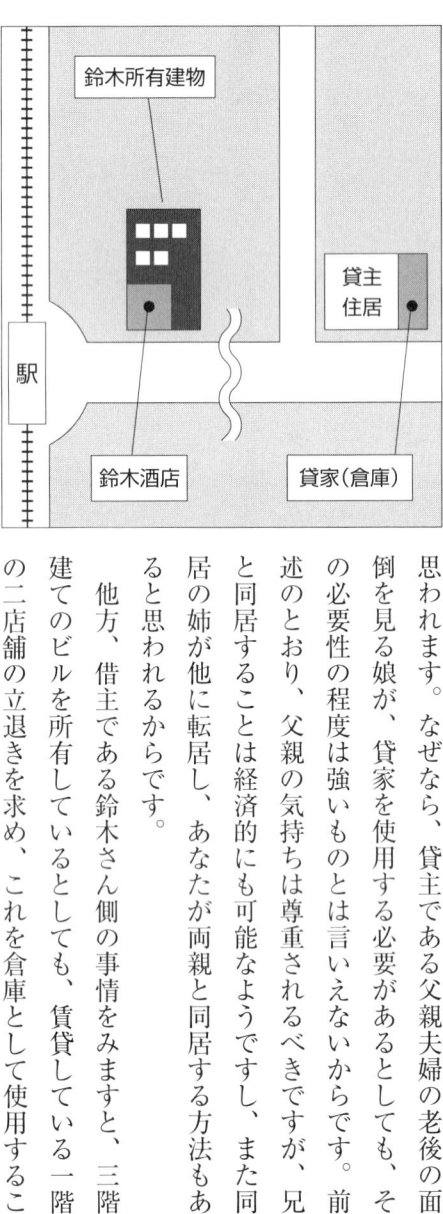

貸主・借家の事情が若干異なりますが、類似の事案で、約三年分の賃料相当額の立退料を提供することにより、解約申入れの正当事由が補完された裁判例（大阪地裁・昭和五九年一一月一二日判決、判例タイムズ五四六号）がありますので紹介します。

この事案では、貸主側の事情として、貸主の自宅近隣に、居住の用に供しえないものの息子所有の建物（空室）があり、また、借主側の事情としては、一階貸店舗がその後解約されたが、倉庫としては狭すぎるとして他に賃貸したこと、および、借主の息子が隣接地に建物を建てて、一階部分をガレージに使用していることなどの事情が認められています。この判決は、借主側の右事情を重視して、立退料の額につき約三年分の賃料をもって相当額と判示したと思われます。借主において、他に倉庫として使用すべき場所を確保することが可能であったからでしょう。

あなたの場合には、鈴木さん側に他に倉庫として不十分ながらも使用しえる建物があるか、あるいは、倉庫として利用できる建物が近隣に見つけることができるなどの事情があれば、約三年分の賃料相当額の立退料一〇八万円を提供することにより、立退きを求めることができると思われます。

なお、あなたの場合を六七頁のチャート表で示しますと、

Ⓐ→Ⓒ→Ⓖ→Ⓘ→Ⓚ→Ⓜ→Ⓢ→Ⓤ、となるでしょう。

POINT

家主側が住居として使用する必要がある場合、借家が営業用建物であれば、立退料により正当事由を補完することが可能です。

Q18

有効利用をするための倉庫の立退きの場合

▼目的が有効利用なら借家権価額が基準に

私は、東京都荒川区において、小売店を経営しています。付近に親から相続した土地約一〇〇〇平方メートルを所有し、他人に賃貸していますが、ほかにも木造平屋建ての倉庫一棟（五〇平方メートル）を山田さんに貸しています。この倉庫は約六〇年前に建築したもので、屋根と支柱およびセメントモルタル仕上げの外壁があるだけで、天井・床はありません。山田さんは、三〇年ほど前から廃品回収の仕事をしており、この倉庫を中古雑誌や新聞などの整理、集積用倉庫として使用しています。

ところで、この倉庫は地下鉄の駅近くに位置する交通の便利な場所にあり、その周辺には工場や事務所、アパートなどが密集しています。しかも、中小スーパーが付近に進出して来てから、私の小売店経営も苦しく、この数年間赤字を続けている状態です。そこで、山田さんに貸している倉庫を取り壊して、その敷地上にアパートを建てるか、あるいは駐車場を作るかして、その場所に適した効率的な利用を図り収益をあげたいと計画しています。

その場合には、山田さんに対し、立退料を支払っても立退きをしてもらわねばならないと覚悟していますが、立退料としてどれほどの金額を用意する必要があるでしょうか。なお、建物の状態ですが、私の調査したところ、耐用年数としては一〇年程度とのことでした。ちなみに、倉庫の賃料は月額四万円で、保証金は一二万円でした。

A 都心部における小規模小売店舗の経営は、大手企業による大型店の設立や、近隣地域への進出により、きわめて苦しい状態のようです。そして、このような逆境にある経営者が、所有する土地建物を効率的に利用して収益をあげたいと考えることも無理からぬことと思います。しかし、効率的な利用を図る対象物件が、他人に賃貸した建物である場合には、借家人との賃貸借を終了させて立退きを求めることが必要となります。

そのためには、解約の申入れに「正当な事由」が家主側の事情として必要となり（旧借家法一条ノ二、新借地借家法二八条）、それが認められない場合には、正当事由を補完する立退料を支払うことが必要です。

さて、ご質問の場合ですが、小売店の経営状態が赤字続きであることを考慮に入れたとしても、家主側の目的は、交通至便な場所にある倉庫を取り壊して、その敷地をアパート経営あるいは駐車場経営など効率的に利用しようとするものですので、経済的理由だけで借家人に立退きを求めているにすぎません。また、建物の老朽化による朽廃の程度についても、建物自体の状態が不明ですが、耐用年数が一〇年程度とのことですので、すぐに新築または大修繕を必要とするほど老朽化しているとはいえないようです。

これに対し、借家人である山田さん側の事情について検討しますと、山田さんは約三〇年間、倉庫として利用し廃品回収業を営んでいますので、今後もこの建物を営業上使用する必要性は高いと思われます。また、現在の倉庫の立地状況に照らし、この敷地以外の場所に廃品回収業に使用するための倉庫を求めることは、とくに付近で探すとなると困難と思われます。したがって、山田さんが倉庫を立ち退く場合、かなりの経済的損害を被ることになります。

以上のように、家主側と借家人側の事情を比較しますと、家主が建物を取り壊して敷地を利用する必要性は、借家人が建物を使用する必要性に比べて劣ることは明白と思われます。

それでは、家主であるあなたが立退料を支払うことにより正当事由を補強することができるでしょうか。

山田さん側の事情をみると、住居として使用しているものではありませんから、本件倉庫を使用することの利益は、主として経済的利益にほかなりません。

したがって家主が借家人に対し、本件倉庫を立ち退くことによる経済的損害を填補《てんぽ》するに相当額の立退料を支払うならば、家主からの立退き請求を認めても、借家人の不利益はある程度カバーすることができるでしょう。

この場合の立退料の算定額は、借家人の経済的損害が、倉庫を使用できなくなることによるものですから、消滅する利用権を補償するという点から、借家権価額を算定の基準として計算するのが妥当でしょう。

ご質問の倉庫と同様の建物の賃貸借で、建物の朽廃度が七五パーセント程度、借家権価額が金一七二五万円と評価された事案で、家主側に金一七〇〇万円の立退料の支払いを補強条件とすることにより、解約申入れに正当事由が具備されたとする裁判例（東京地裁・昭和五六年一〇月一二日、判例タイムズ四六六号）がありますので目安となるでしょう。

ただし、この裁判例では、右立退料の金額によっても借家人の経済的不利益のすべてが塡補されるというものではないが、双方の事情から、衡平の観念上、借家人において認容すべきものと解するのが相当である、と判示しています。

このケースでも、借家権価額に近い金額の立退料を準備して交渉する必要があるでしょう。

なお、ご質問の事例を六七頁のチャート表で示しますと、

Ⓐ→Ⓒ→Ⓖ→Ⓘ→Ⓚ→Ⓜ→Ⓟ→Ⓢ→Ⓤ、となるでしょう。

POINT

敷地の効率的な利用により収益をあげるという経済的理由で立退きを求める場合、借家権価額相当額の立退料を支払う必要があります。

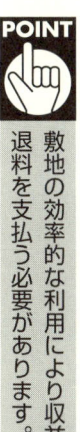

Q19

借家を高く売るために立退きを求める場合

▼都内の店舗で二五〇〇万円を認めた例

私は、銀座四丁目と八丁目に木造建物を所有し、両建物で中華料理店を経営していました。しかし、経営が思わしくなく、なんらかの好転策がないかと考えていました。そして、その方法として銀座四丁目の店を地上四階、地下一階のビル（床面積六六平方メートル、延床面積三三〇平方メートル）に建て替えて、地下一階と三階、四階を貸し、また、一階と二階は新店舗にして収入をあげることとし、その実現を見ました。借り入れた建築資金は、この新築ビルからの収入と八丁目店からの収入で毎月返済していました。

このようにしてやっと経営も上向きとなってきたのですが、その矢先に八丁目店が延焼により焼失してしまいました。四丁目に建てたビルの負債が残っていますので、八丁目に新たにビルを建てることなど、とても不可能です。しかも、八丁目の店からの収入がなくては、四丁目のビルの負債も返済できません。このままでは、結局八丁目の土地も四丁目のビルも、共に失う事態になってしまうでしょう。

そこで、私はその打開策として、場所のよい四丁目のビルを売却し、売却代金で負債を整理し、八丁目にビルを建てて、私が一、二階で店をやり、その他の階を賃貸することにしました。そして、この考えを実行に移すこととし、四丁目のビルの買主も決まりました。買主との契約では借主の立退きを完了させてから引き渡す約束となっています。しかし、地下でバーを経営する高橋さんが立退きを承諾してくれません。契約期限はもうすぐ来ますが、高橋さんを立ち退かせることができるでしょうか。

なお、高橋さんとの契約は、平成二二年二月から期間五年（ただし借地借家法三八条による定期建物賃貸借ではない）、保証金一〇〇〇万円、月賃料二〇万円で貸しています。

A

ご質問の事例で、賃借人の高橋さんには賃貸借契約上の約束違反（債務不履行）はなさそうです。そこで、この事例の場合に、あなたが高橋さんに立退きを請求できるかどうかは、借家契約解消の一般的原則に従って、賃貸人が自ら使用することを必要とする場合その他の「正当事由」がある場合の要件（借地借家法二八条）と契約更新拒絶の手続的要件（同法二六条、二七条）を充《み》たすことが必要です。契約更新拒絶の手続的要件については、六九頁のチャート表および六二頁で説明してありますから、そちらの解説を読んでください。そこで、ここでは、この事例において、立退きの「正当事由」があるかどうかを検討しましょう。

すでに述べましたように「正当事由」の判断は、賃貸人と賃借人双方の利害得失その他の事情を比較考量して判断されます。

まず、賃貸人のあなたの側の事情を見ますと、二つの店舗を同時に所有し、経営することは不可能な状況にあり、一つのビル、それもおそらく立地のよい四丁目ビルを処分して、経営の立直しを図ろうとするのもやむをえない処置であり、賃借人に立退きをしてもらう利益は大なるものがあるといえます。

一方、賃借人の高橋さん側の事情としても、立地のよい場所で五年以上もバーを経営してきているのですから、それなりの固定客もつき、経営も順調に行っていると見てよいでしょう。賃借人側にも、また本件建物使用の必要性は大きいといえるでしょう。以上の事情を総合すれば、単純に賃貸人側に「正当事由」があるとはいえません。

それでもあなたが立退きを要求するのであれば、右の賃貸人側の事情に立退料を補完することによって、始めて賃借人を立ち退かせることが可能と思われます。といいますのは、この事例の建物は営業用の建物であり、賃借人のこの建物使用の必要性も、その経済的側面にあると見られるため、金銭

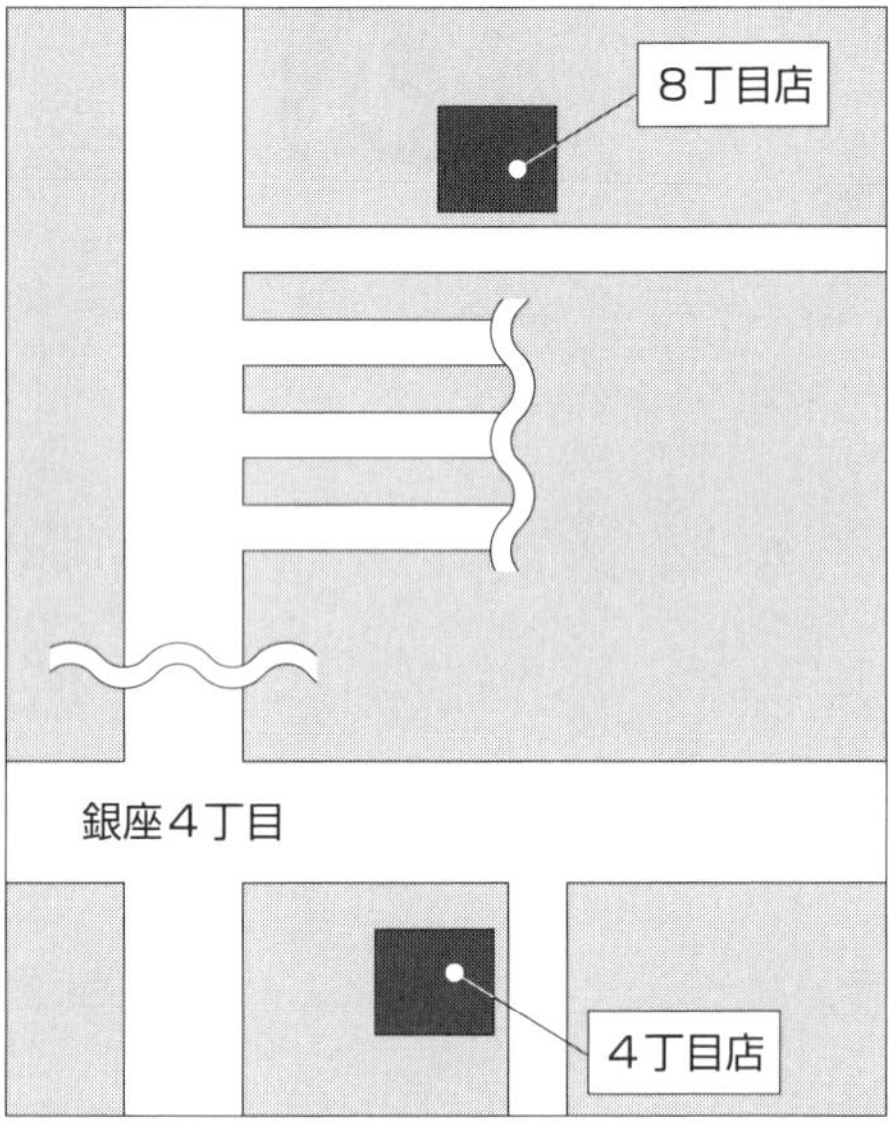

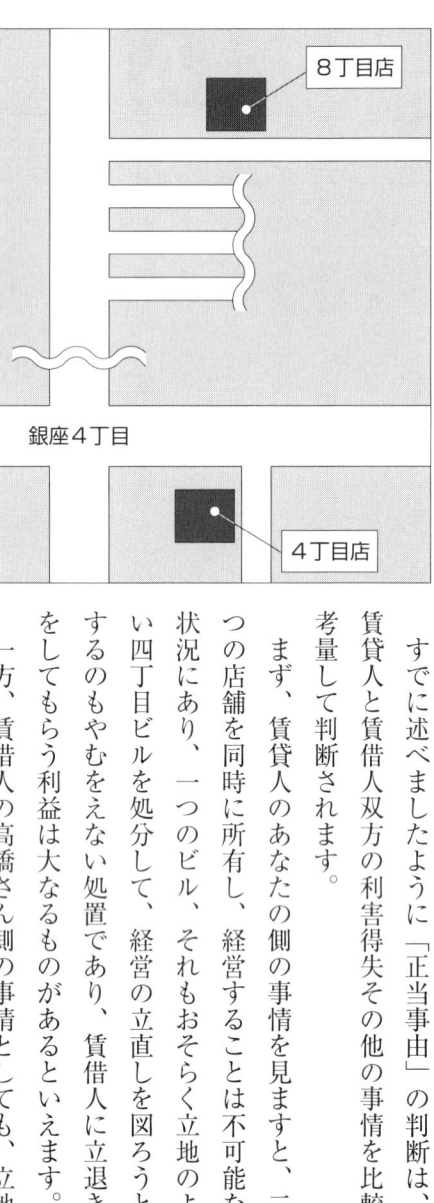

的補完によって解決をつけやすい側面があるからです。

　では、ご質問の場合に、立退料として、どのぐらいの額を考えるべきでしょうか。

　実は、この事例と同様の立退き訴訟で、東京高裁は昭和五一年七月六日に判決（判時八三三号）を出したのですが、それによると賃借人側が別のビル入居のための保証金、内装費、向こう三年間の営業補償の合計として金六〇四〇万円を要求し、一方、賃貸人側は金二五〇〇万円までの立退料提供を申し出たのに対し、裁判所は賃貸人の申し出額どおりの金二五〇〇万円の立退料（保証金一〇六〇万円は別途返還）の支払いで賃借人にビルの立退きを命ずる判決を出しました。

　右の判決の、金二五〇〇万円の立退料の算定根拠は、右の「立退料を受領すれば代替店舗賃借のための敷金ないし保証金、運送費等の出費のほか、新規開店のために要する諸設備費用、移転によって当分の間予想される営業上の損失等も相当程度これによってまかなうことができる」からとしています。右の判例の基準を、単純にこの事例に当てはめれば、保証金の二・五倍程度が立退料のいちおうの目安となるともいえると思います。

　ご質問の事例を六七頁のチャート表で示しますと、

　Ⓐ→Ⓒ→Ⓕ→Ⓘ→Ⓚ→Ⓜ→Ⓟ→Ⓢ→Ⓤ、となります。

POINT

営業用建物の立退きは、賃借人の移転先探索が、とくに困難な事情のないかぎり、立退料の支払いによって立退きが可能となる場合が多い。

Q20

借家を買った新家主からの立退き請求は

▼家主の変更による立退き請求は困難

山崎花子さん（五八歳）は、一五年前に夫に先立たれてから、飲食店従業員として勤務し、東京都荒川区内の賃貸マンションに長女（二五歳独身）と同居しています。花子さんは、老後はアパート経営により生計を立てようと思い、近隣の借地権付建物（敷地約一三〇平方メートル）を二九五〇万円で買うことにしました。建物は築後四〇年以上の木造平屋建て一棟（二戸建て・各五〇平方メートル）ですが、これを取り壊した後、敷地に二階建てアパートを新築し、花子さん親子が一階二室に入居し、他を賃貸して家賃収入を得ようと考えたのです。

ところで、右建物のうちの一戸には、売主の加藤さん自身が住んでおり、もう一戸には借家人の苅田さんが住んでいます。そこで、売買契約を締結する際、花子さんは加藤さんに、アパートを新築する目的で買うんだということを話し、苅田さんが借家部分の立退きに同意しているか否かを確かめました。すると、加藤さんから、

「苅田さんも立退きを承諾しているので安心してください。私が責任をもちます」といわれ、花子さんは加藤さんと契約締結をしました。その際、花子さんは売買代金のうち金二七五〇万円を支払って移転登記手続きも済ませました。残金は一か月後、建物の引渡しと引換えに支払うことになっています。
ところが三日後、花子さんは苅田宅を訪れ、立退きの件を確認に行ったところ、苅田さんには立ち退く意思がまったくないことがわかりました。そこで、花子さんは、借家人に立退きを求められるか、立退料はどのくらい必要か、弁護士に相談することにしたのです。

A

借家人の入居する建物を買入れした「新家主」から、借家人に対する立退き請求が認められるには、「正当事由」を具備した賃貸借契約の更新拒絶あるいは解約の申入れがなされることが必要です。しかし、新家主からの立退き請求ということ自体が、貸主側にとり不利な事情として考慮されますから、貸主に変更のない場合と比較して「正当事由」があると認められることは、きわめてむずかしいといえるでしょう。

なぜ、新家主であることが不利な事情となるのでしょうか。

それは、借家人にとり、貸主が変更するという偶発的な事情によって、借家を立ち退かざるを得なくなるとすれば、借家人の地位は、きわめて不安定なものとなります。そのため、借家人の立場を保

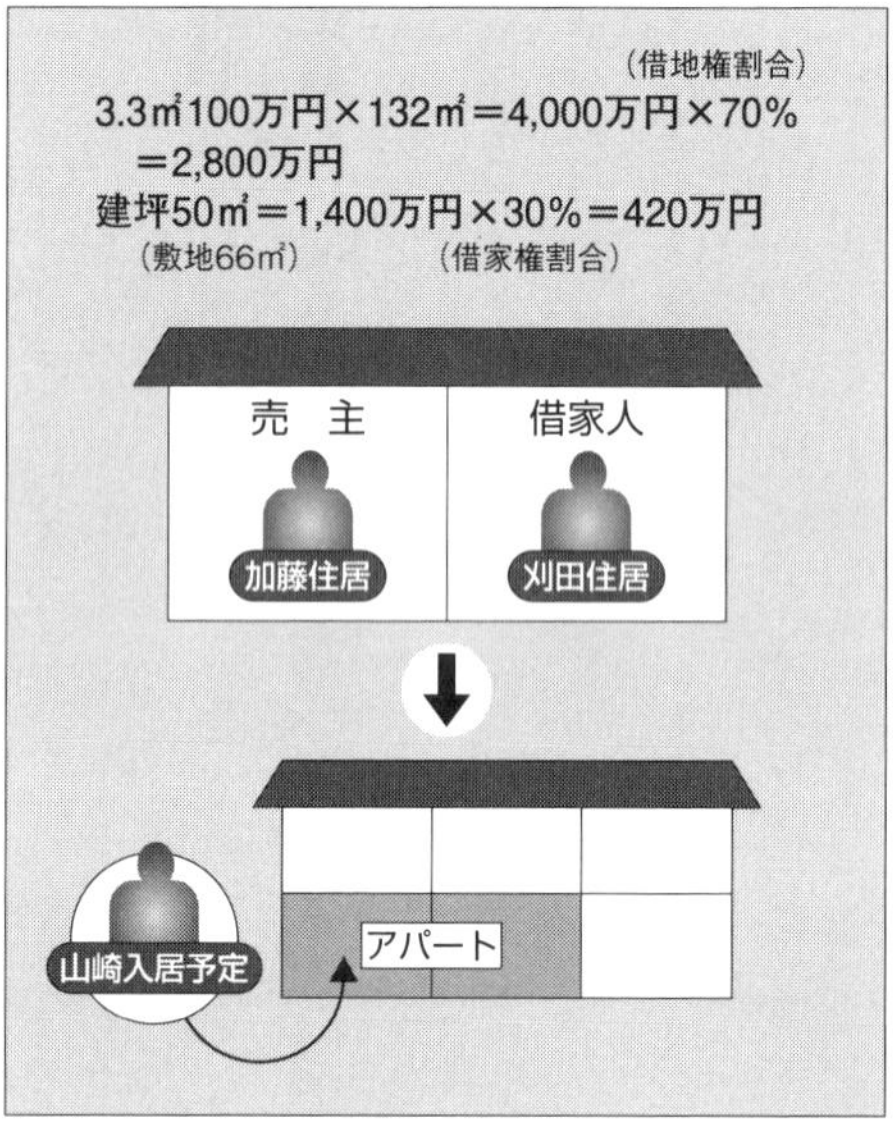

護する必要があるからです。旧借家法は、そのような地震売買（家主が変わると借家人が立ち退かされるような賃貸借）から、借家人を守る趣旨で作られているのです。

したがって、借家人が立退きを承諾しているので、それを信じて借家を買った場合（東京地裁・昭和二五年一月二四日判決、最高裁・昭和二七年一二月二六日判決など）、あるいは借家の買入れ後、新家主側に特別の事情が発生したため借家を自ら使用する必要が生じた場合などの事情が認められなければ、貸主からの解約申入れなどに正当事由があると認められないでしょう。

さて、山崎花子さんの場合は、どうでしょうか。

花子さんは、旧家主で売主の加藤さんの「借家人は立退きを承諾している」旨の言葉を信じて、建物を買入れしたのですが、花子さんが直接借家人である苅田さんに会って、その旨を確かめたものではなく、また、苅田さんの立退きに関する念書などもないようですから、花子さんが信じた事情は借家人との関係では問題外となります。

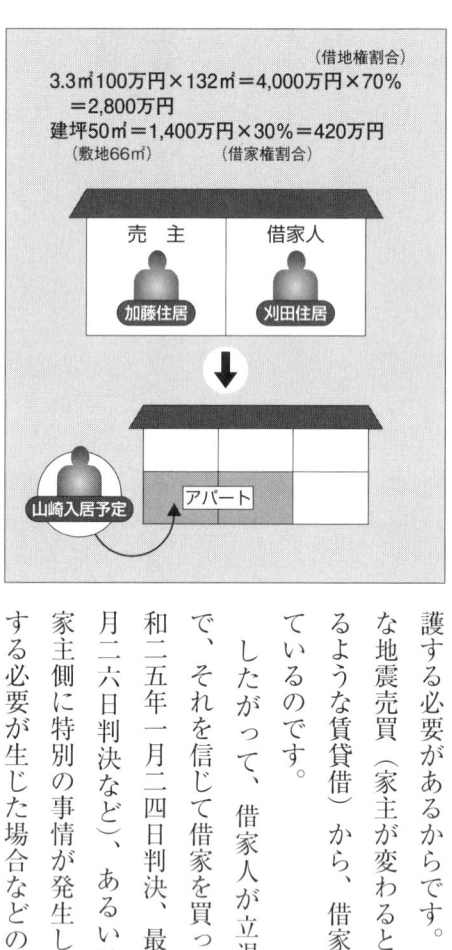

また、花子さんが本件建物を買入れした理由は、新築アパートの経営を目的としたものですので、そのアパートの一室に花子さん本人が入居することを考慮しても、アパート新築のために本件借家建物の敷地を使用する必要性は、苅田さんが本件借家を住居として使用する必要性と比較して、はるかに劣ると思われます。したがって、解約申入れ等をしても「正当事由」は認められないでしょう。

それでは、花子さんが立退料を支払うことによって正当事由を補完できるでしょうか。このケースでは、借家権補償としての立退料を提供したとしても、借家人の苅田さんが納得しないかぎり、立退き請求が認められるのは困難だと考えられます。

これについて大阪地裁の昭和五九年五月三〇日判決（判例タイムズ五三二号）を紹介しましょう。

事案は、木造平屋建て一棟の建物（四戸建て）の各戸および敷地を買い受けた三戸の借家人が、買取りを拒否した一戸の借家人の建物および敷地も共有で買い取った後、右借家人に対し、立退料金一〇〇万円を提供して立退きを請求した事例です。

右の立退料の金額は、ほぼ借家権価格に相当するものと思われたところ（借地割合七〇パーセント、借家割合三〇パーセントで計算）、裁判所は、新家主側において、被告の借家人が本件建物を賃借していて、これを使用する必要があることを十分承知の上で買い取ったものであることなどを理由に、立退料一〇〇万円の提供を考慮に入れたとしても、新家主が行う解約申入れには正当の事由がない、と判示しました。

裁判所は、貸主が主張した立退料の額を増額して立退き請求を認める判決をすることができるというのが判例（最高裁・昭和四六年一一月二五日判決）ですので、前記裁判例では、十分な立退料の提供によっても正当事由が補完されないという判断を示したと考えられます。

花子さんは、弁護士のアドバイスを受けた後、苅田さんに対し、借家権価格相当額の立退料四二〇万円（敷地約六六平方メートル、更地価格三・三平方メートル当たり一〇〇万円、借地権割合七〇パーセント、借家権割合三〇パーセントとして計算）を提供して、立退きに応ずるか打診しました。しかし、苅田さんは立退きに応ずる様子はまったくありません。

花子さんは、訴訟を提起したとしても立退き請求が認められる可能性は低いうえ、仮に認められたにしても長期間を要すると思われることから、本件建物を買入れしてアパートを新築することをあきらめ、加藤さんとの売買契約を解除することにしました。

さて、山崎花子さんの場合について、六七頁のチャート表で示しますと、

Ⓐ→Ⓑ→Ⓙ→Ⓝ→Ⓠ（あるいはⓇ→Ⓤ）

または、Ⓐ→Ⓒ→Ⓕ（またはⒼ）→Ⓗ→Ⓙ→Ⓝ→Ⓠ（あるいはⓇ→Ⓤ）

ということになると思います。

POINT 借家を買い取る場合には、事前に、借家人に対し、立退きに応ずるか否かを、直接確認することが大事です。

Q21 借家人の存在を知って買った新賃貸人からの立退き請求

▼買う前に賃借人の意思を確認する

私は、武蔵野市の郊外で、キリスト教会を主催してきました。しかし今の借家では手狭で、伝道活動も十分に行えないため、他に適当な場所を捜していました。ちょうどそのとき付近に木造建物が二棟ある土地建物が売りに出ていました。値段も予算額に近かったので現場を見に行きますと、この二棟のうちの一棟には賃借人がいました。私が土地建物ともに買いたいと話すと、そのとき在宅していた賃借人の山田さんから「私は出ていくつもりはない」と逆に怒鳴られてしまいました。

私は、もう一棟だけでも当面は伝道活動ができると思い、この建物二棟と土地を買い受け、山田さんの賃貸人になりました。こうして一棟だけで伝道活動をしていたのですが、おかげさまで教会員も増え、約一〇〇名となりました。しかし、この一棟（八畳二間、六畳一間と廊下）だけでは、とても活動を続けることが不可能になりました。そこで、賃借人の山田さんに立退きを請求したいと思います。

この請求はできるでしょうか。山田さんには月九万円で貸しています。また、山田さんの話では、前の大家さんに敷金として月家賃の二か月分を入れてあるとのことです。なお賃借人の山田さんは、中小企業に勤めるサラリーマンで、妻と長男夫婦、次男と五人で住んでいます。とくに他に財産もなく、ただ鳥取に実家があるようです。

A

ご質問のケースでは、賃借人の山田さんには賃貸借契約上の約束違反（債務不履行）はなさそうです。賃貸人であるあなたが山田さんに立退きを請求するためには、期限到来時の更新拒絶あるいは期限のない場合の解約申入れという一般的契約関係解消事例（六七頁のチャート表および六〇頁の解説を参照）の手続きをふみ（旧借家法二条、三条、新借地借家法二六条、二七条）、さらに賃貸人が自ら使用することを必要とする場合その他「正当の事由」があることという要件（旧借家法一条ノ二、新借地借家法二八条）を充たすことが必要です。契約関係解消の手続的要件については、六九頁のチャート表および六六頁に説明してありますので、そちらの解説を読んでください。

そこで、ここでは、賃貸人であるあなたの側に立退きの「正当事由」があるのかどうかを検討することにします。「正当事由」の有無の判断は、賃貸人と賃借人双方の利害得失その他の事情を比較考量して判断されます。そして、その判断の結果「正当事由」ありと認められれば、賃貸人は賃借人を立ち退かせることができるわけです。

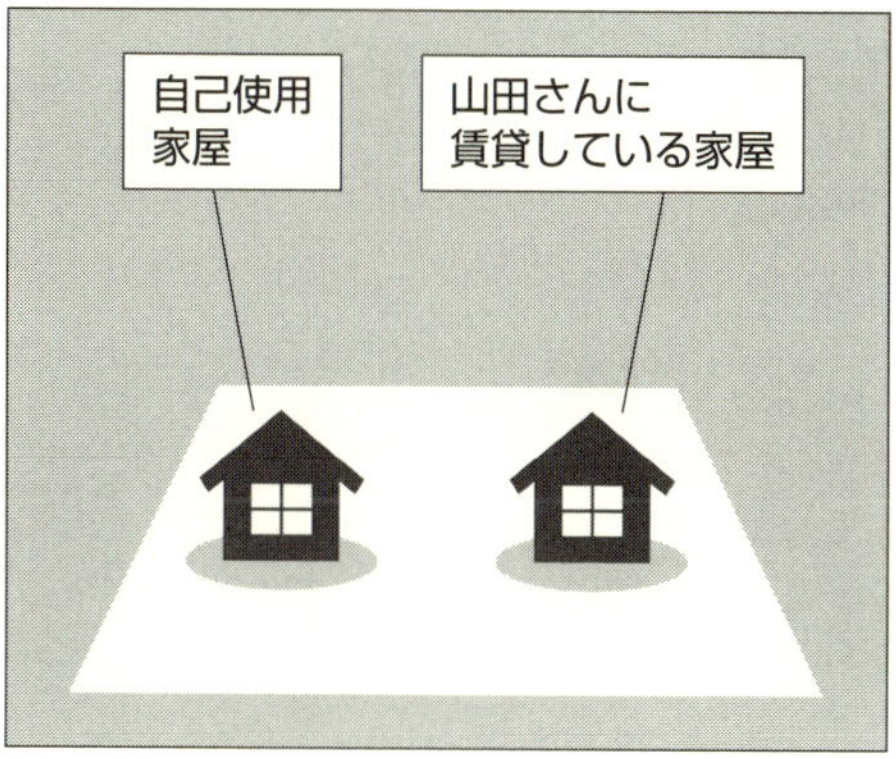

「正当事由」の存否は、最終的には裁判所が判断することとなりますが、賃貸人・賃借人それぞれに事情があるなかで、賃貸人のみに一方的に理があるとする判断は、裁判所としてもなかなか出しにくいところです。結局、裁判所としても賃貸人が立退料を支払うことで「正当事由」を補完したと見て立退きを認める傾向にあります。

つぎに賃貸人側の事情と賃借人側の事情を考えてみましょう。まず、賃貸人のあなたの事情としては、自己の所有する敷地内の二棟のうちの一棟で居住および伝道活動をしていて、この一棟だけではとても教会員全員を収容して活動することが不可能であるという事情が見受けられます。他に不動産を所有している様子はうかがわれませんから、賃貸人には本件建物の自己使用の必要性が顕著であると思われます。

つぎに、賃借人の山田さん側の事情を見てみましょう。山田さんは普通のサラリーマンで、五人家族。鳥取には実家があるようですが、鳥取に移れとはいえませんし、また他に財産もないようですから、移転可能な場所などは現状では皆無といってよいと思います。以上の賃貸人と、賃借人の事情を総合すると、双方とも本件建物使用の必要性は大であるといえると思います。

しかし、もう一つだけ、ご質問のなかには重要な事情が隠されています。それは、本件建物を買う時点で、すでに賃借人の山田さんが賃借中であり、現賃貸人は旧賃貸人の売主から、山田さんの賃貸人であるいう法律上の地位を引き継いだということです。そして、あなたが本件建物を買う時点で、山田さんには立退きの意思がないことも確認しており、そのうえで本件建物を買ったことです。

ご質問のケースは結論からいいますと、あなたに「正当事由」があるとはいえません。また、立退料の提供があったとしても、立退きの請求は困難かと思います。

その理由は、新賃貸人が建物を買う時点で、賃借人に建物立退きの意思がないことを十分に認識し、それを肯定した上で買った以上、その後とくに新たな事情でも加わらないかぎり、これをくつがえすことは難しいからです。設問の事例を六七頁のチャート表で示しますと、

Ⓐ→Ⓒ→Ⓕ（またはⒼ）→Ⓘ→Ⓚ→Ⓜ→Ⓟ→Ⓠ、をたどるケースと思われます。

類似の事案において（東京高裁・昭和四六年一二月二四日判決、判例時報六五五号）、判例も前の貸主からの承継（買受）による賃貸人の場合には「正当事由」の存在を否定し、立退き請求を認めませんでした（なお、ご質問の場合が、最初から自分が所有している家屋にその後に入居した賃借人であったなら、賃借人がサラリーマンでもあり、その場所に住む必要性が営業者より薄いため、立退料の支払額の問題となっていたと思われます）。

POINT
すでに賃借人が存在する建物を購入して、その後に立退きを請求することは、後から所有建物を賃借して入居した者を立ち退かせるより「正当事由」の判断に不利益が生じやすい。

Q22 借りている建物のある区画が地上げにあった

▼居住権補償と営業権補償と借家権補償が柱に

　私は、東京都中央区で長年製本業を営んできた者です。現在は、私（七〇歳）と妻、長男（四〇歳）夫婦および次男（三六歳）夫婦の六人で仕事をしています。近所に数軒のお得意さんがいて、その請負いの収入だけで三家族が生活しています。

　本日のご相談は、現在私が借りている建物のことです。この建物は昭和四〇年代に建築された木造総二階建て（一、二階、各三三平方メートル）の工場兼居宅（前面六メートル道路）です。

　私ども夫婦が二階に居住し、一階を製本工場としています。息子たちは他にマンションを賃借し、この建物まで通勤しています。私は、建物を田中さんから工場兼居宅として賃借し、昭和五八年二月から期間二年の約束で更新をしてきました。敷金として家賃の四か月分を渡してあり、現在の家賃は月一五万円となっています。

　この付近は、木造の小住宅が密集している場所で、つい最近までは近所付き合いも頻繁に行われ、地域住民が平穏に生活をしていたのですが、近ごろ、私の住居のある区画が地上げされています。話によると、この一画に大規模ビルを立てる計画があるとのことです。この風評を聞いてから、私の近所を注意して見ますと、確かにポツリポツリと櫛の刃が抜けたように空地があります。

そのような矢先に、賃貸人から本件の建物と土地を大手不動産会社のY不動産に売却し、賃貸人の地位もY不動産に移転した旨の内容証明郵便が届きました。また、Y不動産からも賃貸人の地位を引き継いだこと、および期間満了による立退きを求めてきました。

私は、Y不動産の要求に従って、この建物を立ち退かなければならないのでしょうか。

なお、Y不動産は相当の立退料を支払うと申しております。

A

ご質問の事例の場合にも、賃貸人は自ら使用することを必要とする場合等の他「正当の事由」ある場合（旧借家法一条ノ二…本件は平成四年八月一日の借地借家法施行より前の契約なので旧法適用のケースですが、新法でも考え方は同じです）という要件を充たさねばなりません。ご質問の事例の場合、Y不動産は本件建物を賃借人が工場兼居宅として使用していることを承知の上で本件建物と土地を購入していますし、その購入目的が大ビルを建築し、賃貸等によって多額の利益を収めようとの目的にあると見られます。

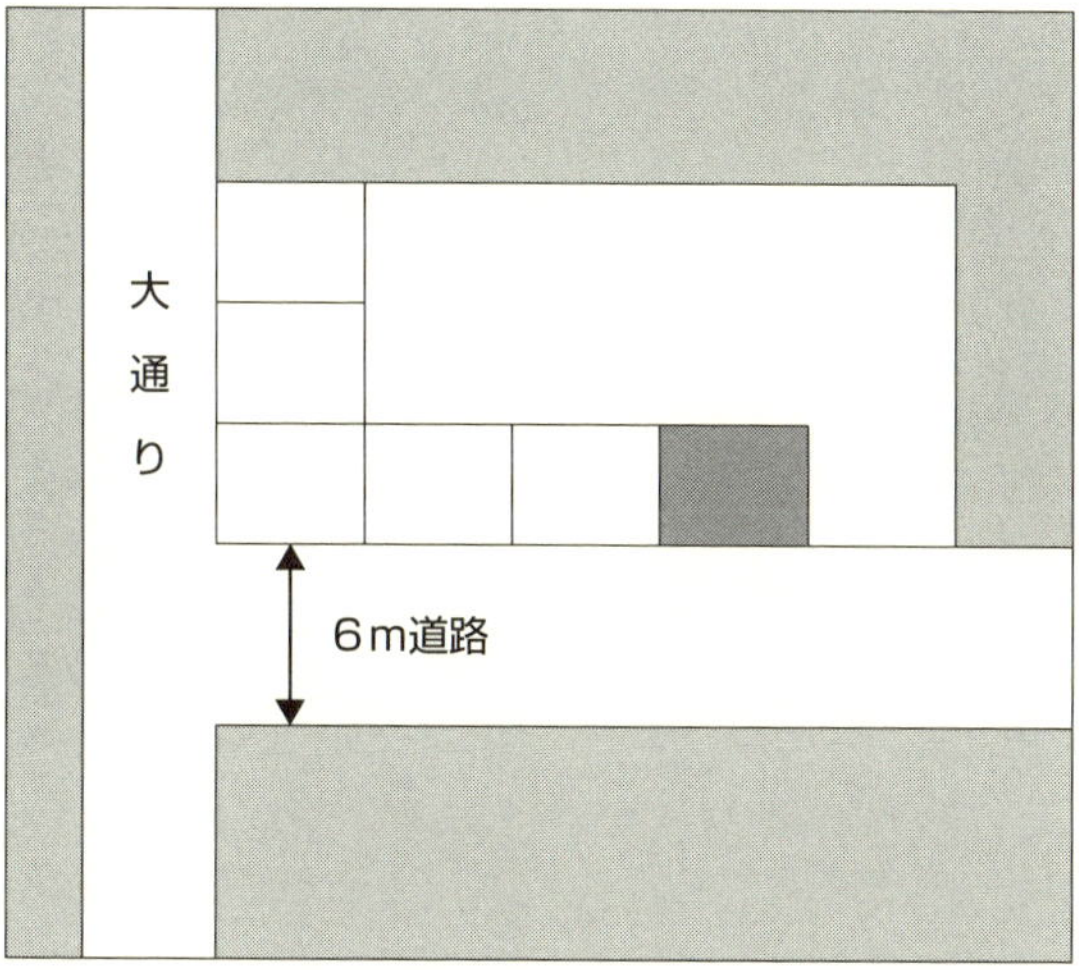

一方賃借人側のあなたとしては、本件建物近くに得意先があることから、移転するのであれば本件建物付近の同一立地の建物か、またはＹ不動産が本件建物取壊し後に新築する建物の一階に同規模の部屋を借りる以外にはないのですが、前者の付近への移転は、一階工場、二階住居で前面六メートル道路という条件を充たさねばなりませんから、現実問題として実現不可能と見るべきでしょう。また、後者についても、新築ビルの一階に賃借人の希望に沿った部屋を作ることは不可能だと思います。

そうしますと、賃借人が本件建物を移転するということは、移転先で新たな得意先を開拓し、一から商売をやり直す以外にないと思われます。

これは賃借人の年齢七〇歳から考えても、いかなる額の立退料の提示があっても、裁判上「正当事由」ありとの判断は、まず出されないと思われます。

現在の不動産会社によるいわゆる地上げが裁判手続きをとっていないのは、訴訟による解決の長期化等のほかに、右のような理由もあると思われます。悪質地上げ屋がダンプカーを突入させたり、札たばを目の前に積み上げたりするのも正当手続きでの解決がむずかしいことを、地上げ屋自らが認めている証拠ともいえます。

以上を総合して考えてみますと、賃借人の側に立退きの意思がなければ立ち退く義務はないといえます。

では、賃借人に立退きの意思がある場合にはどうでしょうか。この場合には、当事者間での話合い解決ということになりますが、この場合にも立退料について、決まった算定式というものは存在しません。ただ、ご質問の事例のような場合は、賃貸人側の一方的都合による立退きであるため、立退きによって賃借人が被る全損害の填補《てんぽ》が必要になると思われます。

賃借人の移転のための費用、移転先借家における賃借人の負担増加分すなわち、いわゆる居住権の補償、そして新規営業による損失分、いわゆる営業権補償およびいわゆる借家権の補償が立退料の柱となるものと思われます。

従来、不動産業者の側の立退料の提案においては、更地《さらち》にしたときのその土地の時価に借地権割合（六割から九割ぐらい）を乗じ、その額に借家権割合（三割程度）を乗じ、それに多少の家屋の耐用年数を加味して額を出しているものがありますが、直ちに右計算ですべてが正しいとはいえないと思います。

また、従来は現在ある物件にかかわる事情のみを算定の要素として計算をしてきていますが、ご質問の事例のような場合には賃借人は立退きの義務はないのに立退きを行う場合であり、いわば地上げ、そして大ビルを建築し、大きな利益を上げるY不動産のプロジェクトに協力し、その実現のために立退きを行うという場合です。

そうしますと立退料の算定についても、従来のように現にある物件にかかわる事情のみを算定の要素と見るのではなく、賃借人が大ビル建築により利益をあげるY不動産のプロジェクトの一員として協力し、その利益に預かるという見地からの算定（開発利益の加味）が必要となってくると思われます。

この考え方は、従来の賃借人の不利益を積み上げていく方式を、いわば下からの積上げ方式とすれば、プロジェクト参加による利益として、総利益から減額していくものとして、いわば上からの控除方式とでもいえましょうか。

ご質問においては、具体的計算にまでは入っていませんが、考え方の筋道として、右の考え方を一つの参考としてください。

ご質問の場合を六七頁チャート表で示しますと、

Ⓐ→Ⓑ→Ⓙ→Ⓝ→Ⓠ（またはⓇ→Ⓤ）

となります。

POINT

地上げの立退料の算定については定まった算定方式はありません。地上げ後の新建物建築により得られる利益も考慮に入れて算定するのも一つの方式です。

Q23

競落した建物の場合にも借家人に立退料を払うのか

▼賃貸借が抵当権設定の前か後かが問題

私はA区で三〇年ほど前から鉄工業を営んでいます。本店と工場を持っていますが、本店のビルは四階建てで、一階が事務所と材料置場、二階には私と妻、および息子と息子の妻と子供二人が住んでいます。三、四階は従業員宿舎です。また、工場（鉄骨造スレート葺《ぶき》、延一六五平方メートル）は本店から六キロほど離れた場所に、月一五万円（契約は昭和四五年ころ）で賃借しています。また、保証金として一五〇万円払っています。

本店と工場が離れていて、材料の運搬や事務に支障をきたしているため、私は本店の近くに、工場を移したいと考えていました。そこで適当な物件を探していたのですが、たまたま知人からの情報で、私の希望にちょうどピッタリの土地建物が競売に出ているのを知り、知人に頼んで、競落しました。

知人にまかせきりにしていた私も悪いのですが、競落後、その建物には前の所有者から賃借して、使用していた山田さんがいることを知りました。

知人の話では、私が競落したもととなった抵当権が先に設定され、その後になって、山田さんが賃借を始めたのだから立ち退かせられるといっています。私が山田さんを立ち退かせることは可能でしょうか。また、立ち退かすには立退料を考えておかなければならないでしょうか。

なお、山田さんはこの建物の一部で息子一人と従業員一人を使って工場を営み、その他の部分を住居として妻と息子一人の三人で生活していますが、そのほかに財産はありません。この建物の家賃は一〇万円、敷金として三〇万円払ったとのことです。

A

ご質問の事例には、問題点が二つあります。一つは、賃借人の山田さんの賃貸借が、競落建物への抵当権の設定後に締結されたものではないかということです。抵当権実行による競落人の所有権と建物賃借人の賃借権とは、いわゆる対抗関係（民法一七七条、借地借家法三一条、旧借家法一条一項）となり、抵当権の設定登記のときと賃借人が建物引渡しを受けたときとの先後によってその優先順位が決まります。

すなわち、抵当権の設定登記が賃借人の建物引受けよりも早ければ、競落人は賃借人に対し、所有権に基づく立退きを請求できます。逆に賃借人が建物の引渡しを受けた後に抵当権が設定されたものだとすると、競落人は賃借人の使用を許したままでの所有権を取得したこととなります。

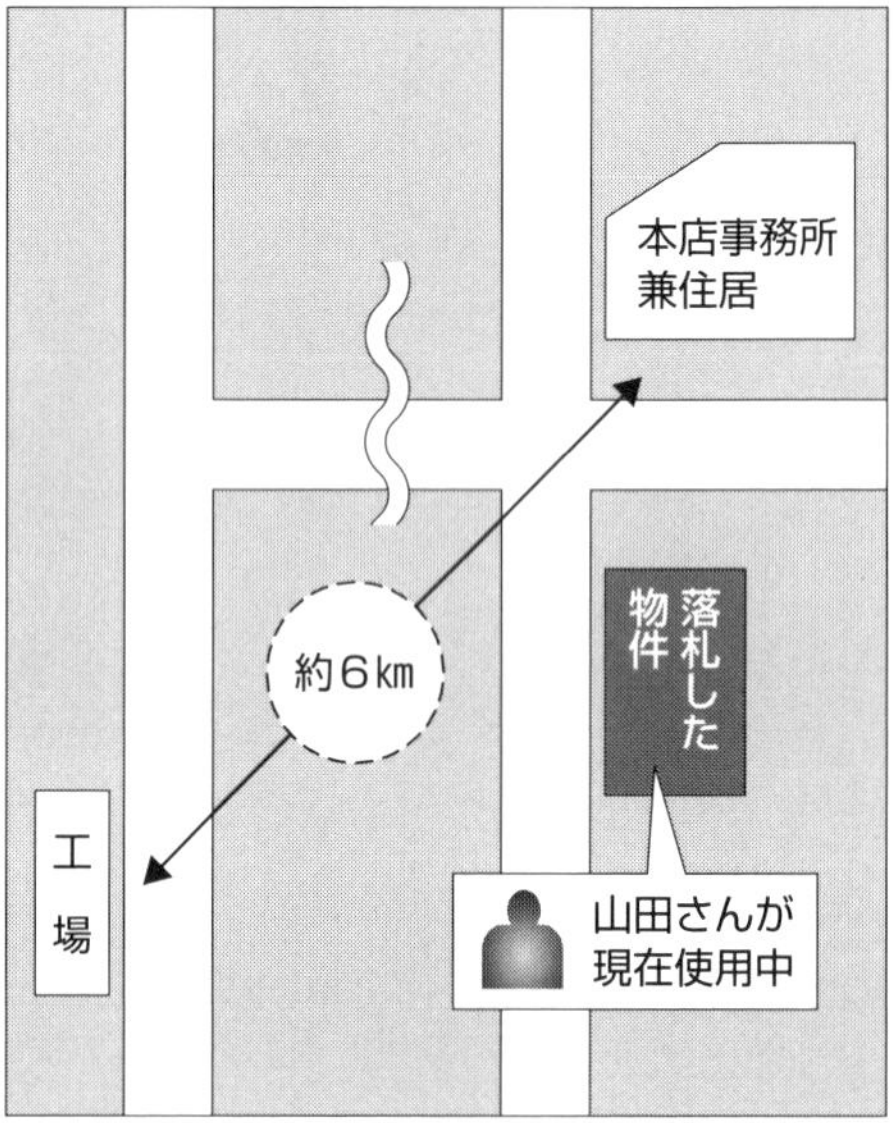

この事例では、抵当権の設定時と賃借人の建物引渡しを受けたときの先後関係が不明ですが、前述のように抵当権の設定が先であれば、その物件を競落したあなたは立退料の問題に入るまでもなく立退きの請求ができます。

逆に賃借人の建物引渡しを受けたときが先であれば、競落人を新たな賃貸人とする賃貸借関係が成立し、賃貸人が賃借人の山田さんに立退きを請求するには、立退きの手続き的要件（六九頁の手続きチャートの①②参照）と「正当事由」の要件があるかどうかの問題となります。「正当事由」の有無については、両当事者の本件建物使用の必要性の度合いを比較考量して決めることとなりますが、まず賃貸人側のあなたの事情としては、工場が本店の至近距離にあれば、能率的な経営が可能となり、利益も上がるため、この建物の使用の必要性は大きいと思われます。

しかし、一方、知人の言を信じたとはいえ、競落前に賃借人が使用をしていることは十分に調査が可能であったのですから、この点はマイナスの要素として見逃せません。

そして、賃借人が他に財産もなく、この建物を生活、営業の場としている事情から見ても立ち退かせるのは困難と思われます。

それでもこの場合に、どうしても立退きを求めるのであれば、移転費用、営業権保証および居住上失う利益のすべてを補償する額の立退料の支払いを提示し、賃借人と話合いをして、賃借人に立退きを承諾してもらう以外にないと思われます。

ご質問の事例と類似した事例として、東京地裁の昭和四六年三月一〇日の判決（判例時報六四〇号）があります。

同判決は賃貸人側が、第一次的にはそもそも賃借権が抵当権設定後に締結されたものであること（物件引渡しはもちろん抵当権設定後）を理由に立退きを求め、予備的に立退きの「正当事由」があり、その上で立退料として金二〇〇万円の提供の用意がある旨主張して立退きを求めた事例です。

これに対し裁判所は、「金三五〇万円の立退料の支払いと引換えに立退きを命ずる」という判決を出しました。

その理由は、第一次的請求については、賃借権の対抗要件具備《たいこうようけんぐび》の時期が明確にならないが、抵当権設定以前である可能性が高いとの判断を示し、しかしながらその先後の事実認定のあいまいさを予備的請求の「正当事由」中の考慮要素として、「正当事由」存否の判断を行いました。

すなわち、予備的請求に対しては、賃借人の

「賃借権が争いの余地のないほど確固としている場合であったとすれば、正当事由を肯定することは躊躇されるといわざるを得ないのであるが」

「特段の事情の認定によって辛うじて抵当権の設定登記前における賃貸借の成立を認定しえたという事情を加味すると、通常の場合よりも賃借人に不利な判断となってもやむを得ない」

として金三五〇万円の立退料の支払いと引換えに立退きを命ずる判決を出しました。

この判決は立退料の金三五〇万円がいかなる算定根拠に基づくものか不明ですが、ともかく判例の事例のように、対抗要件の先後が明確でない場合には、立退料の支払いで立ち退かせることが可能となり、また逆に、ご質問の事例のように立退料を支払っても立退きさせることが困難な場合もあるということです。

あなたの場合にも賃借権設定の時期が抵当権設定より前であるなら、念のため、この判決を引き合いに出して、金三五〇万円前後の金銭を立退料として用意し、山田さんに交渉するのも一つの方法でしょう。

ご質問の事例を六七頁のチャート表で示しますと（賃借人が競落人に対抗できる場合として）

Ⓐ↓Ⓒ↓Ⓕ（またはⒼ）↓Ⓘ↓Ⓚ↓Ⓜ↓Ⓟ↓Ⓢ↓Ⓤ（またはⓆ）、となります。

POINT 競売物件を競落するには現状の使用関係を十分に調査してから行わないと、場合によっては立退料の提供をもっても立退きを請求することが難しい場合があります。

Q24

借家人が何度も賃料を滞納した場合の立退き

▼長い訴訟より短い和解で解決した例

サラリーマンの山田一郎さんは、都内足立区に、一戸建ての家屋を借りて、二〇年前から妻子と居住しています。間取りは一階が六畳二間、二階が四畳半と六畳の二間で、一階を一郎夫妻が、二階を長男（二〇歳）、長女（一八歳）、次女（一五歳）が使用しています。妻の良子さんは五年前、相続により同区内所在の木造平屋建て貸家一棟（建て坪約五〇平方メートル）と敷地（約八〇平方メートル）を取得しました。右貸家は築後四〇年ぐらい経過している老朽家屋で、斉藤一夫さんが約三〇年前から借りていました。借家人は当時、妻の花子さんと二人だけで居住していました。一郎さんは、貸家を妻が相続した後、借家人の斉藤さんと話し合い、賃貸人を山田良子とする契約書に書き換え、賃料を月額五万円に値上げし、賃貸期間も三年と定めました。

一年後、斉藤一夫さんが病気で死亡し、半年後に妻の花子さんは長男夫婦のマンションに引っ越して同居するようになりました。その頃から家賃が三か月、四か月と滞納することが多くなり、一郎さんが文書で催告すると、二か月分ぐらいをまとめて支払うという状況が続きました。

そこで、契約更新時期となった二年前、一郎さんは花子さんに対し立退きを求めたところ、花子さんは、長男夫婦と一時的に同居しているだけで、借家に戻るつもりだというので、一郎さんもやむなく契約更新をしました。ところが、賃料の滞納状況は変わらず、現在では八か月分の賃料が滞納となっています。一郎さんとしては、花子さんにこの家屋を立ち退いてもらい、その敷地に二階建ての住居を新築して、引っ越したいと考えています。そこで、知人の紹介で弁護士に相談することにしたのです。

A

貸主から借主に対して賃貸家屋の立退きを要求するには、更新拒絶あるいは解約申入れの方法（旧借家法一条ノ二、借地借家法二六条、二七条）と、借主の債務不履行を理由とする契約解除の方法（民法五四一条）があります（六七頁のチャート表参照）。前者では「正当事由」が要件となりますが、後者の場合には借家法の規定によらず民法の原則に従うことになりますから、「正当事由」は問題とならず、また正当事由を補完する立退料も問題となりません。

さて、山田一郎さんの場合には、借主の斉藤花子さんが三年以上にわたり賃料滞納を続け、現在も八か月分の賃料不払いの状況にあります。借主の賃料支払義務は賃貸借契約の中心的な義務ですから、花子さんの賃料不払いは形式上債務不履行に当たるといえます。しかし、これだけでは貸主が必ず契約を解除できるとはいえません。賃貸借契約は、貸主・借主間の信頼関係が契約の基礎となっています。そこで、この信頼関係が破壊される程度の義務違反がなければ解除できない、と解されているからです。ご質問の場合、貸主の一郎さんが催告すると滞納賃料の一部を支払うという状況が三年以上継続していることから、信頼関係が破壊される程度に達したと見ることも可能です。

つぎに、貸主が賃料滞納を理由に契約を解除するには、相当期間を定めて、賃料の支払いを催促しなければなりません。これを「催告《さいこく》」といいますが、催告後、借主がその期間内に賃料を払わないときに初めて解除することが可能となります。ご質問の場合は、右の催告がなされていないようですので、この点で問題が残りますが、無催告解除を認めた裁判例（最高裁・昭和三五年六月二八日判決）もありますので検討が必要でしょう。しかし、借主の賃料不払いを理由に債務不履行による解除ができる可能性も認められますが、信頼関係が破壊される程度のものか否か、また催告を要するか否かの点で裁判所の判断に差異が出るケースでしょう。

つぎに、解約申入れにより立退きを請求できるかどうかを検討してみましょう。貸主である山田さん側の事情としては、借家に住んでおり、家族構成からみて現住居は狭く、本件貸家の敷地を利用して新居を建てるため、敷地を使用する必要性が認められます。これに対し、借主である斉藤さん側の事情としては、本件借家を住居とする意思があるものの、夫死亡後は長男夫婦のマンションで同居していること、三年以上にわたって賃料滞納が継続していることなどの事実が認められます。花子さんが本件借家に家財道具など生活に必要な物を置いているのか、また長男夫婦と同居しているのは一時的なものか不明ですが、一人住まいの点からみて貸主側の必要性と比較して劣るものと思われます。

以上のように相互の事情を総合しますと、仮りに解約申入れに正当事由があると認められないとしても、相当額の立退料の提供により正当事由が補完されると解されるでしょう。

山田さんから相談され、委任を受けた弁護士は、内容証明郵便により斉藤花子さんに対し、賃料不払いを理由として賃貸借契約を解除する旨を通知し、立退きを求める調停を簡易裁判所に申し立てました。そして、三回目の調停期日において、一年分の賃料に相当する金六〇万円の立退料を支払うことにより、花子さんが家屋を立ち退くという合意がなされ、調停が成立しました。

山田さんの場合には、裁判所による最終的判断まで出してもらえば、債務不履行による解除ができ、あるいは解約申入れに正当事由が認められて、山田さん側が立退料を支払う必要がなかったかもしれません。しかし、そのためには長い時間がかかり、訴訟のための費用もかかります。山田さんは時間と費用のバランスから立退料を支払うことで早期に解決したのです。この立退料は「和解金」としての意味をもち、正当事由を補完する立退料ではなかったかもしれないのです。

POINT 借家人に債務不履行が認められる場合でも、家屋立退きの紛争を早期に解決するため、和解金として立退料を支払うことも有益です。

Q25

借家人の側に使用方法違反がある場合の立退き

▼債務不履行が立退き理由となる

私は一棟二戸建て（一戸約二三平方メートルで八畳一間、台所、玄関、便所、板間）の長屋式建物二棟およびその敷地を所有する者です。これらの建物は昭和三〇年代に建てられた粗末な木造住居で、柱も石の上に直接立てられ、また屋根もトタン葺きのものです。その後ビニール波板等で補強をしながら今日まで来ましたが、柱の根元も腐り、建物も傾斜し、今後大修繕を行っても建物を維持するのは困難な状態となりました。そこで各賃借人四戸に右の事情を話し、建物を取り壊し、新築するので立ち退いてほしいと申入れをしました。四戸のうち三戸は立退きに同意し、順次移転して行ったのですが、残る一戸の田代さんはどうしても承諾してくれません。

田代さんに立退きを請求することができるでしょうか。なお、田代さんには、賃貸期限前六か月以前に次回は更新しない旨の通告を内容証明郵便でしてあります。田代さんとは昭和六〇年五月から期間二年更新で賃貸し、月一万三〇〇〇円の賃料をもらっています。

田代さん側の事情としては、この建物で妻と子供三人の五人で生活し、田代さんはタクシー運転手、妻は看護師をして、貯金もかなりあるようです。また、田代さんはこの建物の使用方法が荒く、夜間までカラオケで大声を出したり、子供も土足のまま家に入ったり、あるいは玄関で放尿をしたりするなどして近隣からも苦情が出ています。

A

ご質問の事例では、①賃貸建物の朽廃《きゅうはい》の問題、②賃借人の田代さんの賃借建物の使用方法違反の問題、③そして立退きの「正当事由」の有無の問題、の三つの問題があります。

まず、第一番目の賃借建物の朽廃の問題ですが、この建物が建物としての機能を失ったとすれば、賃貸借契約の目的物が滅失したことによる履行不能を理由に契約は終了することとなります。

この場合には賃借人に対し建物朽廃を原因として立退きの請求ができます。ただ問題の「朽廃」とは、どのような状態をいうのかです。判例は、建物が社会経済的にみて効用を全うできないほどに腐朽頽《ふきゅうたい》廃《はい》している状態を指すものとしています（大判・昭和九年一〇月一五日、民集一三―一九〇一）。つまり建物の構造部分の損傷の度合い、構造上の安全性、修繕をした場合にかかる費用等を総合的に評価し、法的に判断するということです。

しかし、判例は容易に朽廃の判断を下さない傾向が強く、ご質問の場合も朽廃には近いがあと何年かは存続でき、いまだ朽廃に至っていないとの判断が出されると思います。

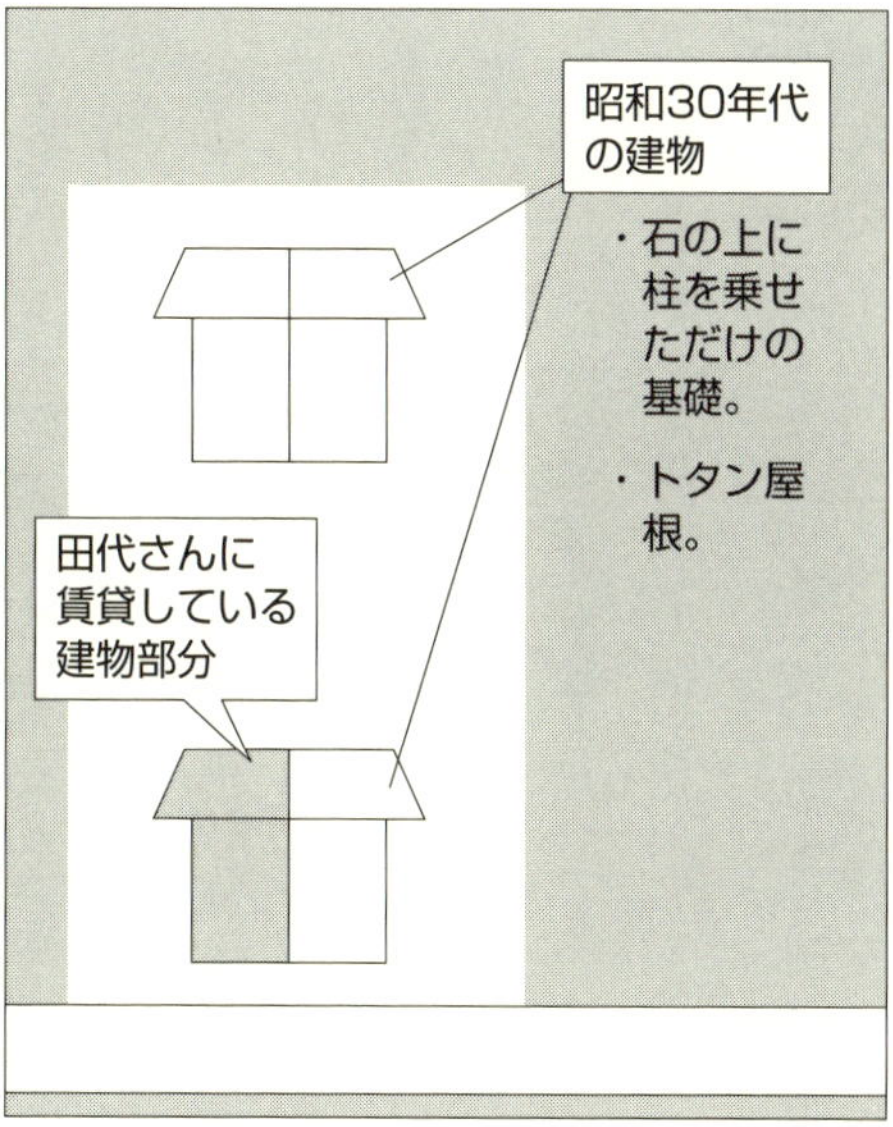

つぎに賃借人の田代さんの使用方法違反の問題を検討します。通常、建物賃貸借契約を締結する場合、その中に火災の危険防止のための条項や夜間騒音の防止の条項およびこれに違反した場合に直ちに賃貸借契約を解除し、立退きを請求できるとの条項を入れたものをよく見受けます。ご質問の事例でも、賃借人との間に右の条項のような特約があれば、あなたは特約違反を理由に契約を解除し、直ちに立退きを請求できます。

では右のような特約がなく、また契約書すらもない場合はどうでしょうか。ご質問の事例のような使用があった場合、賃借人には、賃貸借の終了まで賃借物を「善良なる管理者の注意」をもって保管する義務を負っており、これに違反すれば債務不履行として解除立退きの理由となります。

昭和三〇年代の木造老朽家屋であるとしても、玄関で放尿する行為や、夜間までカラオケで大声を出すなど近隣に迷惑となる行為は、賃借人の善管注意義務に違反することは明らかであると思います。

なお、共同住宅の一室の賃借人が「共同生活上の秩序を乱し、近隣の迷惑となる行為をした」ことを理由とする契約解除・立退きが認められた判例（東京地裁・平成一〇年五月一二日判決・判例時報一六六四号）があります。右違反を理由に立退きを請求する場合には手続きチャート③に従い、六七頁のチャート表ではⒶ↓Ⓒ↓Ⓓ↓Ⓚ↓Ⓛ↓Ⓣ（またはⒹ↓Ⓚ'↓Ⓣ）の順に進行するでしょう。

最後に「正当事由」の問題ですが、右に述べた朽廃または債務不履行解除が認められれば「正当事由」そして立退料の考察までは必要ないのですが、現実に起こる事例では朽廃や債務不履行の事実の認定がむずかしく、また時間もかかるため右の主張とともに予備的に「正当事由」の主張もしておくのが通常です。そこで、ご質問の場合の「正当事由」の有無を考えてみましょう。ご質問の事例と類似の事例が東京高裁の昭和五七年一月二八日の判決（判例時報一〇三七号）で出されております。

同判例は朽廃について「未だ朽廃という段階にまでは至っていない」とし、また債務不履行についても「賃貸借を継続し難い程度のものとは認められない」「解除という強力な権利を賦与《ふよ》する前記特約所定の事由には該当しない」として、その主張を退けました。そして最後に「正当事由」の判断として、賃貸借の全期間で支払った賃料が金一八五万円で、賃貸人が金一〇〇万円の立退料の提供を申し出ており、この額の立退料をもってすれば本件建物と同程度の借家を取得できるとして、金一〇〇万円の立退料の支払いと引換えに立退きを命じました。

POINT

賃借人の使用方法違反の事実も、立退きを請求する場合の「正当事由」の判断についての一資料となります。

Q26 再開発計画による高層ビル建設のため立退きを請求された

▼借家権価格に相当する立退料が正当事由の補完にならなかった例

私は六年前から目黒区内の繁華街にある鉄筋コンクリート鉄骨造五階建ビル（平成五年新築）の一階店舗（五〇平方メートル）を借り、飲食店を開業しています。賃料は一か月一五万円で、期間は二年の約定で借りましたが、三回目の更新の約六か月前に、突然、家主の豊臣さんから、契約更新拒絶の通知がきました。

私は驚いて、豊臣さんに理由を聞きにいったところ、豊臣さんから、大手不動産会社の徳川建設㈱が、本件ビルの敷地を含めた付近一帯（約四〇〇坪）を買収して高層の賃貸用ビルの建設を計画しており、本件ビルが買収されることになったとの説明を受けました。

そして、賃貸期間が満了した二週間後、徳川建設から立退料として金四五〇〇万円を支払うから本件店舗を立ち退いて欲しい旨の申し出がありました。私としては、本件店舗における飲食店経営も軌道に乗り、順調に売上げも伸びていますし、従業員のことも考えると立退きに応ずる気持ちはありません。本件ビルの借家人のうち立退きに応じないのは私だけのようですが、買収の対象となっている他の土地建物については買収交渉中とのことです。
地区の再開発という名目で立退請求は許されるのでしょうか。なお、本件敷地の時価は坪当たり金一五〇〇万円程度です。

A

東京など大都市区域およびその周辺都市における土地の高度利用、有効利用の典型的なものが、一地域における都市再開発です。徳川建設の高層賃貸ビル建設計画は、その敷地面積・規模からして民間企業による都市再開発目的による立退問題といえるでしょう。

しかし、貸主である徳川建設から借家人であるあなたに対する立退請求は、更新拒絶に「正当事由」があるか否かの問題であり、提示された金四五〇〇万円の立退料が正当事由を補完し得るか否かの問題に帰します。そこで、この場合の立退問題における貸主・借主双方の事情を検討しますと、本件ビルは築後二〇年程度の五階建の堅固な建物であり、老朽化による立替えの必要は全く認められません。また、立退きを求める理由は高層賃貸ビルの建設であり、貸主が自ら使用する必要性も認められず、もっぱら土地の高度利用の見地からの再開発目的だけです。

これに対して、借主側であるあなたの事情をみますと、本件店舗において六年前から飲食店を経営し、その売上げも順調に伸びているとのことであり、本件店舗を立ち退いて新たによそで飲食店経営を始めることにより被る損害を考慮し、加えて、あなた自身および従業員とその家族の生活を考えますと、本件店舗を使用する必要性は十分に認められると思います。

また、徳川建設の再開発計画は、民間企業の経済的利益の追及を目的とするもので、国または公共団体等による具体的な市街地整備計画に基づく公共事業ではありません。

以上の事情に照らして、前家主の豊臣および現家主の徳川建設による本件賃貸借契約の更新拒絶が正当事由を具備するものとは言い得ないと思われます。

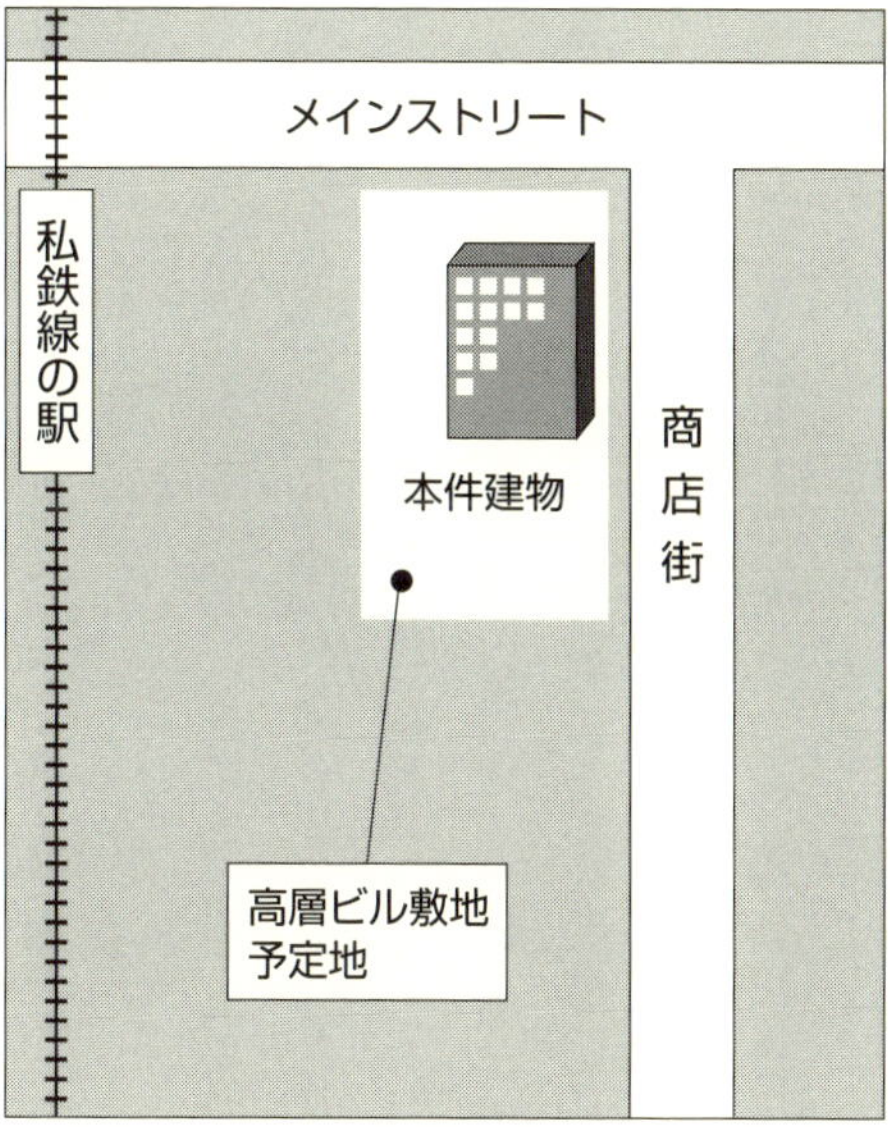

また、立退料金四五〇〇万円が正当事由を補完し得るか否かですが、本件ビルの敷地の時価および本件店舗の敷地利用の割合等からすれば、ほぼ借家権価格に相当する金額の提示額と推測されます。他に移転することによる営業利益の損害がどの程度になるのか不明ですが、本件のような事情の下では、貸主側が相当額の立退料の支払いを提示したとしても、正当事由が補完されるとするのは困難ではないでしょうか。

参考となる裁判例を紹介しましょう。ご質問と類似した事案では、貸主である大手不動産会社の立退請求が、もっぱら都心部（東京神田神保町の一等地）における宅地の有効利用という見地から再開発をするためであり、その建設計画自体も、いつ頃着工できるか不確定な状況にあるとして、代替店舗を紹介し、かつ相当額の立退料（八〇〇〇万円）の支払いをしたとしても、これにより正当事由が具備されるに至るものと認めることはできない、と判断されました（東京地裁・昭和六二年六月一六日判決、判例タイムズ六四六号）。

これに対し、新橋駅前の街区を一体として敷地とする共同ビル建設計画による貸店舗の立退請求の事案では、賃貸建物（築後約六〇年の鉄筋コンクリート造五階建ビル）が、それ自体老朽化が相当進んでいること、新橋駅前という土地の高度利用が望ましい場所に立地していること、新建物建築計画も相当程度具体化していることなどを理由に、立退面積につき一平方メートル当たり約二六九万円および休業補償として月額二五〇万円の割合で一年九か月分の以上合計三億四〇〇〇万円の立退料の支払いを補強条件として正当事由を具備すると判断されています（東京地裁・昭和六一年五月二八日判決、判例タイムズ六三三号）。

右の二つの裁判例は事案の内容も違うので比較することはできませんが、再開発目的の立退請求において、賃貸建物が老朽化しているか否かが一要素となっていることは否定できないと思われます。

POINT

土地の高度利用の見地からの再開発を理由とする立退請求では、建物が老朽化しているかどうか、新建物建設計画の具体化の程度などの要素が重要となります。

Q27

賃貸マンションの賃借人が破産手続開始決定をうけた場合

▼賃借人は解約の申入れができる

私は賃貸マンションの経営をしておりますが、先日、同マンションの三〇一号室（三LDK）を貸している会社員の山本さんに破産手続開始決定がなされた旨の通知が裁判所から届きました。

山本さんとの貸室契約は八年前からで、賃料は月額八万円、賃貸期間三年間、賃料三か月分の敷金（二四万円）を預かっています。山本さんは奥さんと中学生の長男の三人家族で、これまでに賃料を滞納したこともなかったのですが、初めて今月分の賃料の支払が遅れていたので、どうしたのか心配していた矢先の通知でした。これまで安心して山本さんとの二回の更新をしましたが、できるなら、破産手続開始決定を受けた借家人との契約は終了させたいと思っています。

山本さんに対する解約の申入れ、あるいは一年後の契約更新の拒絶はできるでしょうか。

A

個人に対する破産手続開始決定がなされた場合には、破産管財人が選任されて破産者の資産を管理する場合と、破産者に資産がないために破産管財人を選任しないで破産手続を終了させる場合（同時廃止）があります。山本さんの破産手続において破産管財人が選任されたか否か不明ですが、破産管財人が選任されている場合には解約申入れ等の通知は破産管財人宛にすることになり、同時廃止の場合には山本さん宛に通知することになります。

さて、借家人が破産した場合、賃貸契約はどうなるのでしょうか。基本的な考え方としては、借家人が破産しても借地借家法（二六条から二八条まで）が適用されますので、破産していない場合の解約手続と同様に賃貸期間の満了、賃貸人による更新拒絶・解約の申入れがない限りは継続することになります。

ただし、賃貸人側から見れば、賃借人が破産したとなると賃料債権を確保することに不安がありますし、継続的な契約関係の基礎である契約当事者間の信頼関係が破綻した場合にもあたると考えられますので、賃貸人側は、賃借人の破産を理由に解約の申入れができると解することもできます。

しかし、借家人側から見れば、生活の基盤となる居住場所を奪われることになり、借家権を保護している借家法の精神に反すると考えられますし、また、破産者の資産を管理する破産管財人にとっても、借家権が破産者の重要な財産として評価されている昨今において、賃貸人の一方的な解約申入れにより借家権を失うことは破産債権者に対する配当財産が減少し大きな損失となります。

最高裁判所の判例では、借家人が破産した場合と借地人が破産した場合とを区別して取り扱っています。すなわち、破産宣告（新破産法では破産手続開始決定）を受けた借家人に対する解約申入れがなされた事案においては、民法六二一条前段（現在では改正により削除）において「賃借人が破産の宣告を受けたるときは、賃貸借の期間の定めあるときといえども、賃貸人または破産管財人は六一七条の規定（解約申入れに関する規定）により解約の申入れを為すことができる」と定められていることを根拠に、賃貸人の解約申入れに旧借家法一条ノ二の「正当事由」の適用はない旨を判示しました（最高裁・昭和四五年(オ)第二一〇号、昭和四五年五月一九日小法廷判決）。

これに対し、破産宣告（新破産法では破産手続開始決定）を受けた借地人に対する解約申入れがなされた事案においては、「この賃借人が賃貸土地上に建物を所有しているときには、賃貸人が民法六二一条（現在では改正により削除）に基づき賃貸借契約の解約申入れをするためには、借地法四条一項但書、六条二項の正当事由が解約申入れの時から民法六一七条所定の期間満了に至るまで存続することを要し、この正当事由を欠くときには解約申入れはその効力を生じないものと解すべきである」と判示（最高裁・昭和四七年(オ)第七一八号、昭和四八年一〇月三〇日小法廷判決）して、賃貸人の解約申入れに「正当事由」を必要としました。

右判決の見解によれば、ご質問の山本さんの場合は借家人の破産の事例ですから、賃貸人であるあなたは、山本さんが破産手続開始決定を受けたことを理由に本件貸室賃貸借契約の申入れをすることができることになります。そして、解約申入れに「正当事由」が要件となりませんので、立退料なしで明渡しを求めることができます。なお、この解約申入れにも新借地借家法二七条が適用されますから、賃貸借契約は解約申入れの日から六か月を経過することによって終了することになります。

しかし、現在では、賃借人の破産により解約の申入れができるとしていた民法の旧六二一条は改正により削除されており、また、借家人に対する解約申入れに正当事由を必要としないとする前述の判例の見解については、借家人の保護と破産者の重要な財産の損失という観点から反対説も強いことから、将来、借家人の場合と借地人の場合を区別せず、賃貸人の解約申入れに「正当事由」を必要とする主旨の判例の変更もありえますので、注意したほうがいいでしょう。

ところで、借家人が破産した場合、破産手続開始決定のあった日までの賃料は破産債権として裁判所に届出をする必要がありますが、破産手続開始決定日以降の賃料については破産債権ではありませんので、破産者あるいは破産管財人に対し賃料支払いの請求をすることができますし、未払賃料が発生した場合には、敷金をもって相殺することもできます。

したがって、破産手続開始決定後の賃料支払いに対しては、借家人側の債務不履行を理由とする賃貸借契約の解約も可能となります。

POINT

借家人の破産では解約申入れに「正当事由」を必要としないとする判例がありますが、借地人の破産では「正当事由」が必要になります。

【第3章】

借地の
立退料の
出し方

1 借地と借家の立退料の出し方の違い

借地の場合の立退料とは

借地権とは、建物所有を目的とする地上権および賃借権をいいます（借地借家法二条一号、旧借地法一条）。

立退料の意味については、四四頁以下に説明してありますので参照してください。ここでは、借地について借家と異なる点のみを解説します。

借地権に関する立退料とは、土地の賃借人または地上権者に対し、この土地の立退きを求めるのに当たって支払われる金銭その他の代替物といえると思います。借地においても立退料が問題となる場合を大きく分けますと、公共事業による収用等の場合と賃貸人側の事情による立退きの場合に分けられます。ここでは賃貸人側の事情による立退きについて述べます（収用等については本書では割愛）。

借地においても、借家の立退きの場合とほぼ同様ですので、六七頁のチャート表を参照していただきたいのですが、ただ同表において借家の場合と異なるのは、借地の場合、旧法下においては、契約で期間を定めていない場合、堅固の建物所有を目的とするものについては六〇年、その他の建物所有を目的とするものについては三〇年の期限が定められ（旧借地法二条一項）、また特約でも前者については三〇年以上の期間を定め、後者については二〇年以上の期間を定める（同法二条二項）ことが認められており、借家のように期間の定めのない場合が存在しませんので、その順路がないこと、および期間満了による消滅の場合、満了の一年前から六か月前までの間に更新拒絶の意思表示をするとの規定がなく、土地所有者が自ら土地を使用することを必要とする場合（その他**正当の事由**のある場合）において**遅滞なく契約更新に対する異議を述べる**こととされています（同法四条）。

私の権利は強いのだ！

この場合は異議を述べなければ**法定更新**（同法六条）となり、前の契約と同一の条件で、さらに借地権を設定したものとされます。この場合には前の契約と同じく、堅固な建物については三〇年、その他の建物については二〇年の期間の借地権として継続します。

なお、新たに平成四年八月一日から施行された借地借家法のもとにおいては、旧法と異なり建物が堅固か非堅固の区別なく存続期間を三〇年と定められ、契約で三〇年以上の期間と定めることもできます（借地借家法三条）。

また、法定更新（同法五条二項）の場合の期間についても、旧法と異なり、第一回目の更新にあっては二〇年、第二回目以降の更新では一〇年と定められました（同法五条二項、四条）。

立退料が必要な場合

借地の立退きにおいても、ほぼ借家の場合のチャート表（六七頁）が参考となることは前述しましたが、念のため二〇一頁に借地のチャート表をのせておきます。そこで、チャート表の「場合分け」に従って、各場合に立退料が必要か否かを考えてみます。

まず、土地の一時使用が明らかな場合ですが、この場合の例としては、ある建物を新築するに当たり建物完成までの間、作業員宿舎として利用するために土地を賃借するような場合です。

このような一時使用が明らかな場合には、立退料は不要です。一時使用の賃貸借の場合には、借地上の長期の存続期間、契約更新、正当事由などの借地人に有利な条項の適用がなく（借地借家法二五条、旧借地法九条）、一時使用期間満了によって立ち退かせることが可能であるからです。

ただし、この場合でも「一時使用」であることについて当事者間に争いが生じ、その解決に長期間を要すると思われる状況の場合には、この時間、労力等の節減のために立退料を提供する場合もあると思われます。このような場合の立退料は、賃借人の臨時設備等の撤去費用や引越しのための費用が主なものになると思います。

つぎに、借地権の存続期間中に賃貸人の都合で立ち退かせる場合など、立ち退かせる理由がない場合です。この場合の例としては、バブル期に話題となりました「地上げ」などを例として考えればよいと思います。この場合は、そもそも借地権者の意思を無視して判決を得て、立退きの強制執行をすることが不可能な場合です。

そのため、立退料が問題となるとすれば、当事者間の話合いで一定の立退料の額を決定し、借地権者がこれを承諾した場合のみ問題となるものです。

この場合の立退料の額は、いわゆる一般社会で取引される借地権の時価が基準となると思われますが、地上げ等の事例の場合では、地上げによって大規模再開発を行う大会社はこれにより多くの利益を上げるわけですから、立退きによって再開発に協力する借地権者にも利用の一部の還元という意味で右の借地権時価にプラスアルファーを求めることも考えられます（一六三頁に掲げた借家の事例の考え方が借地の場合にも参考になります）。

つぎに、借地人側に債務不履行がある場合ですが、この場合は借家の場合と比べると少ないといえますが、建物所有の地上権の場合には、民法二六六条による二年以上の地代の支払いを怠ったときや、土地に永久の損害を生ずべき変更を加えたり、その土地使用上の約束に違反した場合などが、また賃借権の場合にも使用方法違反等が考えられますので、債務不履行が生ずる可能性は皆無というわけではありません。

債務不履行の場合にも、その不履行が明らかである場合は、立退料は不要です。また、不履行が明らかであるが立退きの判決を得るのに長期を要する場合や、不履行の事実について明らかとまではいえない場合には、立退料の支払いによって、立退きの実現を図ることがあります。ただし、裁判所が債務不履行による契約解除＝立退きの是非を判断するについては、もともと必要ない立退料の提供は補完要素とはなりませんので、この場合の立退料は裁判上の和解等の中で、また当事者間の私的な和解の中で借地権者が承諾をした場合にのみ意味を持っているといえます。

この場合の立退料は、債務不履行が著しければ、借地権者の建物撤去、移転費用のみの場合もありますし、債務不履行が弱ければ借地権の価格まで考慮に入れて金額を決定することになります。

最後に、期間満了による借地権の消滅の場合ですが、この場合には、賃貸人は借家法の場合と同じく、土地所有者が自ら土地を使用することを必要とする事情のほか「正当の事由ある場合」でなければ、借地権の消滅、土地の立退きを請求できないこととされています（新借地借家法五条、六条、旧借地法四条）。

そのため、この場合には「正当事由」の有無が、まず問題となるわけですが、正当事由なしと判断されれば、強制執行による立退きはさせられませんので、後は借地権者の承諾による立退料支払いによる立退きが残されるだけです。

正当事由の判断に使われる事情

借地借家法6条は、立退きを要求できる正当事由を明文化しています。これを、地主および借地人に分けて、それぞれの具体的事情を考えてみると、つぎのようになります。

〔地主側の事情〕

①自己使用(居住・営業)・第三者(親族等)の使用の必要性
②生計事情
③建物の改築・修繕・新築の必要性
④売却または有効利用(建物の高層化など)の必要性
⑤立退料・移転先の提供
⑥賃貸借に入った事情(権利金の有無、近隣との賃料比較など)
⑦地主の破産、地主に変更があった場合など

〔借地人側の事情〕

①自己の必要性
②生計事情
③借地上の建物を賃貸する必要性
④従来のいきさつ(借地人の地主に対する背信行為・誠実さ)
⑤借地人の破産など

しかし、借家の場合と同じく正当事由が一方的にあったり、なかったりとする判断はまれであり(両当事者とも対象土地に使用の必要性を持っていることがほとんどであるため、一方のみに軍配を上げることは困難である事情によります)、その利害調整のために正当事由の補完要素として、立退料が現れる場合が多いのです。

この場合の立退料は、具体的事情によって、それぞれに金額を算定しなければならないのですが、小は借地権者の移転、撤去等の費用から、大は借地権の時価まで(ただし、立退料はあくまで正当事由の補完要素ですから、借地権時価の全額が立退料となることはないと思います)、事情によって千差万別といえます。

なお、立退料の算定に当たって、取り上げるべき事情については、五三頁の借家の場合を参照してください。

ところで、新しい借地借家法は前述したとおり、期間満了したときに更新されることがなく、したがって借地権設定者（地主）の異議に正当事由の有無が問題とされることのない「**定期借地権**」という類型の借地契約を新設しました（借地借家法二二条〜二四条）。

地主と借地人との間において、借地借家法施行後に同法二二条ないし二四条の要件を備えた定期借地権設定契約を結んだ場合には、その期間満了時に立退料なしで土地の明渡しを求めることができます。ただし、**建物譲渡特約付借地権**（借地借家法二四条）の場合には、地主が土地上の建物を相当の対価で買い取ることになりますので注意してください。

なお、旧法下において設定された借地契約につき、新法施行後に地主と借地人間において新法に従った各定期借地権への切替えを合意したとしても、新法が適用されることは原則としてありません。旧法下での借地契約には旧法が適用され、定期借地権への変更自体が借地人にとって不利な内容の契約と解釈されますので、定期借地権とする変更は無効となります。

立退料の算定と借地権価格

借地権価格が主として問題とされるのは、土地収用や税務関係においてですが、借地法上でも借地権の譲渡を認めており（借地借家法一九条、旧借地法九条ノ二）、当然、その代価も問題となってきます。正確には、不動産鑑定評価基準に基づき不動産鑑定士に鑑定をしてもらい、金額を出すこととなります。

ただ、一般的には、住宅地での借地権の時価は土地の実勢価格の六〇パーセント～七〇パーセント程度といわれています。そして、借地権自体は借家権と異なり、取引事例も多く、そのため右の借地権の算定方式もそれほど時価をはずれないようです。

また、相続税や贈与税の算定基準となる路線価図には、それぞれの土地の借地権割合が定められていますので、同割合も参考とされるとよいと思います。

なお、バブルの崩壊は、とくに都心部の地価を急激に下落させ、場所によっては路線価によって算出した金額以下でなければ土地の売買が成立しない事例も見受けられます。このことは、借地権価格の算定において地価に対する借地権割合が一応の算定基準となっていることから、少なからず影響を受けざるを得ないことに注意してください。

借地権価格に関する問題

バブル崩壊後、土地価格は長期に渡り下落傾向にあり（ようやく下げ止まりの傾向も現れてきましたが）、土地を利用していても土地価格が下落していくのであれば、土地を利用すること自体に財産的価値があるのかという問題が生じます。土地の利用に採算がとれず、収益があがらないとすれば、その土地の利用価値はなく、借地権価格というものも成立し得なくなります。

すなわち、今後の立退きについては、借地権価格の発生するような土地であるのか否かを峻別し、場合によっては借地権価格が認められないものも出てくるものと思われます（東京高裁平成一一・一二・二判決、判例タイズム一〇三五号参照）。

裁判における立退料の主張はいつまでにすればよいか

借地の明渡しにおいて、土地所有者は借地権者に対し、解約申入れ、そしてなお借地権者が土地使用を継続する場合に借地借家法五条二項の異議を述べることとなります。この異議に対し、なお借地権ありとして土地の使用を継続する場合、土地所有者は建物収去、土地明渡しの訴訟を提起することとなります。

この借地の明渡し訴訟において、土地所有者は右の異議を述べた時点で明渡しの正当事由がそこにあることの立証をすることとなります。

それでは、正当事由を補完する立退料の主張もこの異議を述べた時までにしなければいけないのか、また、いつまでにどのような主張をすればいいのかが問題となります。

右の問題について最高裁判所は次のように解釈しています（最高裁平六・一〇・二五）。

すなわち、立退料の主張及びその増額の申出は、土地所有者が意図的にその申出の時期を遅らせるなど信義に反するような事情がない限り、事実審の口頭弁論《こうとうべんろん》終結時（第二審の弁論終結時）までにされたものについて考慮するとしています。

その理由は立退料の主張で正当事由が補完されるか、その額がどの程度の額が相当かは訴訟における審理を通じて客観的に明らかとなるのが通常であり、当事者としても異議申立時には立退料まで必要とするかどうか的確に判断することは困難であることが少なくないためです。また、最高裁判例は、金員の提供の申出をするまでもなく正当事由が具備されているものと考えている土地所有者に異議申立時までに一定の金員《きんいん》（お金のこと）提供等の要求をするのは難儀を強いるし、異議申立時より遅れた金員提供の申出を考慮しないとすると借地契約は更新となり、更新時から二〇年間は土地明渡しを得られず不都合であるとしています。

なお、以上の判例は借地法を対象とする判例であり、借家法では多少内容が異なりますが、訴訟における事実審の口頭弁論終結まで（厳密に言えば後述のようにその六か月前まで）という時期は変わらないと考えてよいでしょう。

すなわち、借家については法定更新があってもその後の貸借は期間の定めのない賃貸借となるため（最高裁昭二八・三・六、借地借家法二六条）、立退料の申出があり、これが正当事由の補完と認められるならばその申立時から六か月の期間の経過により解約の効力を生ずることとなるためです。

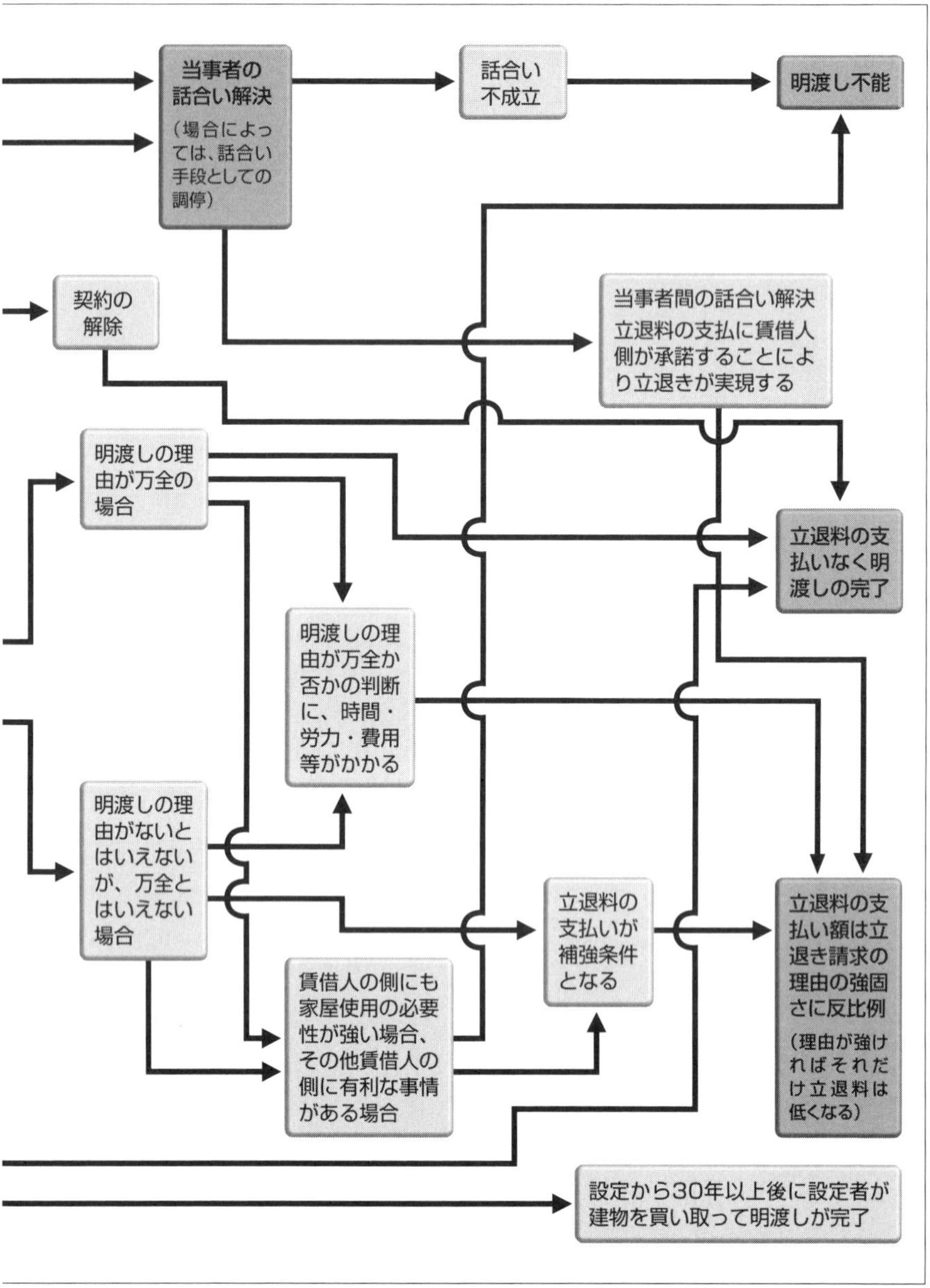
当事者の話合い解決
（場合によっては、話合い手段としての調停）
話合い不成立
明渡し不能
契約の解除
当事者間の話合い解決
立退料の支払に賃借人側が承諾することにより立退きが実現する
明渡しの理由が万全の場合
立退料の支払いなく明渡しの完了
明渡しの理由が万全か否かの判断に、時間・労力・費用等がかかる
明渡しの理由がないとはいえないが、万全とはいえない場合
立退料の支払いが補強条件となる
立退料の支払い額は立退き請求の理由の強固さに反比例
（理由が強ければそれだけ立退料は低くなる）
賃借人の側にも家屋使用の必要性が強い場合、その他賃借人の側に有利な事情がある場合
設定から30年以上後に設定者が建物を買い取って明渡しが完了

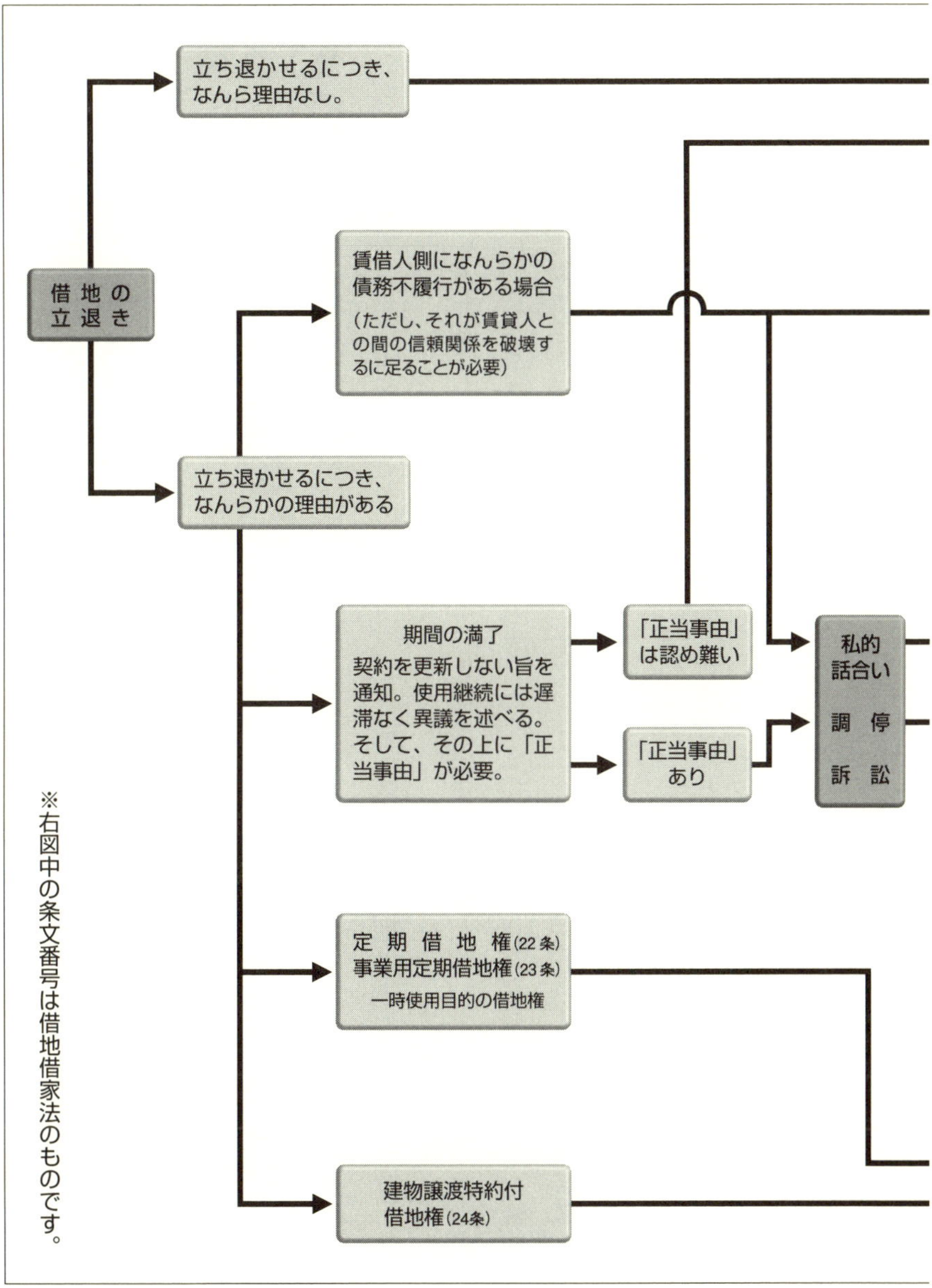

※右図中の条文番号は借地借家法のものです。

2 借地の立退料算定の実例

Q1 アパート経営をしたいので立退きを請求したい

▼借地権価格相当額が一つの目安に

私は、一五年前、父が死亡したことで、亡父が田中さんに貸している東京都立川市内の土地（約一三〇平方メートル）を相続しました。この土地は、亡父が田中さんに木造建物所有目的、期間三〇年の約定で賃貸したもので、三か月後に期間が満了します。地代は、現在月五万二〇〇〇円です。田中さんは、当初この貸地に木造平屋建家屋（床面積約三九平方メートル）二棟を新築し、一棟は自宅住居に、他方を他人に賃貸していましたが、一七年前に住居の建物を二階建てに増築（二階二九平方メートル）しました。そして、三年前に多摩市に土地を買入れして建物を新築し、田中さんの家族全員（妻と大学四年、二年、中学三年の息子三人）が、そこに引っ越しました。二棟の家屋は、現在、平屋建てに村田さんが家賃月額五万円で、二階建てに伊藤さんが家賃月額七万円で借りています。

ところで、私は夫所有の土地建物に、長女（二二歳）、大学二年、高校一年と中学二年の息子三人の六人家族で住んでいます。収入は夫の給料が月額二五万円で、その他に私名義の土地や夫名義の土地の地代が月額約五〇万円あります。しかし、息子たちの今後の教育費などもかかりますので、この貸地にアパートを新築して家賃収入を得たいと考えています。私の立退き請求は認められますか。また、立退料として、いくらぐらいを準備すればいいでしょうか。なお、調査では本件貸地の更地価格は一平方メートル当たり約三〇万円で、借地権割合は七割ぐらいです。また、田中さんは、多摩市内の土地建物取得のために負担したローンの返済が毎月約一四万円になっているようです。

A

建物所有を目的とする借地契約において、地主が賃貸期間満了時に更新拒絶をして立退きを求めるには「正当事由」を具備しなければならず、その有無は地主と借地人双方の一切の事情を比較考量して判断されます。ご質問の事案において、地主であるあなたが田中さんとの借地契約の更新を拒絶する異議を述べた場合に、正当事由があるかどうか検討します。

あなたの側の事情としては、三人の息子たちの教育費などにあてるため、貸地上にアパートを建築

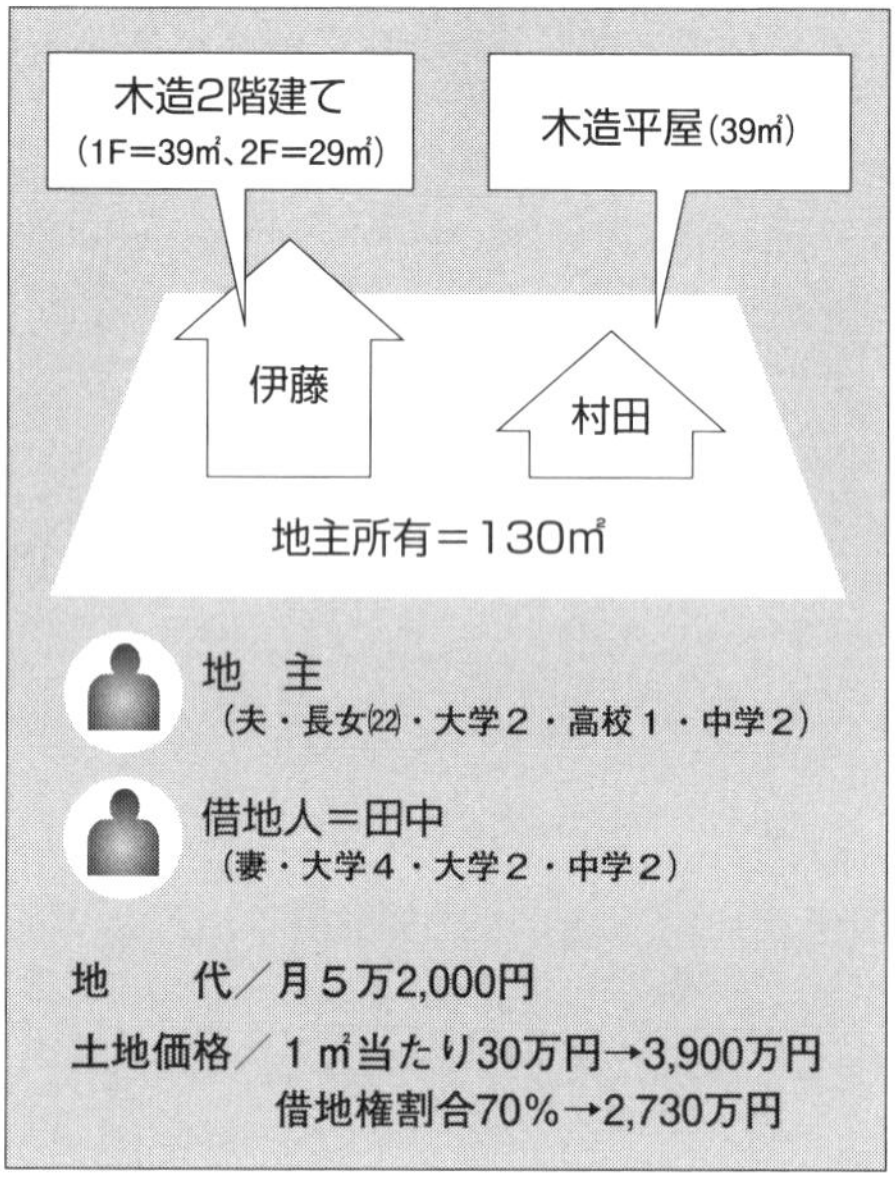

し、収益を図る必要があるということでしょう。しかし、あなたの家は、一か月約七五万円、年約九〇〇万円となり、この収入では、家族構成に照らし、息子たちの養育費に不自由するとは考えがたいと思われます。ご質問では自己居住目的ではなく、アパート等経営という営業的目的ですから、地主側の必要性としては弱いと考えられます。

　これに対する借地人の田中さん側の事情をみますと、田中さんは、現在、多摩市内の自己所有建物を住居として、借地上の所有建物はいずれも他人に賃貸して、家賃月額合計一二万円の収入を得ています。これは借地人自身の住居の敷地として利用しているものではありませんので、地主側の土地利用の目的と同様のものです。しかし、田中さんは、前記住居を取得するためのローンの返済が毎月約一四万円もあるという事情があります。田中さんの収入・資産は不明ですが、借家人二名からの家賃収入全額がローン返済にあてられていることは容易に推測できます。また、田中さんの家族構成をみれば、あなたの家族と同様に子供たちの養育費がかかるものと思われます。

右の各事情を比較しますと、借地人である田中さん側の本件貸地を必要とする程度は、地主のあなた側のそれを上廻るものと認められ、右の事情だけでは正当事由を具備することはできないでしょう。

ご質問と類似する事案で、借地権価格相当の立退料の支払いをしたときは、正当事由が補完されるとした裁判例（東京地裁・昭和五三年八月二九日判決・判例時報九三三号）がありますので紹介しましょう。右の事案は、ご質問と同様に賃料収入を含め、一か月約五二万円の収入を得ている地主が、子供の養育費に事欠くのでアパートかマンションを建てて収益を上げる必要があるとして、他所に住居を有し、ローンの返済のため老朽化した借地上の借家一棟を建て替え、アパートを建築して収益を図りたいとの意向を有する借地人に対し、借地の立退きを求めたものです。

裁判所は、地主の資産・収入から養育費に事欠く事実は認めがたい、借地人の貸地を使用する必要度の方が強いと判断しましたが、借地人が居住以外の目的で使用している事実から、借地権を地主に譲渡する場合の借地権価格相当の立退料（期間満了時である昭和四八年一一月当時の借地権価格九一五万八〇〇〇円）を、地主が支払いをしたときは正当事由が補完される、と判示しました。

この裁判例を参考にして立退料を算定しますと、貸地の時価を三九〇〇万円とし、借地権割合七割を乗じた価格が借地権価格とすれば、立退料は二七三〇万円が相当であることになります。

POINT

借地人が居住以外の目的で使用している場合には立退料の支払いにより正当事由を補完すると認められやすい。

Q2

老朽建物の跡地に中高層ビルを建築したいが

▼老朽化建物ならば損失補償が基準に

私は東京都葛飾区内に約三三〇平方メートルの土地を所有しています。約三〇年前、加藤さんに、右土地の半分（一六五平方メートル）を非堅固建物所有を目的として期間三〇年、地代月額二〇〇〇円（現在六万円）で貸しました。加藤さんは、この土地上に木造二階建家屋を新築し、「加藤屋」の名称で、富山の薬売りなどの行商人を客とする簡易旅館の経営を始め、現在も営業しています。

ところで、私は加藤さんに貸した土地に隣接する残り約一六五平方メートルの土地上に、二〇年前からアパートを建てアパート経営をしていますが、この土地の所在地がＪＲ常磐線Ｋ駅から約五〇メートルの場所にあるため、この一〇年間のうちに、周辺に中高層マンションやビルなどがつぎつぎに建てられています。

この土地は、都市計画上容積率五〇〇パーセントの防火地域内にあります。そこで、加藤さんとの契約期間も残り四か月となっていますので、貸地を立ち退いてもらったうえで、古くなったアパートを取り壊し、その敷地と合わせてそこに五階建ての賃貸マンションを建築したいと思っています。

なお、加藤さんは八〇歳の高齢で病気がちです。最近は、近くに近代的なビジネスホテルも建てられ、旅館は利用者も少なくなり、同年代の妻と二人だけで細々と営業している状態です。また旅館もひどく老朽化しており、ほとんど修繕もされていません。加藤さんに対し、貸地の立退きを請求できますか。また、立退料は必要ですか。

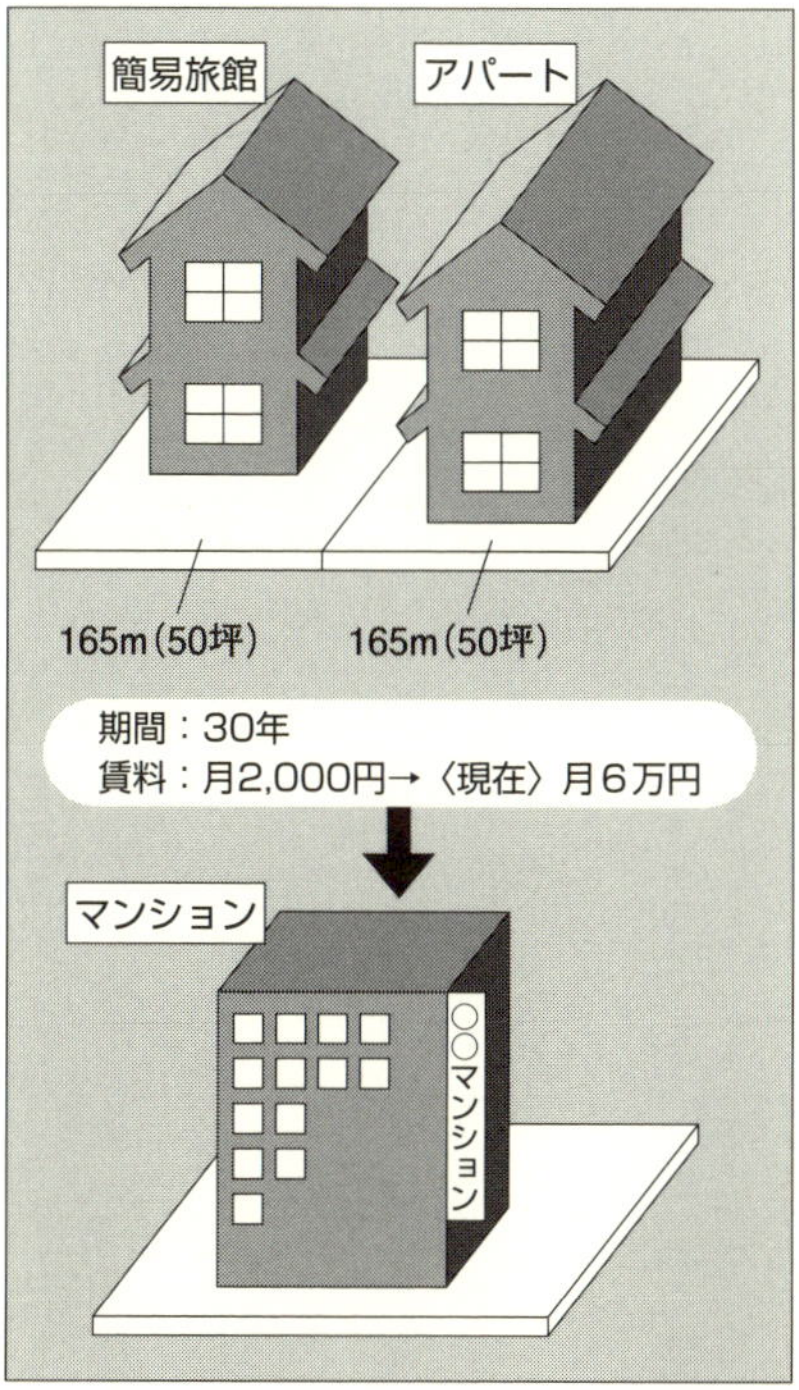

A

最近、都心部やその周辺部、ことに鉄道の駅周辺における中高層ビル、マンションなどの建築による土地利用の高度化の傾向は目覚ましく、地域の場所的環境の変化には著しいものがあります。そのような地域内の土地所有者が、土地の効率的な利用を図り、高層建築物を建てる計画を立て、借地人に対し貸地の立退きを求めたことから紛争が生じ、裁判所で審理される事例が増えてきています。

このような紛争は、地主から借地人に対する借地契約の更新拒絶を理由とする建物収去、土地立退きを求める裁判になるのですが、その争点は、地主の更新拒絶に「正当事由」があるか否かになります（旧借地法四条一項但書、六条二項、借地借家法六条参照。ご質問の場合、旧法時の契約ですので、旧法が適用されます）。この正当事由の有無の判断は借家の場合と同様に、貸主と借主における貸地の使用の必要性の有無、程度などの事情その他一切の事情を比較考量してされることになります。

さて、ご質問の場合に地主であるあなたから借地人の加藤さんに対し貸地の立退きを求めるには、借地契約の更新拒絶をする必要がありますが、これに「正当事由」があるかどうかを検討してみましょう。

まず地主であるあなた側の事情としては、右の土地周辺の場所的環境が、最近一〇年間における中高層建物の建築増加により土地利用の高度化が進んでいること、隣接するアパートの敷地とこの土地を敷地とする五階建てのマンションを建築する計画を有していること、右マンションの建築は当該地域における効率的な利用方法と考えられること、また当該地域に老朽化したと思われる中古の木造二階建ての家屋は非効率的であり、かつ周辺の中高層建物との調和を損なうとみられることなどの事情が認められます。

これに対する借地人の加藤さん側の事情としては、旅館業の経営だけで生計を立てており、かつ加藤夫婦の住居としても利用されていると考えられますから、この貸地を使用する必要性は十分にあると思われます。

しかし、建物も老朽化しており、旅館業の経営も近隣に近代的なビジネスホテルができた影響を受けて、客が減少するなどの理由により、老夫婦二人だけで細々と営業しているにすぎないこと、そして、このような営業状態が今後好転することを期待することはできないと思われますし、また八〇歳という高齢である加藤夫婦の年齢から考えてみましても、このまま簡易旅館の経営を続けることは非常に困難となると考えられます。

以上の各事情を比較考量しますと、地主であるあなた側の、この土地をより高度に利用したいという必要性の方が強いと考えられます。

それでは、ご質問の場合において、立退料を支払う必要があるでしょうか。これは、地主からの更新拒絶に必要とする正当事由を補完するために、立退料を提供しなければならないか、ということですが、この判断はむずかしいことです。加藤さんの旅館が右のような状態にあるとしても、その建物は加藤さんの生活の本拠地である住居として使用されているからです。

ここで参考となる裁判例を紹介しましょう。ご質問と類似した事案では、借地人の年齢および営業状態から旅館営業のため貸地を使用することを維持することにそう大きな利益があるとはいいがたい状況にあり、地主が地域性から貸地をより高度に利用するという社会経済上の利益にその座を譲らざるを得ないとして、立退料の提供を要せず、地主の更新拒絶に正当事由があると判断しました（東京地裁・昭和六一年一月二八日判決、判例時報一二〇八号）。

また、福岡県福岡市博多区内の周辺地域で市街化、建物の高層化が着実に進行している地域に土地を所有する地主が、老朽化の著しい木造二階建ての家屋を所有する借家人四名に対し、七階建ての高層ビルを建築する計画があることを事情として、借地契約更新拒絶をして貸地の立退きを求めた事例（福岡高裁・昭和五四年一二月二〇日判決、判例タイムズ四一三号など）があります。右事案で裁判所は、「右高層ビルを建築することにより本件土地周辺の発展、再開発に寄与し、市街地における土地利用の効率を高めることにもなることを考えるとその必要性はきわめて大である」として、土地立退きにより被る生活上の損失がかなりのものとされる借地人二人につき、立退料（二〇〇万円と一八〇万円）の提供により正当事由を具備するに至ると判断し、他の二人については、立退料の提供も要せずに正当事由を具備すると判断しました。

この二つの裁判例を参考にしますと、ご質問の場合には立退料を提供しなくても正当事由があるとされるか、あるいは加藤さんの生活上の損失を填補《てんぽ》するに相当の立退料（代替住居移転費用など）により正当事由が補完されるでしょうから、借地人への立退き請求はできると考えます。

POINT

対象貸地上の建物が木造の老朽化した建物で、周辺の中高層建物との調和を壊すほど、地域の市街地が進行している場合、比較的少額の立退料で立退きが認められます。

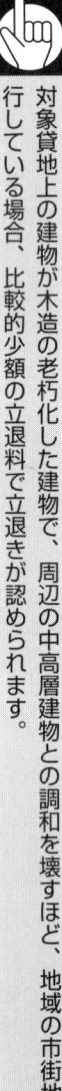

Q3 地主も借地人も営業のため使用を望んでいる場合

▼必要度が同じ程度の算定基準

私は神奈川県川崎市内において、ディスカウント店を経営しています。店舗は、二階建ての一階二階共に九九平方メートル（三〇坪）の規模で、敷地一三二平方メートル（四〇坪）共々私の所有です。この土地の東側に隣接する土地八〇平方メートル（約二四坪）も私の所有地ですが、一五年前に前所有者の前田さんから頼まれて買ったものです。

ところで、この土地は約三〇年前に前田さんが、東側に隣接するパチンコ店「キック」を経営する㈲安田商会に期間の定めなく貸したもので、現在、安田商会は同土地上に木造二階建ての家屋を所有し、一階を営業用機械器具の収納用倉庫に、二階を社宅として使用しており、地代は月額三万円になっています。社宅には「キック」店の従業員が住んでいるようです。

さて、最近はディスカウント業界も競争が厳しくなり、また取り扱う商品も多種多様になってきました。当店の近くには大型店が進出してきています。私としても、店舗を近代的な三、四階建てのビルに建て直し、売場面積を拡張して営業拡大を図ろうと思っています。

　そこで、安田商会に貸している隣地を立ち退いてもらったうえで、その敷地を含めた土地上に右ビルを新築したいのですが、立退きを請求できますか。また、立退料はいくらぐらいでしょうか。

　なお、安田商会は他に五店舗を持っているほか、前記パチンコ店から五〇メートルほど離れた場所に六階建てのビルを所有し、内半分ぐらいが空室となっているようです。また、調査によれば当地の更地価格は一平方メートル当たり約一〇〇万円で、借地権割合は七割程度で取引されています。

A

　期間の定めのない非堅固建物の借地契約の存続期間は三〇年とされています（旧借地法二条一項）。あなたが安田商会に貸地の立退きを求めるには、三〇年の期間満了前後に遅滞なく更新拒絶の異議を述べる必要があります。この異議には「正当事由」を具備しなければなりません（同法四条一項但書、六条二項参照）。そして、正当事由の有無の判断は地主と借地人双方の、その土地を使用する必要性その他諸般の事情を比較考量してなされ、もし正当事由が不十分である場合には、借地人の貸地を使用する必要の程度に応じて立退料の提供により正当事由を補完することができるか

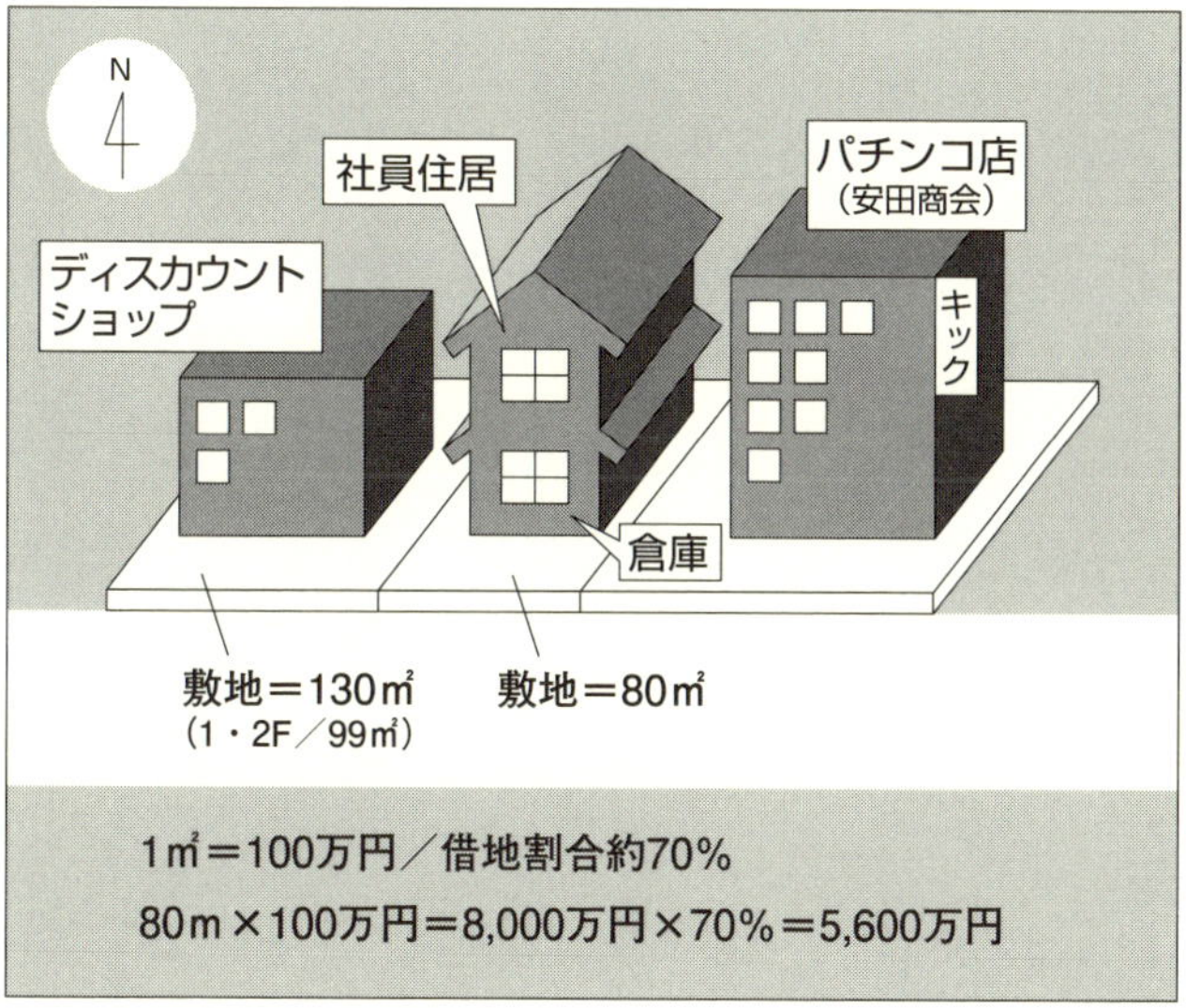

が問題となります。なお、この借地契約は旧法時に成立したものですので、旧法が適用されます。

さて、ご質問の場合に、あなたが安田商会に貸地の立退きを求めるため、更新拒絶の異議を述べるとすると、正当事由が認められるかどうか、検討してみましょう。

地主であるあなたの側の貸地を使用する必要性に関する事情としては、ディスカウント業界における競争に打ち勝つには、売場面積を拡大して営業拡大を図るため、近代的ビルを新築して店舗を大きくする必要があるが、それには現店舗の他、貸地も敷地として使用する必要がある、ということでしょう。しかし、この地域の都市計画上の容積率が何パーセントかわかりませんが、それによっては現店舗の敷地上に新築するビルの階数を増加させることで右目的は達せられる可能性があります。そのうえで、さらに隣接する貸地を使用する必要があれば、あなたの側に一応の必要性はあると認められると思われます。

これに対して、借地人である安田商会の事情をみますと、経営するパチンコ店に隣接する建物を倉庫および社宅として使用する必要性は認められます。倉庫に収納されている営業用機械器具が「キック」店において使用するものであると想像されますし、また社宅に住む従業員のようですから、その便利さはいうまでもありません。ただ、同店から約五〇メートル離れる場所に安田商会が所有するビルがあり、そのうちの半分が空室状態であるとのことですから、近隣にあるビルを「キック」店の倉庫および社宅として利用できると考えられ、この貸地を必要とする程度は弱くなります。

このような地主と借地人双方の事情の下では、この貸地をいずれがより必要としているかを判断することは困難でしょう。

ただし、双方がこの貸地をいずれも営業のために使用するという事案ですので、借地人である安田商会がこの貸地を立ち退くことによって被る経済的損失を填補《てんぽ》するに相当額の立退料が支払われるならば、これに正当事由を補完することができると認められるのではないでしょうか。

地主と借家人双方が対象貸地を営業のために使用したいが、これができない場合でも生活に困窮するほどでない事案の裁判例（大阪高裁・昭和五八年九月三〇日判決、判例タイムズ五二三号）がありますので紹介しましょう。

この事案は、パチンコ店を経営する地主が、集客力の強化、営業収益の増加を図る目的で店舗を拡張するため、隣接する貸地を使用する必要があるとして、貸地に隣接して同じくパチンコ店を経営する借地人に対し、借地人が倉庫兼ガレージ（自動車一台分）および社員の住居として使用している木造二階建て家屋の敷地の立退きを求めた事案です。

裁判所は、本件土地の必要性につき、いずれが優位ともにわかに断じがたいとしたうえで、右家屋に住む社員および収納機械器具の移転は必ずしも困難ではないと推察できるとし、地主が本件土地の借地権価額（鑑定では四四五四万五〇〇〇円とされた）に移転経費を付加した金額にほぼ相当すると認められる四五〇〇万円を立退料として提供したことを補強条件として参酌し、更新拒絶の異議に正当事由があるものと認めました。

右裁判例を参考として、ご質問の立退料の額を検討してみましょう。更地価格に対する借地権割合を乗じた額を借地権価額として計算しますと、貸地の借地権価額は五六〇〇万円となります。これに移転経費として五〇万円ないし一〇〇万円を付加しますと、立退料は五六五〇万円から五七〇〇万円ということになるでしょう。

ご質問の場合、この立退料の支払いにより更新拒絶の異議につき、正当事由を補完することができると考えられるでしょう。

POINT

地主・家主双方が営業用目的で貸地を使用する必要があり、その必要度に優劣がつけられない場合の立退料は、借地権価額プラス移転費用とされる場合がある。

Q4

倉庫を立ち退いてもらい駐車場にしたい

▼立退料を提供しても認められなかった例

私は、埼玉県大宮市内に妻と二人で自己所有の土地建物に住んでいます。私共夫婦はいずれも七〇歳を超えた高齢で、子供には恵まれませんでした。生計は自宅に隣接する私所有の五筆の土地（合計九九〇平方メートル）を貸地および駐車場として使用し、地代と貸駐車場の収益に頼っています。地代が年間約四〇〇万円、駐車場からの収益が年間約六〇〇万円で、固定資産税などの公租公課を控除すると年間約七〇〇万円から八〇〇万円の収入があります。

ところで、私は自宅の東側に隣接する土地（一三二平方メートル）を山田さんに貸し、西側に隣接する土地（一九八平方メートル）を山田さんが経営する㈱山田商会に貸しています。山田商会は大手自動車メーカーの部品専門代理店で、西側土地上に本社建物があり、東側土地上の木造二階建ての建物を倉庫として使用しています。この建物は一七年前まで前借地人の佐藤さんが住居として使っていたものですが、山田さんが買い取って倉庫に改

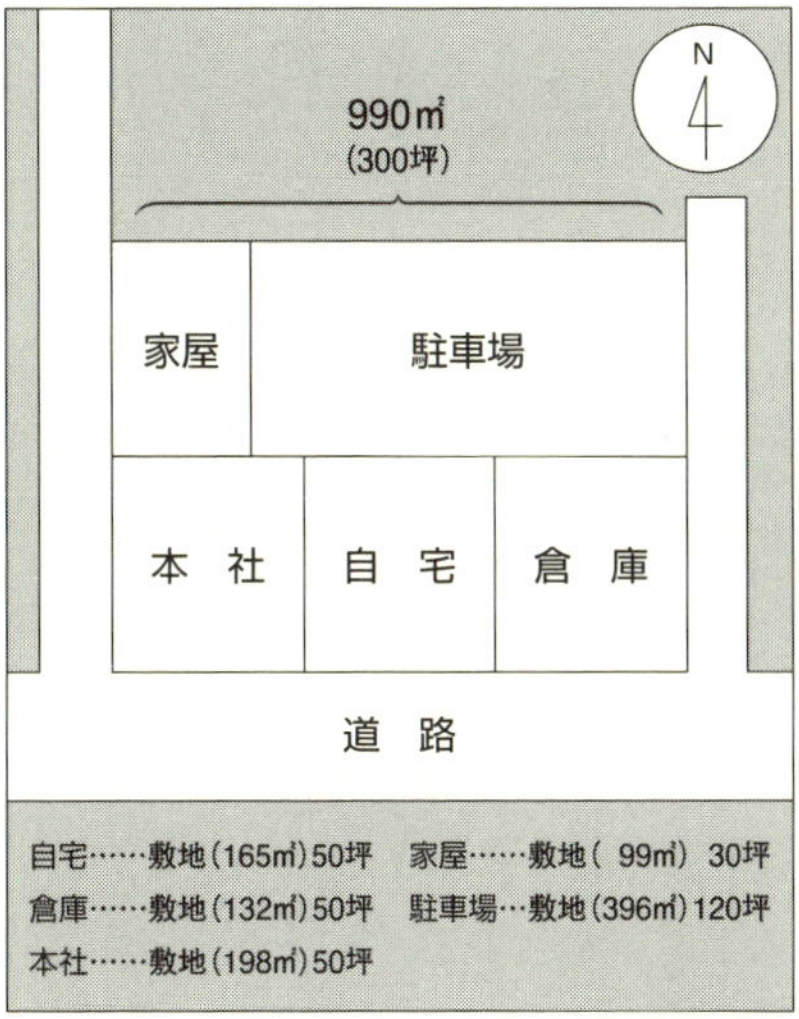

修したものです。
　さて、東側土地の借地期間が六か月後に三〇年目になります。山田さんが倉庫として使用しているだけですので立ち退いてもらったうえで駐車場として使用し、収益を上げたいと思います。また私には子供がいないので、将来は養子をとり、右土地に養子の住居を新築し、世話をみてもらいたいと考えています。立退料として借地権価額相当額を準備してありますが、山田さんに対する立退きは認められるでしょうか。

A

　あなたが山田さんに対し、東側土地の立退きを求めるには、「正当事由」を具備した借地契約の更新拒絶の異議を述べる必要があります（旧借地法四条一項但書。旧法下の借地契約ですので、旧法が適用されます）。正当事由の有無は、地主であるあなた側の事情と借地人である山田さん側の事情を比較考慮して判断されますが、山田さん側が本件貸地を倉庫として使用する必要性が著しく高い場合には、立退料を提供しても正当事由が具備したと認められない可能性があります。

それでは、ご質問の場合のあなたと山田さんの事情を検討してみましょう。

あなた側の事情としては、おそらく地代よりも駐車場による収益が高いことから、右の貸地の立退きを求めたいということだと思います。しかし、あなたの収入をみますと、公租公課《こうそこうか》（＝税金）を控除しても年収が七〇〇万円～八〇〇万円あることが認められます。あなた方夫婦の生計を維持する収入額としては十分な金額ではないでしょうか。生計を維持するためには、さらにこの貸地を駐車場として使用する必要性は低いと考えられます。

また、将来、養子をとってこの貸地を敷地として養子の住居を新築したいとのことですが、具体的に養子縁組みの話が決まっているようではありませんので、右の事情はあなたに有利な事情にはならないでしょう。

あなたの右の事情だけではこの貸地を使用する必要性は低いものと考えざるを得ません。

これに対する山田さん側の事情ですが、この貸地上の倉庫が山田商会本社のすぐ近くにありますので、同条件で他に倉庫用の土地を捜すことは、きわめて困難なことだと推測できます。また同社は大手自動車メーカーの部品専門代理店ということですが、右営業ではおそらく数万点の部品を擁し、一日に相当多数回の部品の出し入れをすることが必要でしょう。とすれば、本社の至近距離に倉庫があることが営業上いかに便利かは想像できます。したがって、山田さん側がこの貸地を必要とする程度は、きわめて高いと考えられます。

以上のように双方の事情を比較しますと、地主側の必要性が低く、借地人側のそれが非常に高いものと思われます。この倉庫が老朽化し倒壊の危険があり、山田さん側がこれを放置しているような事情や、本店近くにこの倉庫に代替しうる山田さん側所有建物があるなどの事情があれば別ですが、そのような事情がないかぎり、あなたの更新拒絶の異議に正当事由があるとは認められないと思います。また、右のように借地人の必要性が地主のそれに比較して著しく高いと認められる事情の下では、相当高額の立退料を提供しても正当事由を認めることはできないでしょう。

なぜならば、立退料の提供は正当事由を補強するものであって、正当事由に代替できるものではないからです。

参考となる裁判例（東京地裁・昭和五五年一一月一日判決、判例時報一〇〇四号）を紹介します。これはご質問と類似の事案で、地代と貸駐車場の収益により生計をたてている地主（公租公課を控除した収入が年六〇〇万円）が、駐車場として使用する必要性などがあるとして、倉庫の敷地として貸地を利用している借地人に対し立退きを求めたものですが、裁判所は、借地人が貸地を使用する必要性が、きわめて高いと認めたうえで、地主が提示した借地権価額相当額の金二五〇四万円の立退料の提供によっても正当事由を補完することはできないと判示しました。

POINT

立退料は更新拒絶に必要な正当事由を補強するもので、正当事由に代わりうるものではありません。

Q5

地代滞納・不払いの借地人を立ち退かせたい

▼裁判を起こした後に和解で解決した例

渡辺さんは約二八年前から東京都新宿区に土地（約六六平方メートル）を借り、木造二階建家屋（一階六畳二間・台所等、二階六畳・四畳半）に、妻と長男（三〇歳）、次男（二七歳）、三女（二二歳）の五人家族で住んでいます。

さて、平成二四年九月、渡辺さんは北区内の土地約二三一平方メートルを相続し、この土地を借りている加藤一夫さんの地主となりました。この借地関係は昭和五二年八月、渡辺さんの亡父と加藤さんの亡父加藤太郎が木造家屋所有目的で期間二〇年と定めて契約し、平成九年八月、期間二〇年として更新されたものです。この土地には、亡太郎所有の木造二階建家屋（敷地部分約九九平方メートル）と木造平屋建家屋（右と同じ）の二棟が建てられていますが、平成二二年、太郎が死亡し、長男の一夫さんが借地権と二階建家屋を、長女の藤田花子さんが平屋家屋を相続したのです。

一夫さんは、二階建て家屋を四人家族の住居として使用していますが、花子さんは既婚で他所に住居を持ち、この平屋建家屋を一時他人に貸していましたが、現在は空家同然です。また、残り約六六平方メートルは約三・三平方メートルの朽廃した物置が置いてあるだけで雑草が一面にはえている空地になっています。

平成二五年頃から一夫さんの支払う地代（月額四万八〇〇〇円）が三か月、四か月と滞納するようになり、平成二九年三月には六か月分の地代が不払いになっていました。渡辺さんは、現在の住居が狭く、また借地でもあるので、一夫さんとの借地契約期間が満了する平成二九年八月に立退きを求め、その敷地に渡辺さん一家の住居を新築しようと計画し、同年四月、一夫さんに対し更新拒絶する旨を申し出ましたが、同年九月になっても立退きに応じません。そこで、弁護士に相談することにしました。

A

渡辺さんが加藤一郎さんに対し、本件借地の立退きを求める方法としては、自己の住居として使用する必要があることを理由に、更新拒絶の異議を述べて借地契約を終了させる場合（旧借地法六条、四条一項）と、債務不履行（地代の不払い）により契約を解除する場合（民法五四一条）が考えられます。

後者の場合には、地主と借地人間の信頼関係が破壊される程度の債務不履行でなければならないと解され、かつ渡辺さんが契約解除する際に地代の不払いの状態が継続している必要があります。ご質

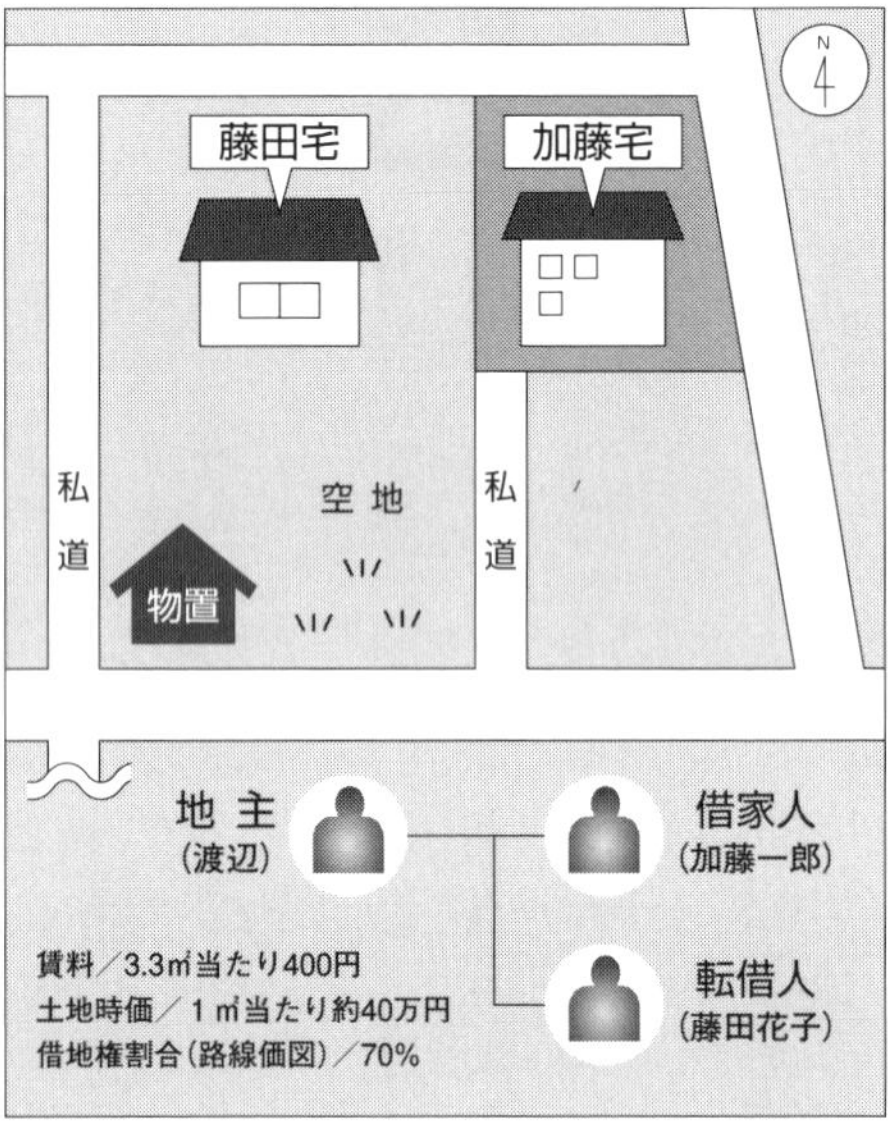

問では、おそらく渡辺さんが更新拒絶の申し出をした際に、加藤さんは未払地代を支払ったと思われますので、契約解除はむずかしいでしょう。

それでは、渡辺さんの更新拒絶に正当事由が認められるでしょうか。正当事由の有無は地主と借地人双方のこの貸地を必要とする事情、その他の一切の事情を比較考量して判断されることになります。

まず地主である渡辺さん側の事情をみてみましょう。渡辺さんは自宅に夫婦と成人した子供三人の五人家族で同居していますが、その部屋数、規模からみて、成人の五人家族が同居するには、最近の住宅事情から狭すぎると思われます。また、自宅住居の敷地は借地で、賃貸期間が二五年あるいは三〇年であれば、当年または五年後に期間満了となり、地主から立退きを求められる可能性もあります。すでに立退きを請求されているとすれば、渡辺さんが加藤さんに対して借地契約の更新拒絶をし、この貸地に自ら住居を新築して移転したいという意向はもっともなものであり、渡辺さんに対する立退き請求が認められる可能性は高くなるでしょう。その他、渡辺さんの自己所有の土地建物に住みたいという感情や、収入・資力などの事情によっては、渡辺さんがこの貸地を自己の住居として使用する必要性は十分に認められると考えられます。

つぎに借地人の加藤さん側の事情をみますと、加藤さんは貸地二三一平方メートルのうち約九九平方メートルの部分を自己の住居の敷地として使用しているだけで、他には約九九平方メートルの部分を藤田さんが転借し、平屋建家屋の敷地として使用していますが、現在は空家同然で、また、残りの約六六平方メートルは空地となっています。加藤さんは、四人家族の住居として使用していること、また慢性的な地代滞納が三年間続いていることから、収入・資産など経済的な面において転居する資力はないと見込まれますので、加藤さんが自宅住居の敷地部分を使用する必要性はあると考えられます。しかし、転借人である藤田さんが所有する建物の敷地部分および空地部分については、ご質問の事情の下では、加藤および藤田両名の使用の必要性は特段の事情がないかぎり少ないものと考えられます。加えて加藤さんが地代を滞納してきた事実は、それが地主との信頼関係を破壊する程度もしくはそれに近いものと思われますので、加藤さん側にきわめて不利な事情となるでしょう。

以上の事情を比較しますと、この貸地のうち藤田さんが転借している部分と空地部分の合計約一六五平方メートルの部分については、地主である渡辺さんの更新拒絶に正当事由があると認められる可能性があり、また、加藤さんの住居の敷地部分についても、地代滞納の事情の評価いかんにより正当事由があると認められることもあると考えられるのではないでしょうか。

渡辺さんから相談を受けた弁護士は、ただちに、内容証明郵便により更新拒絶の異議を述べる旨の通知を加藤さん宛に出しました。これは、本件借地契約の期間満了後に借地人である加藤さんが本件貸地の使用を継続しているので、これに対する異議を遅滞なく述べる必要があるからです（旧借地法六条参照）。そして、原告を渡辺、被告を加藤一夫および藤田花子とする建物収去、土地明渡請求の訴えを東京地方裁判所に提起しました。理由は、地主である渡辺さんの借地契約更新拒絶の異議に正当事由があるとするもので、正当事由の事情として、自己使用の必要性と、加藤さんの慢性的な地代滞納により信頼関係が破壊されたなどの事実が中心となりました。

口頭弁論期日が二回進行した後、裁判所から和解勧告がなされ、二回目の和解期日に、渡辺さん側が加藤さんの所有家屋の敷地部分の借地権を認め、かつ藤田さんに対し、立退料として一二〇万円を支払うのと引換えに、加藤さんは渡辺さんに対し、藤田さん所有家屋の敷地部分と空地部分とについては立ち退くという内容で和解が成立したのです。これを**裁判上の和解**といいます。

右の立退料は、藤田さん所有家屋の買取り価格を超えるものですが、和解金として支払うことにしたものです。この和解により、渡辺さんは比較的早期に紛争を解決することができたのです。

なお、右和解には**和解調書**が作成され、判決と同じ効力をもちますが、その際、加藤さんの敷地部分と立退き部分を明確にするため、この貸地を測量し、分筆しました。

POINT

賃貸期間満了前に、たとえ更新拒絶の通知をしていても、期間満了後に借地人が利用を続けていると遅滞なく異議を述べる必要があります。

Q6

立退料の心配のない短期間の土地賃貸借がないか

▼事業用定期借地権（定期借地権の事例）

私は都内の幹線道路沿いに約三〇〇平方メートルの土地を所有しています。この土地は、それまで山田さんに貸していたもので、山田さんはこの土地上に住居兼店舗の二階建建物を建て、一階店舗で飲食店を経営し、二階を住居として利用していたのですが、問題が生じ、約五年間の裁判を経て、やっと更地の状態で明け渡してもらったものです。

数日前に、近隣の不動産屋から私のところに、ハンバーガーショップの建物を建てる目的で、この土地を借りたいという客がいるが、借してもらえないだろうかとの相談がありました。山田さんとの賃貸借で立退料を支払うなど解決まで大変な思いをしましたので、再び他人にこの土地を貸すことを迷っています。

賃貸期間満了時に、立退料の支払いを心配することなく、比較的短期間の土地賃貸借ができる方法はあるのでしょうか。

A 旧法下では、建物所有目的の土地賃貸借契約の場合、堅固な建物は三〇年以上、非堅固の建物は二〇年以上の賃貸借期間を定める必要がありました（旧借地法二条参照）。右の期間より短期の契約は、一時使用が明らかな場合を除き有効な契約を締結することはできず、また、期間満了時においても正当な理由がなければ立退料の支払いなしで円満な明渡しもできなかったことは、これまで本書でお話ししたとおりです。

しかし、新法では、新たに定期借地権の制度を導入し（借地借家法二章四節二二～二四条）、契約更新をしない、したがって立退料の支払いも心配のない借地権設定契約を締結することができるようになりました。

近時の社会経済情勢の変化に伴なう土地利用の多様化の要請（長期か短期か、借地上の建物が居住用か事業用かなどの区別）に応える新たな借地権の形態が定期借地権なのです。

さて、ご質問の比較的短期の土地賃貸借契約の方法ですが、定期借地権のうち**事業用定期借地権**（新法二三条）の設定契約をお勧めします。この事業用定期借地権とは、①専ら事業の用に供する建物の所有を目的とし、②存続期間を一〇年以上五〇年未満として、設定する借地権で、③契約は公正証書によってなされなければなりません。

「事業用」の建物所有を目的とするものですから、たとえば、ファミリーレストランなどの飲食業、パチンコ、ゲームセンターなどの娯楽産業、事務所・店舗用貸ビル業などの事業目的の建物所有を目的とする借地権でなければなりません。

ただし、事業用のものでも「居住の用に供するものを除く」とされていますから、山田さんの場合のような住居兼店舗の建物はもちろんのこと、賃貸マンションの建設を目的とする場合などには、この制度を利用できませんので注意してください。

また、賃貸期間は「一〇年以上五〇年未満」ですから、一〇年未満、あるいは五〇年以上の期間を定めた契約は無効となります。

もし、借地人のためにと思って五〇年以上の期間を定めた事業用定期借地権の設定契約をした場合には、五〇年未満の範囲で有効な契約となるのではなく、事業用定期借地権としての契約自体が無効となります。

その結果、普通の借地権設定契約（借地借家法三条）とみなされ、その賃貸期間は三〇年となり、更新の規定（同法四条～六条）が適用されますので、期間満了時に更新拒絶をして明渡しを求めるには「正当事由」のあることが必要となってしまいますから、十分に注意してください。

そして、この事業用定期借地権の設定契約は、必ず公正証書によってしなければなりません（同法二三条三項）。公証役場の公証人が作成した公正証書による契約が義務付けられているわけですから、口頭による合意はもちろんのこと、公正証書によらない書面（契約書、念書、確認書など）による合意でも、事業用定期借地権の設定契約は有効とはいえません。

以上が、定期借地権制度のうち事業用定期借地権の内容です。

新法が新たに認めた定期借地権は、右の他に①（長期的）**一般定期借地権**（借地借家法二二条）、**②建物譲渡特約付借地権**（同二四条）があります。

前者は存続期間を五〇年以上とするものですから、長期間の賃貸借となります。

後者は、設定後三〇年以上を経過した日に、土地上の建物を借地権設定者（地主）に相当の対価で譲渡する旨を定めるものです。この定期借地権の三つのタイプの特色については、本書一六頁に一覧解説がありますのでご覧ください。

ご質問の場合、賃貸期間が一〇年以上五〇年未満と最も短期間の定期契約が可能であること。また、期間満了時に土地上の建物を買い取る必要がなく、更地の状態で明渡しを求めることができることから、地主に最も有利な契約内容といえますので、事業用定期借地権の方法が良いと思われます。

ただし、事業用定期借地権を設定する場合には、設定可能期間が普通借地権の場合より短期であり、更新も認められず、契約期間満了時には借地人は原則として建物を収去し更地にして明け渡すなど、借地人側にとって不利な内容の借地権となるものですから、権利金、敷金、賃料の額を定めるに際し、その他の借地権設定契約の場合と比較して借地人に有利な内容となると思われます。

POINT

事業用定期借地権なら期間満了後は、立退料なしに更新を拒絶することができます。この場合には、公正証書による契約をしなければなりません。

Q7

一定期間後に立退料なしに借地を立ち退かせるには

▼新法で新たに規定された借地権

私は現在六五歳で、地方都市の郊外の国道沿いで農業を営んでおります。息子が二人おりますが、農業を継がず勤めに出ております。私も年をとり、その上病気がちで、これ以上農業を続けることは無理な状況となりました。

そこで、農業を辞めて、この農地を利用して収入をあげ、生活費としたいと考えております。しかし、一度土地を他人に貸すと明け渡してもらうことはまず不可能であり、また明け渡してもらえるとしても、相手に多額の立退料を支払わなければならないと聞いております。

私は、この土地の利用で収入をあげたいのですが、息子たちの代には更地にして、息子たちの意思でこの土地を自由に利用させたいと思っております。約束の期限に立退料も払わずに、必ず立ち退いてくれるような土地の賃貸はできないものでしょうか。

A ご質問の場合には、旧借地法にかわり新しく施行された借地借家法に盛りこまれた事業用定期借地権を設定されればよいと思われます。

旧借地法においては、ご質問のように、いったん第三者に土地を賃貸した場合に、その明渡しを求めることは、建物がある限り実際問題、非常にむずかしく、また明渡しが実現したとしても多額の立退料が支払われてきたのが現状です。

そのため、いったん土地を建物所有目的で賃貸すれば、その返還はまず無理であるとの風潮が出来たのもやむを得ない面があります。

しかも、右の風潮に加えて、土地を所有していても、これを第三者に賃貸した場合、低額の地代しか徴収できず、かつ更新料についても法律上明確に認められず、更新のたびに争いとなり、そして明渡しとなれば今までに受領した地代の総額を大幅に超える立退料を支払わなければならないとすれば、土地を第三者に貸すことなどせずに、そのまま空地としておいた方がよいとの結論を生むこととなりました。

しかし、右の結論が、都市、近郊の有効な土地利用を阻害すること論をまたないでしょう。

土地所有者の不安を解消し、土地の有効利用をはかるためには、一定の期限には必ず返還を受けられる借地権の存在が望まれます。

そこで、新法は、新たに**一般定期借地権**（借地借家法二二条）、**事業用定期借地権**（同法二三条）

および**建物譲渡特約付借地権**（同法二四条）の三つの借地権を想定しました。

つぎに、この三つの借地権について説明します。

1　一般定期借地権（借地借家法二二条）

①存続期間を五〇年以上として、②更新がないこと、③建物築造による期間の延長がないこと、④建物の買取りの請求をしないことを定め、しかも右の四つの定めを必ず公正証書等の書面で契約をした場合に、その定めた五〇年以上の期間の満了とともに借地権は消滅し、更地として、無償で返還を受ける借地権です。

2　事業用定期借地権（同法二三条）

①存続期間を一〇年以上五〇年未満とし、②居住用を除く事業用の建物所有を目的とし、③公正証書で契約をした場合には、その約束の期限が満了した時に借地権は消滅し、更地《さらち》で返還を受ける借地権です。

3　建物譲渡特約付借地権（同法二四条）

設定後三〇年以上を経過した日に、借地権の目的である土地の上の建物を設定者が、相当の対価で買い取ることにより借地権を消滅させる借地権です。

とくに、公正証書等の文書によることは要件とされていませんが、いかなる日をもって消滅の日とするのか、相当な対価をどのように決めるのか、消滅後の建物の利用関係についての詳細等、後に争いが生じないように文書化しておくことが望ましいと思われます。

以上三つの特殊な借地権の説明を致しましたが、ご質問の土地の利用については事業用定期借地権の設定が最適であると思われます（なお、農地法上の転用許可も必要です）。国道に面した一定規模の土地であれば、この事業用定期借地は貸す側、借りる側両者にメリットが生じます。

なお、新法で新たに規定された、いわゆる**法定借家権**について補足しておきます。

前述のように、新法において、建物譲渡特約付借地権（新法二三条）の規定が新設されましたが、この規定によりますと、借地権消滅後も建物が存続することが前提とされています。そうしますと、借地権消滅前からの建物の利用関係が、その消滅後にどのような権利関係となるのか問題を生じることとなります。

新法は、右の問題について、借地権が消滅した場合でも、借地権者または建物の賃借人で、借地権消滅後もその建物の使用を継続している者がある場合には、その者からの請求があった時に、その者と借地権設定者との間に建物賃貸借がなされたものとみなすとの規定を設け、その存続期間は、期間の定めのないものを原則とし、借地権の残存期間があるときは、その残存期間を存続期間とするとされました。新法で法定借家権を定めたこととなります。

POINT

借地借家法では、一定期間経過後には立退料の支払いなしに、必ず土地の返還を受けることができる借地契約が新設されました。

Q8

隣接地として併せて土地の有効利用をしたいが

▼借主の使用の必要性が低い場合

私は東京都の新宿区内に、父から相続した土地を所有しています。この土地には、二名の借地人が父の代から建物を所有して賃借しておりましたが、そのうちの一名は五年ほど前に立ち退きました。現在は土地の半分が更地で、残りの半分を田代さんが賃借しております。

田代さんはご夫婦と末の娘さんの三人暮らしです。私は田代さんから土地を明け渡してもらい、隣接の更地と一緒にして共同賃貸住宅を建築したいと考えています。ちょうど来年には借地の期間が満了します。

私の場合、田代さんに立ち退いてもらうことは可能でしょうか。可能だとして立退料はいくらくらい必要でしょうか。

なお田代さんは、約二〇年位前から所沢に自宅用の土地建物を所有し、現在長男夫婦が住んでいます。

また田代さん自身は方位や星まわりを気にする方で、このために本件の土地から転居したり、また転入したりを繰り返しています。そしてまた、平成二年には無断で建物の増築もしています。

A

本件においても、明渡しの正当事由がどこにあるのか、そして本件土地の使用の必要性がどの程度あるのかについて、地主と借地権者双方の事情を見る必要があります。

まず、相談者側の事情をみますと、相談者は別の場所に住居を持ち、本件土地の必要性は自宅を建てるというものではなく、たまたま隣地が立ち退いて更地となったため、田代さんに明け渡してもらうことにより、より大きな共同住宅が建築できるというもので、いわば自らの事業上の有効利用のため必要とするものです。

一方、田代さん側の事情を見ますと、まず本件土地を自宅として長期間使用していることが挙げられます。しかし、田代さんには約二〇年前から所沢に土地建物を所有し、また本件土地の使用も方位や星まわりを気にして常に住居していたわけでもなく、土地に対する愛着の度合いに疑問があること及び以前無断増建築を行った事実があります。

以上のそれぞれの正当事由、使用の必要性を検討すると相談者の必要度はあまり大きくないと思われます。一方、田代さんは自宅でかつ長期間居住してきた事実からすれば、田代さんの使用の必要度

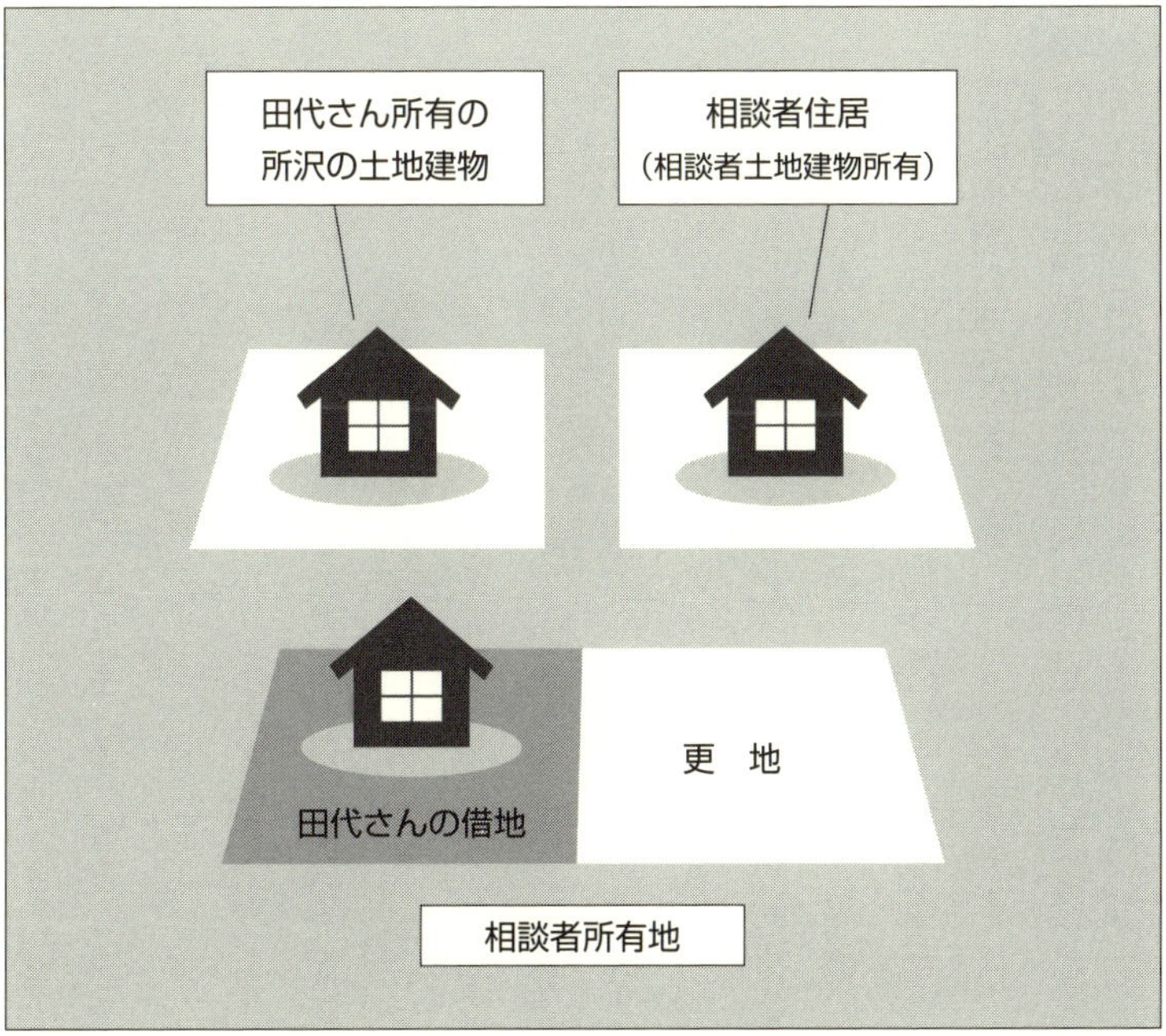

がはるかに大きく、相談者の単なる事業上の必要性からだけでは、たとえ立退料を付加しても正当事由は認められないと考えるのが妥当と思われます。

しかし、相談者の使用の必要度が低くても田代さん側にも単に自宅として長年居住してきたという事実だけではなく、他に自宅とできる土地建物を所有しているという事実もあります。また、長年の居住といっても、この間に転居、転入を繰り返し、しかも地主に承諾を得ずに建物に増改築の事実があり、地主との信頼関係に問題があります。

いわば、田代さんは土地使用の必要性について、プラスの面（長年使用してきた自宅である点）とマイナスの面（長男が使用しているにしても、別に自宅となる所有土地建物があり、本件土地も転入転出を繰り返し土地に対する愛着があまりない、田代さん側の責に帰すべき地主との信頼関係の棄損の事実等がある点）が共にあり、両面を総合すればマイナスの面が残ると思われます。

そして、右のような場合には、たとえ相談者側の土地使用の必要性がそれほど大きくなくても、正当事由の存在を認め、田代さんの不利益は立退料を付加することにより、土地所有者の明渡し請求を認めるべきと思われます。

右と同様の例について、東京地裁平成七年九月二六日判決（判例タイムズ九一四号一七七頁）は地主の明渡し請求を認め、立退料として、土地の路線価を基準とした更地価格の七割を借地権価格と認定し、この価格を一つの目安として、諸事情を総合考慮すると、正当事由を補完するために地主が支払うべき立退料はその約四二パーセントが相当であると判示しています。

右の判決は土地の価格を算出するについて路線価を基準としていますが、裁判をしたのが平成五年から七年頃であるため、いわゆる不動産バブル崩壊の影響により、当時東京都内では時価と路線価が同じまたは路線価の方が高い時があった事情が考えられ、現在は必ずしも路線価を基準とするとも限りませんのでご注意ください。

POINT

地主側の正当事由が弱い場合であっても、借地権者側の正当事由にマイナス要素があれば、立退料を付加することによって正当事由を補完し、明渡しが可能となる場合がある。

Q9

不動産業者とタイアップして大規模開発をしたい

▼再開発の例

私は東京都心の商業、隣接商業地にまたがり約三〇〇〇坪の土地を所有し、約六〇世帯の人々に土地や建物を貸してきました。ここは建築時期の異なる低層の建物が乱雑に建っている状態で、附近の商業ビルとも不釣り合いなのでなんとかしたいと思っていました。

このような時に、区の優良再開発建築物整備事業の呼びかけと大手不動産会社からの誘いもあり、私の所有地を再開発し高層の賃貸事務所と賃貸住宅を建てる計画を立てました。

この計画に基づき、借地人のAさん以外の借地・借家人は私側が提案した立退料で明渡しに応じました。このような再開発の場合でもAさんに対し裁判で明渡し判決が得られるでしょうか。なお、Aさんの借地の場所は私の約三〇〇〇坪の土地のほぼ中央にあり、この借地を残して開発すると公開空地として利用することができなくなり開発に大きな障害となります。また一方、Aさんは近くに自宅をもう一軒持ち、そちらで暮らしています。

A

本件は再開発の場合でも借地権者に明渡しを求められるか否かの事例です。本件の場合にも明渡しについての正当事由があるのかの判断となり、これについては地主と借地人の対象土地利用の必要度によって判断することとなります。

地主にとっては区の協力があるにしても土地の開発が当人の経済的利益の追求にあることには間違いなく、ただし近隣環境の変化により高度利用の必要性が増していること、借地人の土地の存在で他の開発土地の利用が妨げられ、計画建物が多大な変更を受けることが考えられ、一方、借地人は近隣に自己が居住できる建物を所有していることからみて、借地の自己使用の必要性はそれほど高いものとも思われません。

そこで、本件のような事例では立退料の支払いと引換えに明渡しを認める判決が出ることが予想されます。

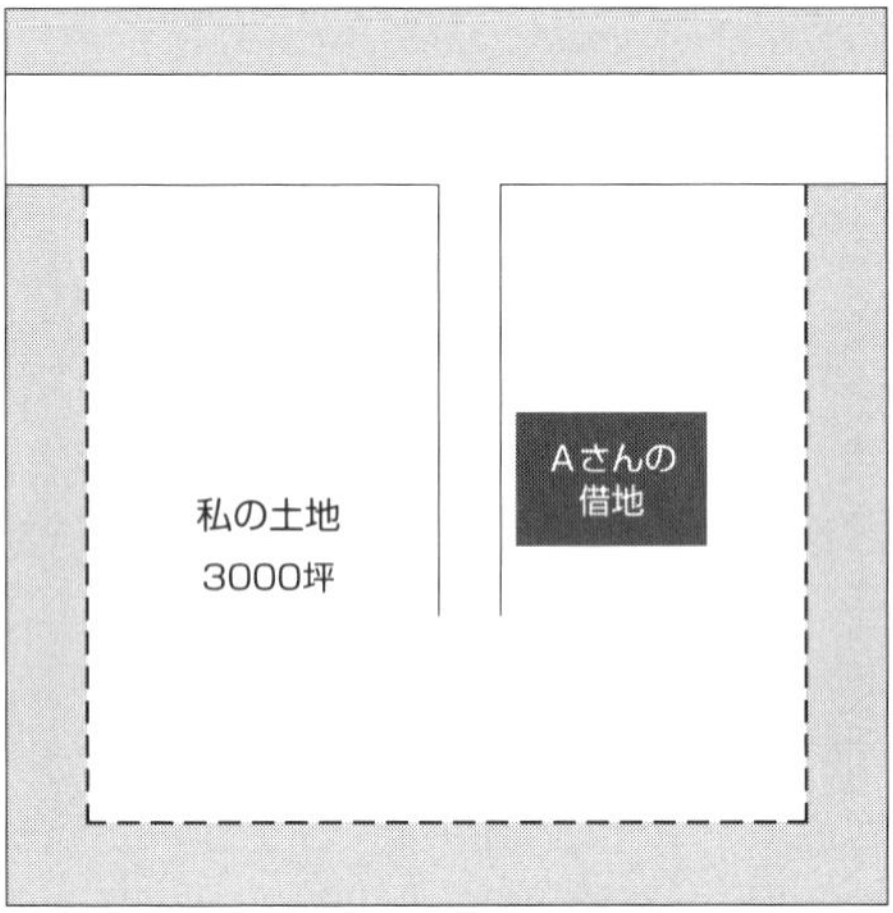

なお、本例は東京地判平一〇年八月二一日を参考に作成したものですが、同判例は地主側が当初より更地地価の約七割を立退料として支払提示しており、判決も同額の支払いで明渡しを認めています。

POINT

大規模再開発でも、一定の立退料の支払いと引換えに、借地の明渡しと立退きを容認される場合がある。

Q10

バブル崩壊後の立退料の算定基準

▼バブル崩壊後の借地権算定の考え方

私は平成六年に自宅の近所の底地を買いました。私は家族が多く、現在の自宅が手狭なため、将来子供達の住まいを作りたいと思い、この底地を買いました。

この土地は昭和四二年以前からAさんが借地し、木造二階建ての建物を建てて奥さんと住んでいましたが、両名とも亡くなり、一時相続人がその建物を賃貸していました。しかし、それも平成二二年からは空き家となっていました。

私はAさんの相続人に対し、土地の賃貸借契約の終了と建物収去、明渡しの調停を申し立て、その中で借地権価格に見合う立退料を提示しました。しかし、相続人がこれを拒否し、不調となりました。そしてその後、相続人は平成二四年頃から二階を改装して自らの仕事の事務センターとして使用を始めました。

契約の更新期間が八か月後に到来するのですが、更新に異議を述べて、賃貸借契約を終了させ、建物収去土地明渡しを求めることは可能でしょうか。また立退料はどのようにして計算したらよいのでしょうか。

A

土地の賃貸借契約を終了させて、建物収去土地明渡しを求めるには、土地所有者に明渡しの正当事由が必要です。この正当事由の判断は、結局、土地所有者の対象土地利用の必要度と借地人の利用の必要度の比較衡量で決められます。

本件土地購入者は、その購入目的が借地の明渡しを期待して購入したとも考えられ、この購入目的からみると明渡しは難しいとも考えられます。

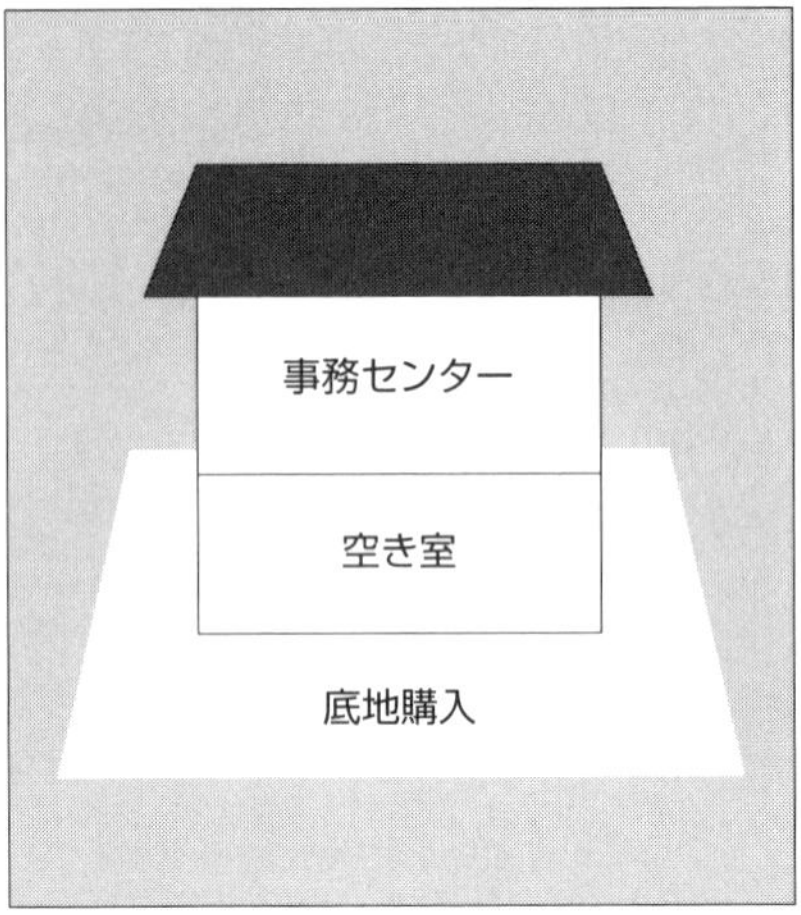

しかし、近所に自宅があり、子供達もその近くで生活させたいとする動機は特に営利目的とは考えられず、一定の必要性は認められます。また一方、借地人側の必要性としてはAさん夫婦の死亡の後に空き家となっていた事情、明渡しを求められていた以後に対象建物二階の利用を始めた事実からして、対象土地の使用の必要度はそれほど大きなものとも思えません。

本件類似の事例で、東京高裁は、立退料の支払いと引換えの明渡しを認める判決（東京高判平一一年一二月二日）を出しています。底地取得者が、借地の明渡しを期待して底地を取得した場合でも、その後の利用方法等によっては明渡しが認められる場合があり、ご質問の建物収去土地明渡しを求めることの可否は、場合によっては可能ですとのお答えになると思われます。

また、この場合の立退料ですが、バブル期までの判例は借地権の権利性を認め、高額の立退料の支払いを命じるものがありました。

しかし、従前の右肩上がりの経済を前提に土地価格も上昇を続けるという概念は最早通用せず、現実の経済実態に即して借地権価格があるもの、算定できないものを峻別し、個別要素をもとに適正な立退料の額を算出する必要が出てきました。

この考え方に基づき、右記東京高裁の判例は、建築後四五年も経った建物については、投下された建築資金の回収は既に終了していること、権利金が支払われた事実がないこと、更新料はその額からして権利の対価とはみられないことからみて正当事由の補完要素として借地人に交付すべき金員はないとしています。ただ、借家人が事務センターにかけた改装費と、事務センターが現在支払っている賃料と移転先の賃料の差額の五年分を考慮し、これが一〇〇〇万円を超えることはないとして、同額を立退料と認めています。

POINT

明渡し目的で底地を購入した場合でも、その後の利用方法等によっては明渡しが可能となる場合もある。また、立退料の算定は必ずしも更地時価から算定された借地権価格に基づくものでもない。

事件表示（裁判所・事件番号・判決年月日）	立退料の額（単位：万円）	目的物	正当事由の内容		賃貸借契約の内容・態様・賃料額等	裁判所の判断その他
			賃貸人側	賃借人側		
東京地六二（ワ）一六八〇七 平二・一・一九 判決 判時一三七一―一一九	七〇〇万円	木造二階建アパートの一室（約四坪）	・貸主―前貸主からアパート・敷地を買受け、貸主の地位を承継したもの。 ・アパートは昭二五頃建築、昭三一頃二階を増築した建物で、老朽化が進み、建替計画がある。 ・土地建物の税額が昭六三で年間約一二万円に対し、賃料は年間約二〇万円。	・単身者で居住、近隣にワンルームマンションを購入し、他にも家賃収入目的のマンションを購入している。 ・アパートの他の居住者は全て立ち退いている。	・昭四六、期間二年、賃料月額九〇〇〇円で賃貸契約。昭五五の賃料月額一万七〇〇〇円。 ・裁判における鑑定の結果、借地権価格三四〇万円。移転雑費一八万二〇〇〇円。	・解約申入れは、借家権価格を超える十分な金額の立退料の支払いを提供してはじめて正当事由を具備するものに至る、として、借家権価格の約二倍の七〇〇万円の立退料が相当と判断。
東京地六一（ワ）五四四八 平三・五・三〇	八億円	鉄骨鉄筋コンクリート造五	・昭四建築のビルで老朽化がかなり進行してお	・借主は各種商業美術を主たる営業目的とする	・昭二一、契約。その後法定更新され、	・老朽化が相当進行しており、建替えが経済的であり、土地の高度利用が

判決 判タ七五七—二五五		階建ビル（店舗）	り、建替えの必要と計画がある。 ・都内の超一等地（銀座地区）に位置し、土地の高度利用、有効活用が望ましい場所に立地している。 ・立退料として六億円を提供。	会社で、本件建物を本店事務所及び一部工場として使用中。近隣で現在と同じ営業形態を取ることが困難。	期間の定めのないものとなっている。 ・昭六〇、解約申入れ。 ・昭五九の賃料月額約六三九万円。	望ましく、新築は相当高度の合理性がある。借主の経済的不利益は相応の立退料支払いにより填補が可能として、立退料は八億円が相当と判断。
東京地平元（ワ）一三二五五 平三・七・二五 判決 判時一四一六—九八	立退料金 一億円	鉄骨造亜鉛メッキ鋼板葺三階建一階事務所部分（約一二〇坪、鉄骨プレハブ構造の建物）	・昭四六建築の中古ビルで消防署の改善命令を受けるなど老朽化が見られ、また近隣地域が商業地域に属し交通の利便性が高く立地条件に恵まれ、建蔽率、容積率等において建物敷地の最有効利用から程遠い利用状態にあり、	・借主の業務上（コンピューターを使って実施する業務）、他の同様の場所では本社賃貸借における程度の賃料では済まないことが明らかであり、 ・そのため、借主が従来どおりの利益を収めることは相当に困	・昭五九、借主は前借主から残存期間を引き継ぎ（昭六〇・一〇、契約更改）。 ・昭六一、賃料月額一二八万円、期間三年（昭六三・一〇まで）とする更新契約を締結。 ・期間満了	・貸主の一時使用を理由とする契約終了、借主による用法違反を理由とする契約解除の各主張を排斥したうえで、 ・建物の老朽化・機能的陳腐化の度合いが大きいこと、高度の土地の有効利用が想定されていること、借主が行う業務にとり当該立地条件にある建物を不可欠の遂行条件とするものではないこと等を理由に、相当程度の金

			全面改築(建替え)の必要がある。・昭六二頃から六階建事務所用建物建築を計画し、借主以外のテナントのうち二社は明渡済、他一社は明渡交渉の継続中。・解約申入れの正当事由補完のため立退料六〇〇〇万円を提供。	難であるから、・借主の本件建物部分を使用する必要は具体的である。	後貸主から一時使用を理由とする明渡請求がなされ、法定更新の状態で期間の定めのない賃貸借契約となった。	銭的補償を内容とする立退料が提供されれば解約申入れは正当事由を備えるとし、・立退料は、新規賃料の水準、近隣地域の貸事務所の保証金の水準、借家権価格、既払賃料の額などの事情を総合して金一億円が相当と判断。
東京地平二(レ)一〇二 平三・七・二六判決 判夕七七八—二二〇	立退料金三〇万円	木造二階建建物のうち二階西南側六畳の部屋および付属押入・板の間部分一三・三㎡(日本式家屋	・貸主の孫二名(大学生と高校生)が自宅からの通学が困難な状況にあり、本件家屋近くの学校に通学するため、本件部屋を使用する必要がある。・貸主は立退料	・借主は経済的に貧困であり、他に転居するにもその資金がない。・なお、借主も三五万円程度の立退料があれば転居する意思を有している。	・昭六一、賃料三万五〇〇〇円、賃貸期間二年間の約束で契約。・貸主は期間満了の五か月前から更新しない旨を数回通知し、期間満了直後にも	・本件部屋の賃貸借についても旧借家法の適用のある建物であると認め、・貸主の使用の必要性は孫の通学の便を考えてのことで、自ら使用する必要性に比べて程度は低いが、本件部屋が貸主の居住家屋の一部であるという特殊性および双方の利益状況を総合的に考え、

		の一部の賃貸借)	として一〇万円を支払う。 ・借主は独身であり、身軽な状況である。		借主が本件部屋の使用を継続していることに異議を述べ、半年後に解約申入れ。	立退料支払いの申出により正当事由が補強されるとし、立退料は三〇万円が相当と判断。
東京地平元(ワ)六四二三 平三・四・二四判決 判タ七六九―一九二	鑑定による借家権価格金二八一〇万円	木造亜鉛メッキ鋼板葺三階建建物の一部(昭三年頃建築された建物)	・建物は築後六〇年を経て自然倒壊の危険はないが経済的耐用年数を経過しており、建替えの必要性がある。 ・賃借人は借主一件だけとなり新規賃借人を求めることが困難。 ・本件建物の収益は借主からの賃料だけとなったため、本件建物を取り壊し跡地に賃貸用の六階建ビルを建築する計画がある。	・借主は先代の跡を継ぎ畳職の仕事をしているが、本件建物の作業場の使用は月に三、四回程度で、また二〇年前からタバコ屋を営み、年間利益は約一五〇万円程度である。 ・本件建物には借主の母と独身の弟が居住している。約四〇年居住してきたため、近隣に顧客知人が多く、借主は町内会等の	・昭二〇頃、貸主借主の各先代間で賃貸借開始。相続により地位が承継され、昭五三に賃料月額四万円、期間三年(昭五三・三から)として合意更新された。 ・その後期間を定めた更新契約はなされず、昭五三・三以降は法定更新されている。	・借主側の本件建物使用の必要性は高いとしながらも、本件建物が客観的に見て建替えの必要性があること、本件建物敷地の収益性・敷地の有効利用の面も考慮し、相当額の立退料の提供により正当事由を具備すると判断した。 ・立退料の額は、鑑定結果による本件建物の借家権価格をもって相当とした。

			・正当事由補強に立退料一八〇〇万円提供。	役職にも就き生活面からも移転を望まない。	・平元、貸主から解約申入れ。	
東京地平二(ワ)九四三三 平三・九・六 判決 判タ七八五―一七	金七〇〇万円	店舗兼住宅（木造瓦葺二階建、一階三八・六八㎡、二階三六・一三㎡）	・貸主は地方国立大学医学部教授(医師)で退官して東京の私立大勤務となり通勤に便利な本件建物を自ら使用する必要に迫られている。また貸主が本件建物に居住できれば他の病院からの招聘にも応ずることができる。 ・借主が明渡しに応じないため貸主は東京近郊の息子夫婦宅に同居せざるを得ない状況だが、二世帯同居に耐えられる建物で	・借主一家（夫婦、長女）は三〇年以上本件建物に居住し、これを中心に生活関係を築いてきた。 ・長女は建物一階店舗部分でワープロ教室を営み、生徒は近所の者が中心であり、他に教室を開くことのできる賃貸建物を近辺に求めると月額二二、三万円の家賃負担となる。 ・借主が代表取締役となる会社の本店所在地と	・昭三五、賃料月額三万円期間約五年とする賃貸借契約締結。期間経過後、法定更新され、賃料は数回増額改定されて昭五一以降月額六万円となる。 ・平二、貸主が解約を申し入れる。	・貸主側の使用の必要性は極めて大きいものと認められること、借主側の事情は本件建物を絶対に必要とする事情とまでは考え難いとして、借主一家が転居先を確保するに要する経済的負担の一部を立退料として貸主に負担させることにより、これを補強条件として解約申入れの正当事由を肯定するのが相当。 ・借主主張の借家権価格等の補償は採用することができない。

			はない。 ・現行賃料額の一〇〇か月分に当たる立退料七〇〇万円を提供。	なっている。		
東京地平三(ワ)一七〇七五 平六・八・二五判決 判時一五三九―九三	借地権価格相当額の立退料一〇億三八〇〇万円	旧都市計画法に基づき計画決定された計画区域内の超高層業務街と区域外の住宅地との接点の地区に位置する土地	・都市再開発法に基づく法定の再開発でなくても、地権者による私的な再開発(共同建替え事業)を行うことは地主が土地の使用を必要とする事情である。 ・私的な再開発の背景事情として、副都心計画や新宿区の定めた地区計画が存在する。 ・正当事由を補完するため、借地権価格相当額の金銭補償の申	・昭二六年以来、本件建物に居住し、現在は借地人夫婦と息子一家と住んでいる。本件土地に愛着を抱き、死ぬまで本件土地に住んでいたいという強い希望を持っている。 ・近隣に土地建物(六階建ビル)等を所有している。	・昭二六、土地賃貸借契約(貸地面積約一八三㎡)、期間二〇年。 ・借地上の建物は現況木造トタン葺二階建(一階約八四㎡、二階約五九㎡) ・昭四六、合意による更新、期間二〇年。 ・期間満了三年前から地主が借地人に再開発計画への協力を求め金銭補償の申し	・地主側にも旧借地法六条二項、四条一項但書の土地使用の必要性が認められ、借地人側において代替物件を所有していること、本件建物が建築後四〇年以上を経過し、借地人の建替えを計画したものであること等の事情を考慮すると、補完事由として相当の立退料を支払えば、正当事由が備わるものと言うべきである。

	東京地平九(ワ)二〇六三 平一〇・五・一二判決 判時一六六四―七五
	共同住宅における賃借人の行為が共同生活上の秩序を乱す行為に該当するとして、賃貸借契約条項違反を理由とする契約解除が認め
	鉄筋コンクリート造五階建事務所共同住宅（一階は事務所四室、二～五階は各階九室の共同住宅）
し出をしている。	・賃借人及び同居人が両隣の部屋の住人、階下の住人に対し、音がうるさい等と執拗に抗議を重ね、隣室との間の壁を叩く等共同生活の秩序を乱し近隣の迷惑となる行為をした。 ・賃借人らの行為により隣室の住人が退去する
	・両隣から発生する騒音は、受忍限度を超えるほど大きいものであり、我慢を重ねた末についに耐え切れなくなって、両隣等の住人らに抗議をしたものである等を主張した。
出をなしたが、借地人は立退きを拒絶。 ・地主は期間満了後七日目、借地人に送達された訴状により土地使用継続に対し異議を申述。	・平成七年七月五〇六号室の賃貸借契約締結、期間二年間、賃料月八万円・共益費用三六〇五円。 ・特約(一)賃借人は騒音をたてたり風紀を乱すなど近隣の迷惑となる一切の行為をしてはなら
	・隣室から発生する騒音は社会生活上の受忍限度を超える程度のものではなかったのであるから、賃借人らは共同住宅における日常生活上通常発生する騒音としてこれを受容すべきであった。賃借人らの行為は近隣の迷惑となる行為に該当し、解除事由とされている共同生活上の秩序を乱す行為に該当する。 そして、賃借人らの行為により隣室の部屋が長

	東京地・平成五年(ワ)第七〇三三号 平成九年一一月七日判決
られた事例で、立退料は〇円	立退料として、借家権価格（一六六二万円）
	木造二階建店舗・居宅兼事務所
ことになり、賃貸人が入居者の募集をしても現在に至るまで空室状態であり、賃料相当額の損害を被り続けている。	・賃貸借契約書八条に「都市計画などにより賃貸物件が収去される場合は本契
	・本件建物は駅から徒歩一分の距離にあるなど交通至便である。 ・賃借人会社は
ない。㈡賃借人が契約条項に違反したとき、賃借人または同居人の行為が建物内の共同生活の秩序を乱すものと認められたときは、賃貸人は無催告解除できる。 ・平八年一二月、賃貸人が特約㈠違反と特約㈡を理由に契約を通知し、予備的に更新拒絶の通知をした。	・昭和五三年契約。賃料月額二五万円、賃貸期間五年間。
期間にわたり空室状態になり賃貸人が損害を被っている等の事実関係によれば、賃借人らの行為は賃貸借における信頼関係を破損する行為に該当する。	・本件賃貸借契約書中の約定の存在、本件建物の敷地が既に買収候補地に選定されたことがあるなどを考慮すると、賃貸人

判夕九八一号七八頁	と営業補償額（三八六万円）の合計二〇四八万円		約は当然終了する」と定められている。 ・本件都市計画は未だ事業認可されていないが、関係当局は平成一〇、一一年頃には地元説明会を行い、その頃事業認可を受ける予定であること、また、賃貸人の申込みにより本件建物の敷地が既に買収候補地に選定されたことがある。 ・相当額の立退料の支払いを提示して、解約の申し入れをした。	本件建物の一階を倉庫兼車庫、二階を事務所兼従業員居宅として使用しており、会社の営業上重要である。 ・本件建物のような立地条件や使用方法を満たし得る代替物件は容易に見つからない。	・昭和五八年法定更新。 ・以後の賃料も同額。 ・なお、現賃貸人は前賃貸人から平成二年に贈与され、賃貸人地位を引き継いでいる。	側の事情は自己使用に準ずるものということができ、賃借人側の事情については金銭的な補償で解決できないものでもなく、賃貸人が相当の立退料の全額を提供するのであれば、解約申入れには正当事由が具備するものということができる。 ・立退料相当額は鑑定結果による借家権価格と営業補償額の合計額であることが認められる。
東京地平九（ワ）一二四四	六五四万円	店舗（木造建物一	・本件店舗は中央区築地の場外	・先代の時代から賃借。	・昭和二年頃、木造二階建物	・本件諸事情を彼比勘案すれば、本件更新拒絶に

平九・一二・二九判決判タ九八四—二六五		階三・一二㎡）	市場にある木造建物一階三・一二㎡である。 ・建物が老朽化。 ・自己使用の必要性。 ・区からも近隣と共に共同ビル化の指導を受けていた。 ・六五四万円の立退料の申出あり。	・おでん種物等販売店を経営。 ・賃貸人は別にマンションを所有している。 ・八〇〇万円の立退料で調停が成立する日に立退料三五〇〇万円を要求し、不調になった。	を建築。 ・平成六年、賃料月額一〇万円、賃貸期間二年間の約束で更新契約。	は一応の合理性があるが、無償での明渡し要求では十分な正当事由があるとまでいえるのか若干の疑問がないではないとして、賃貸人の提示した六五四万円の立退料の支払いを条件に正当事由を具備するものとした。
東京地平八（ワ）二五五五四平一〇・八・二一判決判タ一〇二〇—二一二	六五〇〇万円	住居	・区の共同化事業、土地の有効利用、他の地権者はすべて立退了承。 ・本件を除外すると開発に多大な影響が出る。 ・六五〇〇万円を立退料提示。 ・賃貸人は近所に自己所有家屋	・開発に公共性はない。 ・本件建物に居住し、自己使用の必要性がある。	・昭和五一年から二〇年間、賃料月額一万二八八〇円（改定後三万一八二〇円）。 ・平成六年九月に賃料月額七万五〇〇〇円への増額請求をし、平成七年一一月に	・原告に土地の明渡しを受けて高層ビルを建築する必要性が認められるとして明渡しを認め、立退料として原告の提示した六五〇〇万円を認める。

			がある。		は賃料月額八万一千円への増額を請求。	
東京高平八(ネ)一一六三 平一〇・九・三〇判決 判時一六七七―七一	四〇〇〇万円	店舗兼住居	・一階をテナントに貸し、二階を自宅としてきた。 ・昭和二一年の建築で建物が老朽化している上に、地盤の不同沈下等で二階に傾斜が生じ、居住に適さなくなっている。 ・本件建物を建て替えて七階建てのビルとしたい。	・本件建物一階で高級下着店を経営。 ・麻布十番のメインストリートに面し、地下鉄も二線開設予定で、かつ麻布、白金、広尾等の高級住宅地にも近く、高級下着店としては絶好の立地で他の代替店舗を確保することは容易ではない。	・昭和二八年、賃貸借。その後更新続ける。 ・平成元年五月一日から平成三年四月三〇日までの期間、賃料月額約二六万円。 ・以後、賃料値上げ交渉あり。まとまらないまま、平成三年五月一日法定更新。以降は契約期間の定めなし。 ・平成四年、貸主から建替えの必要性の切迫を理由	・本件建物は朽廃とは認めがたいが、老朽化はかなり進行しており、土地の有効利用という観点からみれば、建物を建て替えて高層化したいという賃貸人の希望も肯首されるが、本件建物部分の使用の必要性は賃借人の方が勝っている。 ・これら双方の事情から、賃借人において、本件建物の明け渡しにより賃借人に生ずる不利益をある程度補填することができれば、賃貸人の解約申入は正当事由を備えるに至る、として諸般の事情を考慮し、四〇〇〇万円を相当とした。

					に、即時解約を申し入れる。	
東京高平一〇(ネ)四八五〇 平一一・一二・二 判決 判タ一〇三五—二五〇	一〇〇〇万円	住宅	・将来明渡しを予測して底地を購入。 ・近隣に自宅あるが、家族が多く、子供を住まわせたい。 ・旧賃借人死亡後一時空き家。 ・明渡しの調停も提起。	・賃借人の明渡し調停後に、二階を仕事場とする。	・木造二階建て、建築後四五年経過。	・建物に投下された建築資金の回収は既に終了し、権利金の支払いもないため、いわゆる借地権としての金員の清算部分は存在しない。 ・ただ、契約当事者の土地利用の必要性較差を解消する趣旨で正当事由の補完を行い、改装費と移転賃料の差額五年分を立退料として認めた。
東京高平一一(ネ)五七〇二 平一二・三・二三 判決 判タ一〇三七—二二六	二〇〇〇万円	アパート	・港区赤坂の高級住宅地にあるアパートで、昭和三四年の建築。 ・すでに老朽化しているためこれを取壊し、高級マンションを建築する計画をもっている。	・老朽化が進んでいるとは言えない。 ・本件建物に隣接するアパートにもいまだ三世帯が居住し、明渡しの意思はない。 ・マンションは本件地域では供	・昭和三四年の建築。	・本件建物は築後四〇年を経過し、老朽化が進んでいるのみならず、経済的な効用を既に果たしたことは明らか。 ・一方、賃借人の本件建物使用の必要性は、住居とすることに尽きている。この場合の立退料としては引越料等の移転実費と転居後の賃料と現賃

	東京高平一二(ネ)一二四四 平一二・一二・一四判決 判タ一〇八四―三〇九
	立退料として、店舗改装費(二四〇万円)、二年分の所得(二〇〇万円)、移転実費(四〇万
	店舗兼住居
	・台東区上野にある一二坪の借地上に立つ建物で、築後六〇年以上経過し、老朽化している。 ・貸主―自己の経営していた会社の債務を承継し、この支払のために本件建物
給過多で、マンションへの改築が土地有効利用になるとも言えない。	・住居としての必要性がある。 ・店舗での清涼飲料水販売につき使用の必要性がある。
	・昭和八年頃の建築。 ・双方の先代ないし先々代の昭和一九年頃から賃貸借契約。 ・平成七年頃からの賃料月額一〇万五〇〇〇円。
料の差額の一、二年分程度が相当であり、それ以上に高額な敷地権価格と僅かな建物価格の合計額を基に、これに一定割合を乗じて算出される借家権価格によって立退料を算定するのは、あたかも賃借権が存在するかのような前提に立って立退料を算定するもので、思考として一貫性を欠き相当でない。本件では二〇〇万円が相当である。	(一審判決は借家人がいても貸家を金銭に換えて債務の返済ができるとして、正当事由を認めなかった。) ・建物が老朽化しており、借家人がいるままで建物を売却しようとしても、買主は少額の賃料収入を得られるだけでは買おうとせず、買い手をつ

	東京地平一八（ワ）九九五九 平二〇・四・二三判決 判タ一二八四―二二九
円）、賃料差額二年分（一二〇万円）の合計六〇〇万円	八五〇万円（ただし、正当事由の判断において、他の賃貸人には立退料なく明渡しの正当事由を認めたものがある）
	木造三階建て共同住宅（昭和四年ころ築造された訴訟当時築約八〇年の老朽物件だが千代田区飯田橋という都心一等地に立地）
を壊し、借地を売却する必要あり。	・賃貸人は前主から本件建物と敷地を取得した不動産業者であり、建物を取り壊して自社ビルを建て、一部を賃貸して賃料収入を得るとともに、事業エリアを都心区域に拡大する計画を持っている。 ・この計画実現のため、建設業
	・賃借人は昭和四〇年以降本件建物に居住を続けてきた年金生活者で、当人と妻のアルバイト収入を含めた月収は計一五万円を超える程度。 ・年齢・収入面から賃料の低廉な本件建物に居住を続ける利益は大きく、本件建物を退去すれ
・昭和五五年の契約更新以降、合意による更新はされていない。	・昭和四〇年からの長期居住で、一㎡当たり一四六円という著しい低賃料（近隣相場は三九〇〇円程度）を昭和五一年以降継続。 ・他の居住者の退去部分を借り増しし、訴訟当時の賃借面積は七一
けるためには借家人の明渡しを得る必要がある。 ・借家人の主張の住居については代替性があり、また清涼飲料水販売も本件建物でなければならない理由はない。 ・双方の必要性を比較すると賃貸人の必要性が高い。	・本件建物を使用する必要性は賃借人が賃貸人に勝るが、本件建物は経年劣化により耐震及び防火上危険となっており、遠からず朽廃に至って取り壊しを免れないと予想される。また、都心一等地において著しく低廉な賃料を長期に渡って継続している状況も不動産の有効利用を阻害しているというを否めず、本件建物を取り壊して新建物を建てて有効利用することが社

			者に依頼して建築計画図面や見積書を準備し、金融機関からの資金借入れの手当もするなど、計画実現を相当程度具体化している。	ば生活の基盤を失いかねない。	・一八㎡。 ・賃貸人の咎める無断改築、自販機の無断設置等については信頼関係破壊に至らないと裁判所が判断。	会経済的に有益である。 ・立退料の受取りによって賃借人は生活基盤を新たにすることも不可能ではないと判断。 ・補償方式と割合方式の平均値をもって賃貸人側の正当事由を補完する立退料と算定。
東京地平二三（ワ）三〇八九一 平二五・一・二五判決 判時二一八四—五七	六〇〇〇万円	昭和四九年建築の三階建て鉄筋コンクリート造のビル（総床面積二三二九㎡強）。旧耐震基準による設計で、老朽化の進んだ現在では地震による	・唯一の賃借人が一階の一角で総床面積の二パーセント程度を利用するのみ。賃貸人の税負担が年八四〇万円、賃料は年三〇〇万円と五〇〇万円超の赤字。 ・建物の耐震性が低く、大地震に際し倒壊の危険がある。土地の有効利用の見地からも本件建	・賃借人は本件建物内で三〇年近く歯科診療所を営んでおり、年齢も六〇歳に近い。診療収益で妻子を扶養しているが、移転先で新たに同程度の顧客確保は難しく、本件建物を使い続ける必要性が高い。 ・建物の耐震性について、建替えの必要までは	・昭和五八年に本物件の賃貸借契約締結。以来、賃借人は一階部分で三〇年を超える期間、歯科診療所を経営している。 ・現在の賃料は床面積四九・五五㎡につき月額二五万二〇〇〇円。	・本件建物は耐震性に問題があり、老朽化もみられる。賃借人が被告一人であり、賃料と公租の負担とが毎年五〇〇万円超の赤字を生むことからしても、賃貸人がこのような建物を取り壊し、新たに分譲用マンション建設の計画を立てて賃借人に明渡しを求めることは、周辺環境、本件土地の立地条件、用途規制に照らして合理的である。 ・賃貸人は賃借人に対し歯科診療を続けるための

		倒壊も懸念される。場所は東京近郊のベッドタウン。	物を建て替えるべきであり、すでに具体的なマンション開発計画も存在する。 ・立退料として六〇〇〇万円を用意。	なく、補強工事は容易であり、社会通念上相応の費用（一〇〇〇万円～二〇〇〇万円）によって問題を解消できる。		代替地の提供を申し出ており、賃貸人自身が近隣に適当な賃貸物件を求めることも可能。 ・これらのことから、六〇〇〇万円の立退料の提供により、賃貸人の正当事由が具備される。
東京地平二五（ワ）三三三六九 平二七・二・五判決 判時二二五四―六〇	立退料二〇四万円の提供があったが、立退請求棄却	昭和一〇年に建築された木造建物	・本件木造建物は建築後七九年が経過し老朽化しており、修繕には多額の費用を要する。 ・賃貸人には本件建物を取り壊して新たな賃貸用建物を建築する計画がある。 ・立退料として二〇四万円（新築後の予定賃料一年分）の提供のほか、移転費用三〇万円	・本件建物が古びているといっても、柱・梁・土台はしっかりしていて耐震性に問題なし。 ・賃貸人は本件建物に居住して運送業を営み、本件建物は賃借人の生活の基盤である。本件建物からの退去は、転居による賃料増大、同水準での運送業継続の困難性から、賃	・賃料月三万四千円、法定更新を繰り返した普通借家権。 ・現賃貸人は前賃貸人（前所有者）から平成二四年に所有権を取得した不動産業者。現賃借人は平成五年に相続により賃借人の地位を承継し、現在は同建物に居	・本件建物は外観が古びているとはいえ、建物内部の朽廃や、地震により倒壊する現実的危険は存しない。 ・本件建物は賃借人の生活の基盤となっていると認められる。賃貸人の新築計画は解約申入れ時に賃借人に示されておらず（訴え提起後に追加的に主張）、正当事由の判断材料となしえない。本件建物の取壊しの必要性や賃貸人の自己使用の必要性は認められず、立退料の提供等を勘案しても本

			の提供を申し出ている。	借人の生活に支障をきたす。	住して運送業を営む。	件解約申入れには正当事由がない。
東京地平二五・一・二五（ウェストロー・ジャパン）	借地権価格の金額を立退料として支払う必要があるとして借地権価格一八二〇万円に営業補償、移転費用等を考慮して二〇〇〇万円が相当	昭和四五年新築の自宅兼うどん店	賃貸人は大学病院で、必要とする施設が不足している上に耐震性に問題のある老朽施設が多く、建て替えを計画しているが、接道及び合理的施設配置からも本件借地を計画建物敷地に編入して使用する必要性が極めて大きい。	普通建物所有目的の賃貸借として昭和三五年から自宅兼うどん店として使用。本件土地を明渡すと自宅を失うばかりか生計の途も断たれる。	昭和三五年八月頃より本件土地を賃貸。賃借人は昭和四五年一一月建物新築。その後、更新を経て平成二二年七月に期間満了。賃貸人は更新拒絶し、建物収去、土地明渡及び月額賃料の三倍の約定使用損害金の支払いを求め提訴。	賃貸人側に自己使用の高度の必要性が認められる。賃貸人は大学病院の設置主体として極めて公共性の高い使命を担い、施設の耐震性の確保は人命に関わる喫緊の課題。他方、賃借人についても自宅と生計の途を失うことは甚大な影響あるが、賃借人の年令、建物の築年数、売上の減少を考えると、閉店、引退してもおかしくない時期にある。これらの事情から賃借人に対する十分な補償の下に更新拒絶の正当事由が具備される。
東京地平二三（ワ）第二七〇五七号平二五・三・一四判決	五〇〇〇万円	本件土地上に昭和八年建物新築、昭和四九年	所有する一団地を利用して大型スーパーを計画、土地利用の経済的合理性が	生まれた時から本件土地で両親、妹と生活してきた。本件土地、建物以外に	賃借人は昭和八年に増改築禁止特約付で本件土地を借り受け、建物	「土地の使用を必要とする事情」には経済的な利用の必要も含まれる。賃借人の計画には具体性があるが、その必要性が高

判時二二〇四—四七		改築、平成一一年改築。賃借人とその妹が住居として使用	ある。正当事由の補完として三一五〇〇万円の立退料の支払いの用意がある。	住むべき場所はない。移転場所は容易に見つけることはできない。	を建築。その後、賃貸人、賃借人に承継があるが、昭和四九年頃、賃借人が建物を改築し、賃貸人は賃貸借契約解除通知。その後、増改築承諾の有無で争い、賃借人は賃料の供託を続ける。平成二三年三月、賃貸人が更新拒絶し、建物収去、土地明渡を求める。	いとまでいうことができない。賃借人は妹と二人で居住し、他に不動産もなく、本件土地の使用の必要性が高いと認められるが、移転は不可能ではない。相当額の立退料の支払いで正当事由を補完する。そして、立退料の算定については、開発利益の分配の観点から立退料を算定するのではなく、借地権価格を中心に算定する。借地権価格の基礎となる更地価格については、公示価格と実勢価格の中間値が相当である。そして、この価格に正当事由の充足度、移転費用等の事情を考慮して立退料を定める。
東京地平二五（ワ）第一二一七五号　平二	三〇〇万円	昭和四三年一二月新築の二	高齢の賃貸人夫婦が階段を上り下りして、本件	本件建物は建築当初から自動車修理工場として	昭和四三年一二月新築の建物で、同四五	賃貸人の家族の年令、子の心身の状況、生活状況、階段の状況等から本件建

七・一一・一三判決ＬＬＩ／ＤＢ判例秘書		階建建物で、二階に賃貸人とその夫と子供が居住し、一階を従前賃貸人の夫が経営していた自動車整備施設そのままに賃借人に賃借した。	建物二階部分で生活することが困難な上に障害者の子の介護にも支障があり、また長年住み慣れた場所を離れることはできない。平成二一年の更新時から次回更新せずに契約終了の意向を示していた。立退料として一二〇万円支払う用意がある。	の使用を前提に建築されたもので、住居の用に適さない。開業七年程度での明渡しは許されない。立退料は一二〇〇万円を下らない。	年頃二階を増築し、夫と障害者の子と同建物二階に居住し、一階で夫が自動車修理工場を経営。賃借人は平成一八年二月に期間三年、月賃料二一万円、敷金一二六万円、現状のまま使用する特約で本件建物一階を賃借し、自動車整備業を開始。賃貸人は、平成二一年更新時に障害者がいるので住まいを一階に移したいので、二年後	物二階部分のみを使用しての生活継続は著しく困難であり、また、昭和四五年頃から本件建物二階に居住し、年令、介護からみても転居は困難である。他方、賃借人には明渡しとなれば自動車整備工場を新たに設けなければならず、その出費が必要となる。双方に使用の必要性があるが、賃貸人には日常生活のため、賃借人には事業継続のために必要とするもので、その必要度は賃貸人の方が切実である。その上、平成二一年の更新時に次回更新しない旨を賃貸人は表示し、これから四年を経過していることからも賃借人には明渡しをする準備は可能であった。これらの事情に賃借人の移転費用、営業補償を考慮

	東京地平二三（ワ）第三五九〇一号、平二四（ワ）第二一二八号 平二七・一・三〇判決 LLI／DB 判例秘書
	二三七六万円
	平成三年七月に新築された鉄筋コンクリート造、地下一階地上六階建建物で渋谷駅南東約一〇〇
	地区施設として指定された立体広場空間と新施設を結ぶ歩道デッキが計画され、再開発計画の円滑な遂行のためには本件建物を取り壊して本件土地を使用することが不可
	本件貸室は多数路線が乗り入れる渋谷駅から一〇〇メートル圏内の路面店であり、二〇〇メートル圏内に競合店舗が存在しないなど極めて好都合な立地。三店舗営業のうち
に明け渡してもらいたい旨通告。平成二三年更新時、賃貸人は賃借人に賃貸期間二年で更新できないとの特約を記載。平成二五年の期間満了により賃貸人が本件建物の明渡し等を求め提訴。	平成五年八月、使用目的はビデオ・CD・書籍販売として本件建物一階一室を賃貸。月額賃料七二万七〇〇〇円、管理費八万八〇〇〇円、保証金二
して立退料は三〇〇〇万円が相当である。	本件再開発計画は、民間企業が中心となって進められているものであるが、新たな街づくりの必要性に基づく公共性の高い事業と認められている上に本件建物の多の賃借人はすべて退去し、近隣建物賃借人の退去の目処もついており、賃貸人には本件建物を取り壊して

		メートル圏内に位置し、賃借人は同建物の道路に面する一階を賃借	欠。立退料として二二二五万円の申出。	で最も売上高、利益率が高い。成人向けＤＶＤ等の販売という性質上、代替店舗を見いだすこと不可能。仮に立退料による正当事由の補完が認められるとすれば、賃料、共益費の五〇年分に相当する四億九六九二万を下ることはない。	○○○万円。賃借人の年間売上高は二億円から二億四○○○万円で年間営業利益は二二○○万円から三二○○万円。平成二三年八月契約自動更新され、その後賃貸人が解約通知を発し、明渡しの話し合いを行ったが決裂し、賃貸人が提訴。（本件地域は渋谷駅前の再開発域で、提訴後、東京急行電鉄が本件建物を買い受けて参加人として訴訟参加）	本件土地を自己使用する必要性がある。他方、賃借人にも本件貸室が営業に資する立地条件であったことは否定できないが、他の場所で営業し得ないとする根拠はない。正当事由を補完する立退料については、借家権価格一〇八万円と公共用地取得に伴う損失補償基準等に基づいて求めた通損補償額二二六八万円の合計額が妥当。

東京地裁令三(ワ)六六三一 令三・一二・一四判決 ウエストロー・ジャパン2021WLJPCA12148003	二七万円(月賃料及び共益費の六か月分)	木造二階建アパート	築後五〇年以上経過、耐震性に問題あり、他の居住者がすべて退去、収益性が著しく悪化、駐車場として問題を解決することに合理性あり、資金力もある。更新は今回限りとする合意から一〇年以上も使用を継続。	三〇年以上住居として使用、七〇歳を超える高齢。	昭四三・七建築、木造二階建てアパート、平一二・八賃貸、月額賃料四三〇〇〇円、共益費二〇〇〇円、平二二・八以降期間の定めのない賃借、平二二・九から供託、平三一・三から対象賃借人のみ居住、令二・八解約申入。	双方の建物利用の必要度を衡量し、賃貸人の必要度は相当高く、賃借人の必要度は、解約申入に対する正当事由があるとまでは認めがたいが、引越等を余儀なくされるという不利益を一定程度補うに足る立退料を支払うことによって補完が可能であり、月賃料及び共益費の六か月分二七万円が相当である。
東京地裁令三(ワ)五七五一 令三・一二・一五判決 ウエストロー・ジャパン2021WLJPCA	五三万円(賃料の一〇か月分)	昭四九・三建築の賃貸目的のビル	対象ビルは東京都が定める特定緊急輸送道路沿道建築物で耐震診断により倒壊又は崩壊の危険性が高く、大規	限られた生活費の中から賃料を支払い、周辺に信頼できる住民がおり、交通の便も良い。	昭四九・三建築、対象ビル内の一室を平二九・四・二二賃貸、月賃料五三〇〇〇円、契約期間	対象建物は築四七年と古い建物で倒壊又は崩壊の危険性が高く、建替又は大幅な耐震補強工事を実施する必要性が高く、賃借人が居住したまま工事を実施することは現実的

12158012	東京地裁令三（ワ）七一四一 令三・一二・二四判決 ウエストロー・ジャパン2021WLJPCA12248002
	二五〇万円
	昭四八・一建築木造二階建アパート
模な耐震化工事又は建直しをする必要がある。賃借人は平三一の更新の際、更新料を払わず、又別訴では根拠のない誹謗を繰り返し、信頼関係が破壊された。	築四五年以上の老朽建物、耐震診断により倒壊の危険性がかなり高く、この危険性を解消する方策として建替が必要で、その準備もしている。立退料一五
	平一一から賃借、長年住み慣れた生活の本拠で使用の必要性が高い。
二年、その後、建物譲渡、一括借り上げ等があり、原告と被告は転貸人と転借人となった。	平一一から同一三まで月賃料六万円、月雑費一〇〇〇円で賃貸、以後二年ごと更新、平二七・四に同二九・四まで同賃料、雑費で更
期間は五年に満たず、対象建物付近に居住できるではないが、建替工事の必要性はビル所有者にあり、転貸人に必要性を直ちに認めることは出来ない。他方、賃借人の居住物件も存在することがうかがわれることから賃借人の使用の必要性も重視出来ない。以上の事情をふまえ、賃料一〇か月相当額の五三万円立退料を持って正当事由を補完するのが相当である。	対象建物は築四八年を経過した木造建物で、相当老朽化した建物であることは明らかで、耐震診断書から、老朽化による倒壊の危険性がかなり高い。この危険性を解消する方策としては建替を要するし、その具体的準備も進めている。他方、賃

	東京地裁令元（ワ）三四七九四 令四・一・一九判決 ウエストロー・ジャパン2022WLJPCA01198001
	三〇〇〇万円
	四階建ビルの三階部分
〇万円を提示、多数の移転先物件を提示。	築四〇年以上の老朽ビルで耐震性に問題があり、場所が好立地であることをふまえると耐震補強工事等は費用対効果からも極めて不合理で建替が必要、他
	平一九賃借以来、本件貸室でまつげサロンを経営し、本店所在地、旗艦店として顧客の九七パーセントはリピーターで、現在の立地条件で高額の設備投資
新、平二九・四から法定更新、令元・一二に明渡請求、調停を経て、令三に提訴、木造二階建てアパート一四室中一三室は明渡済み。	昭五一・九建築、港区北青山、平一九・一〇から二年契約で更新、最終平三一・九・三〇まで月賃料九八万円（うち消費税四万六六六六
借人は複数回の契約更新を経て、単独で居住し、住み慣れた住居で生活の本拠で使用の必要性も高いといえるが、賃貸人の早急に建て替える必要性は賃借人の使用の必要性を超える。居住者が賃借人一人であること、多数の移転先の紹介を受け、賃借人には移転の障害となる事情はうかがわれないこと、双方の事情を勘案して二五〇万円の立退料が妥当である。	本件建物は相当程度老朽化していることを否定できず、耐震性からも問題ないとは言えない。賃貸人の建替後の一体利用は本件所在地でなければならない点において使用の必要性は相当高い。賃借人以外の借主は退去しており、本件貸室以外の賃

			のテナントは退去済みで賃料収入が得られない。賃貸人は隣地で経営する結婚式場との一体開発して自己使用する計画。その他、賃借人の代表者、オーナー変更について契約条項違反あり。一定の立退料支払いの用意あり。	をしているからこそ安定した経営を維持することが出来、同等の立地、使用面積等を備えた移転先を見つけることはできない。移転する場合、当初二億三二四六万円余、その後一億九六一一万円余の立退料主張、本訴では借家権価格三四四三万円余、営業補償等五二七〇万円余、敷金七四六万円余の合計九四六〇万円余の立退料要求。	六円） 使用目的　美容業	料を所得出来ていない。賃借人についても貸室の代替性があるとまでは言えないが、容易に代替可能とも言えない。内装に費用を支出しそのすべてを移転することも考えられず、顧客が離れる可能性も十分あるため、使用の必要性も相当高い。以上の要素から立退料の支払いにより正当事由が補完されるとし、賃料差額補償、営業補償を詳細に計算し、立退料を三〇〇〇万円と認定した。
東京地裁令元（ワ）三〇七六五	三一八〇万円	鉄筋コンクリート造陸屋根	要設備が竣工以来四〇年以上更新されておら	国会議員、秘書等を主な顧客として、画廊を経	昭四九・八建築、平二二・一賃貸、二年	敷金の交付はあっても権利金等の交付はない、賃貸借期間も更新拒絶通知

令四・二・二八判決 ウエストロー・ジャパン2022WLJPCA02288020		地下二階付六階建ビルの三階 一三九・四六㎡	ず、この更新工事に多額の費用が掛かる、耐用年数も大幅に超えている、賃料収入が低迷している、大学の創学一二〇周年記念事業としてビル建替を計画し、三五億円を積み立てている、一六のテナントのうち賃借人以外のテナントは立退き済み、立退料として三一八〇万円を提示。	営、議員等が集まる議員会館等に至近の本件建物部分での画廊開設が不可欠、自動車で運搬するため、管理人の常駐することが不可欠で、これらの条件を満たす移転先は稀少、立退料は二億七一〇〇万円が妥当。	更新、月賃料六一万〇四九一円、月管理費一三万〇八二〇円、自動更新で最終期限は令二・一・二一	当時で一〇年に及んでいない、三五億円を積み立てて建替計画が進んでいる、一六テナントのうち一五テナントが明渡済みで、賃貸人の使用の必要性が高い、他方、賃借人の使用の必要性は必ずしも高くない、代替建物の提示がなかったことを考慮しても立退料の支払いがあれば正当事由が補完される。立退料の算定について、双方の意見書を検討し、賃貸人側意見書が妥当として三一八〇万円の立退料を認定。
東京地裁令三(ワ)八八三九 令四・九・九判決 ウエストロー・ジャパン2022	二七〇万円	世田谷区所在 木造スレート葺二階建二階部分	相続により所有権取得、六八歳高齢で妻死亡、難病に罹患、次男が本件建物一階に妻と子供一	フリーランスの歌手で自宅事務所として利用、相応な広さが必要、移転賃料が高額となる、仕	建物建築年月日不明、本件に関する契約は平一八・八頃現賃貸人の叔父と現賃借	賃貸人の主張を認め、賃借人の主張については不利益を被る蓋然性があるとまで認められないが相応の不利益を蒙るものと認められ、賃貸人が相当

2WLJPCA09098006			人と居住、長男は近所で賃借、本人が福岡より東京に転居し長男と同居し、月家賃一七万二九〇〇円のうち一二万円程度を本人が負担、本件土地、建物以外には不動産はない、本件建物1階は、台所、トイレ、風呂場と六畳、八畳の和室で、二世帯同居できる間取りにない。	事柄夜間も多く、本件建物であれば、どの方面の仕事でも終電に乗って帰宅できる。	人の内縁の夫と思われる第三者間で本件建物二階の賃貸借が始まり、その後、賃貸人、賃借人が現在の原告、被告となった。原告、被告間の賃貸借契約は平一八・一二・一から一年間の契約で、月賃料一一万五〇〇〇円の契約が最終。	額の立退料を支払う知己には正当事由がある、として月賃料の約二年分に相当する二七〇万円を立退料と認定。
東京地裁令三（ワ）二九七五〇 令五・一・一七判決 ウエストロー・ジャパン202	一六〇〇万円	昭四三・八・二七建築 木造二階建建物の一階一部	築五四年で建物老朽化、耐震基準を満たしておらず倒壊の危険性あり、賃借人以外の居住者、テナントはすべ	昭四七から本件建物一階で理容室を経営、多数の固定客あり、近隣同業者と激しい競争状態にあり、移転によ	昭四三・八・二七建築、昭四七より一階部分を賃貸、最終契約は賃貸面積二六・四四㎡、月賃	本件建物は地震、積雪などにより半壊又は全壊のおそれがある建物と認められること、容積率も消化されていないこと、他のテナントは既に退去していること、

1WLJPCA01178015			て退去、場所はJR駅から三〇〇メートルの商業地、前面道路は八・二メートルの幅員、建ぺい率八〇パーセントで近隣5階建も少なくない中で二階建で容積率をほとんど消化していない、立退料一六〇〇万円を提示。その他、契約条項違反、信頼関係破壊による解除明渡請求あり。	り営業継続が困難となり、賃料も上がる。	料七万五〇〇〇円、五年契約	複数の計画案を立てていることから、建替えて安全を確保し、敷地の有効利用をはかる必要性が認められること、他方、賃借人の必要性は認められるものの、本件建物でなければ営業を継続できないとまでは認められないこと、賃貸人の契約違反による信頼関係破壊は契約の重大な違反とまでは言えないが、正当事由の判断中の「建物の賃貸借に関する従前の経過、建物の利用状況」として考慮する。立退料として賃貸人の提案した一六〇〇万円を認定。
東京地裁令三（ワ）二三六七八 令五・一・二四判決 ウエストロー・	二四〇万円	木造二階建二階部分	ルームシェアリングしていた友人宅が売却されるため、本件建物二階に居住する必要がある、	子供が小さく、学校、学区の問題もあるので、ある程度長期に借りられるか確認の上賃借、賃	平一一年建築、当初一階に賃貸人の両親、二階に賃貸人が居住、平二六・二・	賃貸人はシェアハウスを退去している、娘が鹿児島から戻り、賃貸人と同居、賃貸人の居住の必要性を否定することも困難だが、その他の事情のみ

ジャパン2023WLJPCA01248004			同建物一階に居住する賃貸人の両親と賃借人間の車の駐車、防犯カメラ設置等のトラブルあり信頼関係が失われた。	賃貸人も一階の父親との対立で二階に住むことを考えていないと述べていた。	二六から二年間の契約で賃貸、月賃料一三万五〇〇〇円、更新契約で平三〇・三・三一までを期間とする。	をもって更新拒絶の正当事由があるとまでは言いがたく、補完する立退料の提示を併せて考慮する必要がある。他方、賃借人にも転居不可能とも言いがたく、立退料の提示をもって補完しうる。立退料は、退去に伴う実費と一定期間の賃料増額分相当を併せた二四〇万円が相当。
東京地裁令二（ワ）一九四〇五 令五・二・二三判決 ウエストロー・ジャパン2023WLJPCA02228024	棄却	木造三階建 二階北側三〇・五六㎡部分	本件建物のうち二階南側と三階全部を賃貸人が自己使用、子供三人がおり、母を同居させて面倒を見る予定で自己使用の必要性がある。立退料が求められる場合二〇〇万円が限度。	本店事務所として使用、サーバーが設置されており場所の移動はIPアドレスの変更等の作業が必要となり、取引先との関係でメールが使用できなくなる期間が発生したり、ウェブサイトの閲覧が出来	前賃貸人との間で平一八・一・一から三年契約、月賃料九万五〇〇〇円その後更新、建物譲渡あり、平二四・二・四に同二七・一・一九までとする更新契約締結。一階部分は喫	正当事由の有無の判断は更新拒絶の意思表示から賃貸借契約終了時点まで存在することが必要、賃貸人が現在居住する面積は約八〇㎡で手狭であるとは認めるに足りる証拠がない、要支援二で外出も困難な母親を居住させる計画も一階から急な階段を上がる必要があり、事務所仕様も改装が必要であるのに、具体的計画

なくなったり、認証の変更等も生じ、移転に伴う損失は莫大で、使用の必要性は高い。

茶店として第三者に賃貸。

が示されていない、他方、サーバー移転に多数の手間が掛かることを認定し、賃貸人の使用の具体的必要性は極めて乏しく、賃借人の使用の必要性との関係では正当事由があるとは言えないとして、請求を棄却した。

〔著者紹介〕

横山　正夫（よこやま　まさお）弁護士
昭和23年栃木県足尾町出身。47年慶応義塾大学法学部卒業。57年弁護士登録（東京弁護士会所属）。貸主・借主の代理人となって多数の不動産事件を手がける他、会社、家庭事件等一般民事、刑事事件の処理に活躍している。
＊事務所　〒113-0033 文京区本郷3-31-3 本郷スズヨシビル４階
横山・齋藤法律事務所

小野寺　昭夫（おのでら　あきお）弁護士
昭和23年東京都出身。46年明治大学法学部卒業。57年弁護士登録（東京弁護士会所属）。著書に『土地家屋の法律知識』『損害賠償の算定と請求実例全集』（いずれも自由国民社・共著）などがある。平成28年逝去。

どんな場合に
いくら払う!?　立退料の決め方

2007年10月25日　全訂版第１刷発行
2024年12月23日　第６版第１刷発行

著　者　横　山　正　夫
　　　　小野寺　昭　夫
発行者　石　井　悟
印刷所　横山印刷株式会社
製本所　新風製本株式会社
本文デザイン・ＤＴＰ　有限会社 中央制作社

発行所　自由国民社
〒171-0033 東京都豊島区高田３－10－11
TEL〔営業〕03(6233)0781〔編集部〕03(6233)0786
https://www.jiyu.co.jp/